알았던 선교, 몰랐던 중국

중국통 함태경의
알았던 선교, 몰랐던 중국

지은이 · 함태경
초판 발행 · 2015. 7. 27

등록번호 · 제1988-000080호
등록된 곳 · 서울특별시 용산구 서빙고로 65길 38
발행처 · 사단법인 두란노서원
영업부 · 2078-3352 FAX 080-749-3705
출판부 · 2078-3331

편집부에서 독자의 의견을 기다립니다.
tpress@duranno.com   http://www.Duranno.com

두란노서원은 바울 사도가 3차 전도여행 때 에베소에서 성령 받은 제자들을 따로 세워 하나님의 말씀으로 양육
하던 장소입니다. 사도행전 19장 8-20절의 정신에 따라 첫째 목회자를 돕는 사역과 평신도를 훈련시키는 사역,
둘째 세계선교(TIM)와 문서선교(단행본 · 잡지) 사역, 셋째 예수문화 및 경배와 찬양 사역, 그리고 가정 · 상담 사
역 등을 감당하고 있습니다. 1980년 12월 22일에 창립된 두란노서원은 주님 오실 때까지 이 사역들을 계속할
것입니다.

알았던
선교,
중국통 함태경의

몰랐던
중국

함태경 지음

두란노

목차

1부
중국은 어떤 나라인가?

2부
중국 정부와 교회의 끊임없는 긴장 관계

3부
중국이 무섭게 변하고 있다

중국은 경제·외교·안보 면에서 우리나라는 물론 전 세계가 제대로 이해해야만 하는 매우 중요한 국가입니다. 그동안 중국에 관한 책들이 적지 않았지만, 특정 독자의 기호에 맞췄지, 모든 사람들이 쉽게 읽을 수 있는 것은 드물었습니다.

중국통인 저자의 이번 책은 과거의 책들과는 매우 차원이 다릅니다. 한 번 손에 잡으면 눈을 뗄 수 없을 정도로 흡인력이 있습니다. 넓이와 깊이 면에서도 상당합니다. 저자가 학자이면서도 오랫동안 언론인으로 활동해 왔기에 '난수표' 같은 중국을 어렵지 않게 기술하고 있습니다. 중국의 정치·경제·사회·문화·종교를 한눈에 이해하면서 중국 공산당과 종교 정책, 중국 교회의 어제와 오늘 그리고 내일, 중국에 대한 한국(교회, 그리스도인)의 역할 등에 대해 그려 볼 수 있게 합니다. 무엇보다 중국인은 경계의 대상이 아니라 함께 가야 할 동역자임을 확인하게 합니다. 특히 하나님이 중국을 어떻게 경영하고 계시는지를 알 수 있게 합니다. 그리스도인뿐 아니라 일반인들도 '중국의 맥'을 잡을 수 있기에 일독을 권합니다.

김영길 (UN 아카데미임팩트 한국협의회 회장, 한동대학교 초대 총장)

중국은 다녀오면 다녀올수록, 또 사람들을 만나면 만날수록 그 대륙의 크기만큼 알기 어렵다는 생각이 듭니다. 특히 종교적인 측면에 대한 의견은 선교사마다 다르고, 목사마다 다른 것 같습니다. 몇몇 상징적인 삼자교회와 삼자교회들을 지휘, 감독하는 베이징의 양회(兩會:중국기독교삼자애국운동위원회와 중국기독교협회)를 방문해 이야기를 나눈 적이 있는데, 평소 알

왔던 상식과는 많이 달라서 혼란스러웠던 적이 있습니다.

그러던 중 이 책을 만나게 됐고, '중국을 이해하는 지름길을 찾았다'는 생각이 들었습니다. 이 책에 대해 감히 "중국을 가장 쉽고 분명하게, 객관적으로 알 수 있도록 정리한 책"이라고 말하고 싶습니다. 저자의 중국 역사에 대한 해박한 통찰을 바탕으로 A부터 Z까지 일목요연하게 알기 쉽게 썼을 뿐만 아니라, 그 깊이가 깊고 또한 재미있습니다. 저희 재단에서는 오디오 북으로 만들어 많은 북 클럽에서 이 책을 읽고, 듣고, 나눌 예정입니다. 중국에 관심 있는 사람이라면 '꼭', '꼭' 읽어야 한다고 강력 추천합니다.

문애란 (G&M 글로벌문화재단 대표, 전 웰콤 대표)

흔하게 중국을 이야기합니다만, 그러나 중국을 제대로 알고 말하기란 쉬운 일이 아닙니다. 역사의 뿌리가 깊고 길기 때문입니다. 문제는 중국에 대한 바른 이해 없이 중국을 논하다가 오류를 범하는 데 있습니다. 중국 교회와의 관계도 그렇습니다. 피상적 이해만으로 접근하는가 하면, 한두 차례의 만남으로 백년지기라도 된 것처럼 생각하는 사람들이 많습니다.

저자는 중국을 깊이 알고 연구한 학자이자 언론인입니다. 특히 저자는 그리스도인의 관점에서 중국을 이해하고 연구한 노하우를 갖고 있습니다. 저자는 중국 교회 선교 이야기, 중국 교회의 역사와 현황, 중국 교회와의 관계 그리고 미래를 통찰, 관망하고 있습니다. 한국 교회가 중국을 바르게 이해하는 데 가이드라인이 되리라 믿습니다. 중국 관계는 서둘면 안 됩니다. '빨리빨리 문화'와 '만만디 문화'의 충돌은 중국 교회와의 관계에서도 흔하게 벌어지고 있습니다. '천천히', '확실하게' 접근해야 합니다. 저자의 노고를 치하드리며, 이 책이 널리 퍼지고 읽히길 기대하며 기쁜 마음으로 추천합니다.

박종순 (한국세계선교협의회 이사장, 한중기독교교류협회 대표 회장)

그리스도인은 물론 중국에 관심 있는 사람이라면 꼭 한번 읽어 봐야 할 책이라고 강력하게 추천합니다. 저자는 특별히 자신의 전공을 살려서 중국 정부와 정치는 물론 현재 중국의 종교와 각종 정책 등을 분석한 동시에 실타래처럼 얽혀 있는 복잡하고 민감한 내용을 아주 쉽게 이해하도록 서술했습니다.

오랫동안 지켜보고 동역해 온 바에 따르면 저자는 중국에 대한 남다른 열정과 애정을 갖고 있습니다. 30년이 넘도록 중국에 대한 마음을 품고 솔선수범하여 개인의 학문적 근력을 강화해 왔습니다. 뿐만 아니라 한국, 화교권, 서구 그리스도인들과의 연합과 협력을 통한 중국 선교와 중국 교회가 선교하는 교회가 되도록 하는 '선교 중국'을 외치며 헌신해 왔습니다.

저자는 독자들로 하여금 중국을 중국인의 입장에서 바라볼 것을 호소하고 있습니다. 다른 의견은 미뤄 두고 의견을 같이하는 부분부터 협력하자는 뜻의 '구동존이'(求同存異)라는 말이 떠오릅니다. 저자는 이 책을 읽는 독자들에게 이런 마음을 품고 중국을 이해하라고 촉구하고 있습니다. 그것만이 텍스트(Text)와 콘텍스트(Context)의 융합이기 때문입니다.

박화목 (CCM 중화선교회 국제 대표, TEE China College 원장)

인간의 다섯 번째 욕망은 '새로운 것을 알고 싶어 한다'는 것입니다. 이 책이 소개하는 30개의 주제 중 절반은 한국인이라면 꼭 알아야 할 '변하는 중국'입니다. 나머지 절반은 기독교 지도자나 선교사라면 반드시 숙지해야 할 '과거와 오늘의 중국'입니다.

한국인의 대학진학률 80%를 통해 내일의 한국의 지성 사회 모습을 엿볼 수 있습니다. 우리나라의 사회 지도자는 서구 선진국의 역사 · 문화 · 정치 · 경제 · 사회 · 교육에 대한 탐구와 더불어 지난 60년을 보냈습니다. 이제는 우리 주변의 3대 강대국에 대한 심층 탐구, 특히 '중국 탐구'가 한국의 지식인이라면 반드시 갖춰야 할 소양이 됐습니다. 그런 점에서 이 책을 권하고 싶습니다.

또한 우리나라는 지난 60년간 서구 문화와 함께 기능인 시대에 진입하여 많은 열매를 맺었습니다. 이제는 국제화, 세계화 시대에 진입하면서 '중국학'을 적극 추천하고 싶습니다. 이 책이 그 출발점이 되기에 전혀 부족함이 없다고 확신합니다. 이 책을 통한 '중국학'의 시작은 최소한 '한 세대, 30년을 준비하는 것'이라고 감히 말하고 싶습니다.

오성연 (한국뉴욕주립대학교 석좌 교수, 전주비전대학교 대외협력 부총재)

하나님이 한국 교회에 주신 큰 사명 중 하나가 중국 교회의 재건을 돕는 것입니다. 그 증거는, 이 일에 거룩한 사명감을 가진 선교사와 목회자들이 많이 일어나고 있다는 것입니다. 여기에는 북한 선교에 대한 변수가 포함되어 있지만, 이미 한국 교회에서 파송한 선교사들 중 가장 많은 수가 중국으로 갔고, 이 숫자는 계속 늘어나고 있습니다.

중국 교회는 현재 내부적으로도 엄청난 변화 가운데 놓여 있습니다. 최근 들어 신흥도시의 가정교회 부흥 속도가 가히 놀라울 정도이고, 또한 온전한 신앙의 자유가 주어지기도 전에 급속하게 세속화의 길을 걷고 있습니다. 중국 교회는 기회와 위기를 동시에 맞이하고 있습니다. 이러한 시점에서 출판되는 이 책은 중국 선교에 관심을 가진 한국 교회에 매우 큰 도움이 되는 안목을 제공하고 있습니다.

한국 교회에 몇 안 되는 중국 선교 전문가인 저자를 통해 우리는 오늘날의 중국 교회를 좀 더 정확히 이해할 수 있으며, 중국 교회를 도울 길이 어디에 있는지를 알게 됩니다. 저자는 한국 교회가 진정 겸손함과 신중함으로 중국 교회를 섬겨야 한다고 강조합니다. 그리고 한국 교회가 실제로 중국 교회를 도울 수 있는 기간이 10-20년밖에 남지 않았다고 예상합니다. 그러나 짧은 기간이라도 한국 교회와 선교사들의 역할이 대단히 중요할 것입니다. 중국인에 의한, 중국인을 위한, 중국적인 교회를 세울 수 있도록 한국 교회가 할 수 있는 일을 찾아야 합니다. 그리고 중국 교회가 세속화와 싸워 이길 수 있도록 도와야 합니다.

유기성 (선한목자교회 담임 목사, 둘로스네트워크 공동 이사장)

중국에 대한 역사적·사회적·정치적 이해뿐 아니라, 종교적·선교적 이해까지 할 수 있게 하는 놀라운 저술입니다. 탁월하고 예리한 관점과 사실들을 담고 있습니다. 그러면서도 어렵거나 복잡하지 않습니다. 누구든지 쉽게 중국이라는 나라의 과거와 현재를 이해하고 미래까지 상상할 수 있도록 도와줍니다. 그리스도인들만 읽기에는 아쉬움이 크게 남습니다. 그동안 중국을 논했던 나 자신이 부끄럽게 느껴집니다.

오랫동안 저자 가까이에서 지인으로서, 선교 동역자로서 지켜본 바로 평가한다면 이렇습니다. 그는 타고난 언론인입니다. 중국을 제대로 공부한 깊이 있는 학자입니다. 한국인과 한국 교회에 중국을 제대로 알리고 중국 선교의 맥을 짚어 주고자 노력을 기울여 온 중국통입니다. 기독교계뿐만 아니라 중국을 제대로 알기 원하는 사람들이라면 반드시 이 책을 읽어 보기를 바랍니다. 이 시대에 범람하는 많은 서적 중 하나로 낮게 평가하는 일이 결코 없기를 간절히 기원합니다.

유병국 (WEC 국제선교회 국제동원부 대표, 전 WEC 국제선교회 한국본부 대표)

13년 전인 국회의원 시절, 한국 외교의 지평을 여는 데 참고가 될 것이라고 여겨《아는 만큼 보이는 중국》이라는 소책자를 낸 적이 있습니다. 저자의 이 책을 밤새워 읽으며 부끄러움이 몰려왔습니다. 이 책은 끊임없는 도전과 응전의 역사 속에서 변화와 발전을 거듭해 온 중국을 정확히 그려 내고 있습니다. 특히 기자로서, 학자와 사역자로서 학문의 전당뿐만 아니라 현장을 누비면서 깊이 연구하고 체험한 것이기에 매우 깊이 있는 내용이며, 읽는 이로 하여금 알기 쉽게 해 줍니다. 선교 전문가와 전략가, 목회자와 성도, 일반인 등 대상과 관련 없이 중국의 안팎을 보려면 반드시 읽어야 할 흔치 않은 수작이라고 생각합니다. 우리나라의 대중국 외교, 경제

통상, 문화 교류 등 다양한 분야에 큰 도움이 될 것이라고 확신합니다.

저자는 "새로운 시대를 열어 가기 위해서는 반드시 중국을 넘어서야 한다"고 강조합니다. 그 의미는 중국과의 경쟁에서 필히 이겨야 한다는 것이 아니라, 더불어 잘 살 수 있는 길을 찾아가야 한다는 것입니다. 하나님 나라는 '독주'가 아니라 '합창'이라는 주장에 적극 동의하면서 기쁨으로 이 책을 추천합니다.

유재건 [CGNTV 대표 이사. 전 국회의원(국방위원장)]

이 책은 매우 중요한 것들을 시사합니다. '지금부터의 중국'은 '지금까지의 중국'과는 같은 듯하지만 매우 다르다는 것입니다. 앞으로 중국은 정치적 · 경제적 · 사회적인 것뿐만 아니라 전 세계의 영향력에서 미국, 일본, 러시아, EU 등 어떤 나라나 공동체보다 훨씬 커질 것입니다. GDP에서 중국은 이미 미국을 능가했습니다. 조심스럽지만 이 같은 추세는 100년 이상 갈 수 있습니다. 얼마 전, 중국 최고지도자(후진타오, 시진핑)를 연이어 배출한 칭화대학교를 방문하고 놀란 적이 있습니다. 대학 내 최초로 세워진 빌딩 벽에 영어 이름이 새겨져 있었습니다. 이 대학은 100여 년 전, 미국 선교사에 의해 설립됐습니다.

많은 사람들이 중국에 대해 궁금해 하지만 실체적 접근에는 실패하는 것 같습니다. 저자는 이에 대한 중요한 지식과 지혜를 공급하고 있습니다. 그리스도인들에게는 중국 교회의 과거와 현재, 미래를 읽을 수 있는 기회를 줍니다. 비그리스도인들에게는 중국 내 주요 종교와 일반적인 중국을 나

름대로 그려 볼 수 있는 도화지를 제공합니다. 그런 점에서 이 책은 필독
서라고 할 수 있을 것입니다.

윤영각 (파빌리온인베스트먼트 회장, Christian CEO Forum 회장)

과거의 중국 관련 책들은 어딘가 '장님이 코끼리 만지는 듯한' 미흡함을
금할 수 없었습니다. 너무나도 빠르게 변하고 주변 나라들과 복잡하게 얽
혀 있는 중국이라는 거대한 실체를, 더욱이 하나님 나라의 확장이라는 신
앙적 관점에서 큰 그림으로 조망하기란 여간 어려운 게 아닙니다. 그런데
이 책의 원고를 단숨에 읽어내려 가면서 중국의 실상에 대해 혼미했던 저
의 과거 '시계'가 한결 밝아지면서 지금껏 희미하기만 했던 실체의 윤곽들
이 조금씩 선명해지는 것을 느낄 수 있었습니다. 거대한 코끼리의 여러 부
분을 골고루 만지되 전체 그림까지 그려 볼 수 있는 관점이 생기는 상쾌함
또한 맛볼 수 있었습니다.

이 책이 강렬하게 풍기는 매력은 '학문, 신앙, 실천의 3대 영역에서 시대정
신과 역사의식을 반영한 삶'을 살기 위해 처절하게 노력해 온 지식인이자
신앙인인 저자에게서 우러나오는 '총기' 때문이라고 믿습니다. 저자의 소
망대로 '백 투 지저스' 신앙으로 무장한다면 하나님이 한국 교회와 그리스
도인들을 들어서 이 땅과 열방을 위해 그 어떤 역할과 기여를 할 수 있도
록 인도하실 것이라고 확신합니다.

이시영 (시니어선교한국 대표, 전 외무부 차관)

이 땅에 복음의 씨앗이 심긴 지 130년이 지난 오늘날, 대한민국은 세계 170여 개의 나라에 약 2만 6,000명의 선교사를 파송하는 선교 대국이 되었습니다. 뜨거운 선교 열정과 문화적 친화성을 바탕으로 한국 선교사들은 지구촌 문명의 혜택을 입고 있지 못하는 구석구석을 누비고 있습니다. 21세기에 들어서면서 중국 교회가 세계 교회의 주목을 받고 있습니다. 이제 한국 교회의 중국에 대한 선교 전략도 보다 심도 있게 펼쳐져야 할 때가 되었습니다. 바로 이러한 시기에 중국 선교에 목숨을 건 하나님의 사람 함태경 박사가 신간을 출간한 것을 매우 기쁘게 생각합니다.

저자는 이 책에서 구체적인 정보와 이해를 바탕으로 중국 선교의 현실과 전망을 제시하고 있습니다. 이 책을 통해 중국 선교의 비전을 품은 수많은 예비 선교사들이 일어나고, 현재 사역 중인 선교사들이 현장에 꼭 필요한 도움을 얻게 되기를 기도합니다.

이영훈 (여의도순복음교회 담임 목사, 한국기독교총연합회 대표 회장)

중국과 중국인 하면 묘한 생각이 듭니다. 구전이나 역사책 등을 통해 오랫동안 접했기 때문에 한국인에게는 매우 친숙하게 느껴지는 국가이자 민족인데도, 그 속내를 제대로 읽어 내는 것은 여간 어려운 게 아닙니다. 이에 대한 저자의 혜안이 재미있고 의미심장합니다. 한국과 한국인을 '보자기'로, 중국과 중국인을 '문갑 장'으로 설명합니다. 보자기를 열면 한눈에 그 안에 있는 것이 무엇인지 알 수 있습니다. 반면 문갑 장은 열어 본 것만 그 안에 무엇이 있는지 알 수 있을 뿐입니다. 다른 문갑 안에 무엇이 들어 있는지 열어 보기 전에는 결코 알 수 없습니다.

그동안 저자는 학자로서 한국뿐만 아니라 대만과 중국의 최고 학부에서 연구했습니다. 더욱이 언론인으로서 중국과 중국 교회의 최신 정보와 그 내면의 의미를 깊이 있게 전해 주었습니다. 이 책은 중국 최고지도부의 통치 철학, 국가 전략과 목표, 중국 교회의 어제와 오늘, 한ㆍ중 교회의 미래적 관계 등을 소상히 밝혀 주고 있습니다. 또한 독창성과 통찰력으로 가득 수놓고 있어 필독서로 손색이 없습니다. 이는 벌써부터 다음 책이 기대되는 이유이기도 합니다.

이재훈 (온누리교회 담임 목사, 온누리선교재단 이사장)

20년 넘게 중국에서 사업하면서 중국에 관한 책을 손에 닿는 대로 거의 읽었지만, 저자의 이번 저서는 간결하면서도 그 깊이와 넓이가 상당해서 날 새는 줄 모르고 읽을 수밖에 없었습니다. 기업가, 주재원, 중국학 전공자, 외교관, 한국 교회의 지도자, 선교사, 문화ㆍ예술ㆍ스포츠 종사자, 가정주부 등 분야와 관계없이 반드시 일독할 가치가 있습니다. 일단 읽으면 또 다른 분들에게 권할 수밖에 없을 것입니다.

저자는 언론인으로서 정론의 기초 위에 합리적이면서 예리한 시각과 정부(正否)의 분명한 필체를 담아냈습니다. 정치학 박사로서 객관적이면서 과거와 현재 그리고 미래를 아우르는 혜안과 함께 주제별로 탁월한 제안까지 담아냈습니다. 중국의 역사와 문화, 다양한 민족의 관습과 독특한 정서, 공산당 체제와 중화사상 등을 이해하는 데 저자의 문장력은 큰 도움을 줄 뿐만 아니라 신뢰를 더해 줍니다. 한·중 양국의 현재와 미래를 위해서도 좋은 지침이 된다고 확신합니다.

각 주제마다 저자의 전문성과 안목과 통찰력, 신앙의 깊이와 넓이, 창의적인 선교 전략에 감동했습니다. 중국을 향한 귀한 동역자를 만나게 하신 하나님께 감사드립니다.

이한열 [중국 르린(日林) 그룹 부총재, 중국 단둥(丹東) 항 그룹 부총재]

이 책의 저자는 하나님 나라가 이 땅 위에 임하기를 바라는 거룩한 비전을 품은 사람입니다. 그는 '홀로와 단독이 아닌 함께'와 '더불어 사역'을 지향하는 팀 플레이어입니다. 또한 탁월한 지성과 영성, 겸손과 온유한 성품을 갖춘 중국 전문가입니다. 그와 동역하는 것이 내게는 말할 수 없이 큰 기쁨입니다. 그런 그가 너무나 시의적절하게 귀한 책을 펴냈습니다.

오늘날 우리는 세계 선교의 완성을 코앞에 두고 있는 비상한 시대를 살아가고 있습니다. 다시 오시는 주님의 발자국 소리가 점점 크게 들리는 이 시대에, 한국 교회는 중국 교회와 긴밀하게 협력하여 주님의 지상명령을 성취해야 합니다. 이 책은 한국 교회의 동역자인 중국 교회의 역사와 현재에 대한 매우 심오한 통찰로 가득 차 있습니다. 중국 교회의 모태인 중국 사회에 대한 탁월한 분석을 제시하고 있습니다. 중국, 중국 선교, 더 나아가서 세계 선교에 대한 관심을 갖고 거룩한 분투 가운데 있는 모든 그리스도인들에게 적극 추천합니다.

정성욱 (미국 덴버신학대학원 조직신학 교수, 큐리오스인터내셔널 대표)

중국을 열두 차례 방문한 나는 코끼리 몇 부분을 겨우 만진 기분을 갖습니다. 또한 새로 방문할 때마다 엄청나게 달라진 중국은 갈수록 궁금할 뿐입니다. 그런 중국을 이해하는 데 이 책은 중국뿐만 아니라 종교, 특히 기독교에 대한 정보와 통찰력을 상당히 주고 있습니다. 무엇보다 30개의 주제로 나뉘어 읽기 쉽습니다. 부분적인 글이 전체로 모아져 만들어진 모자이크 책으로, 중국을 이해하고 중국 선교에 관심 있는 누구에게나 훌륭한 길라잡이 역할을 할 만합니다. 나는 다음 중국 방문 때 이 책을 꼭 지참하고 갈 것입니다. 왜냐하면 이처럼 훌륭한 가이드가 없기 때문입니다. 선교 중국을 일으키시는 하나님은 지난 30년간 선교 한국을 허락하셨습니다. 우리가 선교 중국을 일깨우기 위해 세례 요한의 역할을 해야 한다면, 이 책은 우리 모두의 필독서가 돼야 할 것입니다.

한정국 (한국세계선교협의회 사무 총장, 총신대학교 선교대학원 강사)

우리에게 중국은?

•

　우리에게 중국은 무엇일까요? 과연 중국의 감춰진 속내를 읽어 낼 수 있을까요?

　서방 관측통들은 오랫동안 후진타오(胡錦濤), 시진핑(習近平) 등 중국 최고지도자들의 웃음 뒤에 감춰진 진정한 얼굴이 무엇일지, 끊임없는 물음표를 붙여 왔습니다. 어떤 과정을 거쳐 최고지도자로 등극했는지, 풀리지 않는 수수께끼가 적지 않기 때문입니다. 후진타오만 해도 출생지부터 헷갈립니다. 장쑤(江蘇) 성 타이저우(泰州) 시 사람인지, 안후이(安徽) 성 지시(績溪) 현 사람인지 알쏭달쏭합니다. 이것이 중국입니다. "알 듯 모를 듯"(似懂非懂). 그래서 중국인과의 거래나 협상에서는 "돌다리도 두들겨 보고 건너야 한다"(摸着石頭過河)는 정신이 필요한 것이겠죠.

　1992년 8월 24일, 한국은 오랜 우방이던 대만과 단교하며 중국과 수교를 했습니다. 이후 양국은 경제적으로 가장 중요한 상대국 중 하나가 됐습니다. 한국의 대중(對中) 수출의 경우, 수교 직전인 1991년

10억 달러에서 2000년 185억 달러를 지나 2013년 1,458억 달러로 146배
나 증가했습니다. 양국의 무역교역액은 1991년 44억 4,000만 달러에
서 2014년 11월 무려 56배 이상 증가한 2,500억 달러에 이르렀습니다.
정치적으로도 '전면적 전략 협력 동반자 관계'로서 북한을 사이에 두
고 서로의 마음이 오갈 수 있을 정도로 변했습니다. 2014년에 한국을
방문한 중국인 관광객(游客) 수가 600만 명, 중국을 방문한 한국인 관
광객 수가 400만 명을 넘어섰습니다. 한국 열풍인 한류(韓流)와 중국
열풍인 한류(漢流)가 계속되고 있는 것입니다.

그런데 중국이 진정 우리의 우방일까요? 국제정치에서는 영원한 우
국도, 적국도 없다고 하지 않나요? 한·중 관계에도 이 말이 적용되지
않을까요? 한국과 중국은 정치, 경제, 외교, 문화 간 거리를 나날이 좁
혀 가고 있습니다.

그러나 봄철마다 반갑지 않은 손님도 끊이지 않고 있기에 큰일입니
다. 중국발 중금속 미세먼지가 2030년까지 심해지면 심해졌지 약화되
거나 순화되지는 않을 것이라고 합니다. 고비 사막의 가뭄과 저기압에
따른 상승기류를 타고 한반도로 마구 건너오는 황사 먼지 중 50%가
중국의 동북부 산업 지대를 통과하고 있기 때문입니다.

"힘이나 강압에 의한 일방적 현상 변경을 반대한다."
중국의 무서운 기세에 미국과 일본은 현지 시간으로 2015년 4월
28일 정상회담을 열었습니다. 그리하여 새로운 방위 협력 지침과 환
태평양경제동반자협정(TPP)의 조기 체결을 통해 양국의 안보·경제

협력을 격상하기로 했습니다. 아시아 역내·외에서 중국의 패권 확장 기도를 견제하려는 것이 훤히 보입니다. 미·일 양국의 이해관계에 따라 과거의 일본 식민지 지배와 위안부 등 전시 인권 문제에 대한 일본 정부의 사과는 뒷전으로 밀려났습니다. 대신 동맹의 격상으로 일본이 군사적 행동을 확대할 뿐 아니라 재무장을 강화하는 방향으로 진척됐습니다.

아베 신조 일본 총리의 미국 방문은 중국의 영향력을 견제하기 위한 다목적 카드라고 할 수 있습니다. 이에 대해 중국 정부는 "미·일 동맹은 중국을 포함한 제3자의 이익을 침해해서도, 아·태 지역의 평화와 안정을 훼손해서도 안 된다고 일관되게 인식해 왔다"고 밝혔습니다.

이날 아베 총리는 백악관에서 버락 오바마 미국 대통령과의 미·일 정상회담 뒤 열린 공동 기자회견에서 "위안부에 대해 사과할 의사가 없느냐?"는 질문에 이렇게 대답했습니다. "'인신매매'(human trafficking) 피해자들이 받은 고통을 생각하면 깊은 고통을 느낀다." 그가 언급한 "깊은 고통을 느낀다"(deeply pained)라는 표현은 2012년에 노다 요시히코 민주당 내각이 유엔 기구 제출 보고서에서 사용한 "사과(apology)와 반성(remorse)"을 대체한 것입니다. 다음 날(29일) 아베 총리는 미국 상·하원 합동 연설에서 지난 (미국과의) 전쟁에 대해서만 "'통절한 반성'(deep remorse)을 가슴에 담아 걸어왔다"고 내비쳤습니다.

이처럼 국제 정세가 심상치 않게 돌아가고 있습니다. 한국이 중국, 미국, 일본, 러시아 사이에 끼어 있는 처지가 분명하게 보입니다. 거기다가 북한까지 있으니까요.

"새로운 한반도 시대를 열어 가기 위해 우리는 반드시 중국을 넘어
서야 한다."

이 말은 중국과 경쟁해서 반드시 이겨야 한다는 뜻이 아닙니다. 우
리가 더불어 살 수 있는 길을 하루속히 만들지 않으면 '소 잃고 외양간
고치는' 격이 된다는 의미입니다. 중국어로는 '적주관문'(賊走關門: 도둑이
훔쳐 간 뒤에 문을 잠근다), 또는 '망양보뢰'(亡羊補牢: 양을 잃고 우리를 고친다)라는
뜻입니다.

"말이 통하지 않으면 마음이 통하지 않는다"(言不通 心不通)라는 말이
있습니다. 언론 매체의 보도는 물론, 사이버 공간에서도 들끓었던 동
북공정(東北工程) 논란에 대한 한국 정부 및 대다수 관련 학자들의 초기
대처 방식은 많은 아쉬움을 남겼습니다. 중국의 마음을 제대로 읽어
낼 수 있는 전문가 그룹이 매우 적다는 게 여실히 드러난 것입니다.

예를 들어 동북공정도 중국의 의도를 제대로 파악했다면 그들의 수
를 알아챌 수 있었을 것입니다. 중국은 고구려사에만 매달려 있지 않습
니다. 동북공정에서 고구려 역사 문제는 전체 프로젝트의 10분의 1 정도
에 불과하다는 점을 유념해야 합니다. 중국의 마음을 정확히 읽기 위해
서는 동북공정과 동북개발을 함께 볼 수 있는 시각이 필요합니다.

동북개발이란, 후진타오를 정점으로 한 제4세대 최고지도자들이 동
북 3성인 랴오닝(遼寧) 성, 지린(吉林) 성, 헤이룽장(黑龍江) 성의 경제
를 부흥시키기 위해 내건 경제정책이자 향후 국제 관계 변화에 대비한
외치용 다목적 카드입니다. 즉, 기존 중국 경제의 중심 지역과 더불어 동
북 3성을 주장(珠江) 삼각주, 창장(長江) 삼각주, 보하이(渤海) 만 경제권

과 함께 4대 성장 메카의 하나로 만들려는 야심 찬 계획입니다. 중국 중앙정부는 2000년 1월부터 상대적으로 낙후된 중·서부 지역을 개발해 지역 불균형을 해결하고자 서부 대개발을 추진했습니다. 이와 함께 동북개발은 국가적인 지원 속에서 철저한 계산하에 진행된 것이라고 할 수 있습니다. 이와 관련해 우리가 잊지 말아야 할 것은, 중국 최고지도부의 최대 관심사 중 하나가 통일 한국 이후의 한반도 상황과 국제 질서의 개편이라는 점입니다.

요즘 들어 그동안 잠잠했던 '중국판 역사 왜곡'인 동북공정과 관련된 소식이 들려옵니다. 중국사회과학원 산하기관인 변강사지연구센터(邊疆史地研究中心)가 2002년부터 시작한 동북공정을 한국의 반발로 중앙정부 차원에서는 더 이상 진행하지 않기로 하고 2007년에 마무리한 것으로 알려졌습니다. 그런데 매우 의심스러운 행동이 이어지고 있습니다. 그 예로, 지린 성 사회과학원 고구려연구센터(高句麗研究中心)는 2014년 7월에 변강사지연구센터와 공동으로 '고구려 유적 유네스코 등재 10주년 및 광개토 대왕비 건립 1,600주년 기념 학술대회'를 개최했습니다. 고구려연구센터가 설립된 것은 2004년 8월로, 지린 성 각지에서 진행 중인 고구려사 연구를 통합, 관리하기 위해서였습니다. 이곳에서는 고조선, 고구려, 발해 등의 고대사와 근현대의 한·중 국경 문제 등 한반도 관련 논문을 중점적으로 게재하는 〈동북사지〉(東北史地)를 출간했습니다. 이 센터의 예산은 매년 증가하고 있는데요. 2015년 예산의 경우, 2014년에 비해 10% 증액된 162만 위안(약 2억 8,500만 원)입니다. 지난 4년간(2012-2015년) 총예산은 584만 위안(약 10억 2,760만 원)

이고, 2007-2011년 예산은 공개되지 않았습니다. 2002-2007년 동북
공정 예산이 약 1,500만 위안(약 26억 3,940만 원)이었던 것으로 보아 적
지 않은 예산이 투입되었을 것으로 추정됩니다.

2015년 4월 3일, 지린 성 공산당 기관지인 〈길림일보〉(吉林日報)에
의미심장한 보도가 게재됐습니다. 창바이 산(長白山: 중국에서는 백두산
을 창바이 산이라고 한다)은 고대부터 줄곧 역사 · 문화적으로 중국의
영토이고 '중화의 성산(聖山)'이라고 주장하는《중국 창바이 산 문
화》(中國長白山文化)가 편찬됐다는 소식입니다. 이 책에서는 주(周), 진
(秦)나라 이후 창바이 산 일대에 살았던 각 민족의 정치, 경제, 문화, 풍
습을 소상히 소개하고 있습니다. 중원의 한(漢)족 문화가 중국 동북의
부여, 고구려, 발해, 선비, 거란 민족은 물론 금(金), 원(元), 청(淸)의 문
화와 융합해 독특한 창바이 산 문화를 만들었다는 것입니다. 이들 문
화가 각 민족의 특색이 담긴 중화민족 문화의 중요한 일부분이 됐다는
주장입니다.

한 · 중 수교로 인적 교류가 확대되면서 한국인 선교사들의 중국행
도 눈에 띄게 늘어났습니다. 현재 세계 170여 개국에서 활동 중인 2만
6,000여 명의 한국인 선교사들 가운데 가장 많은 수가 중국에 있습니
다. 중국으로 나가기 위해 국내외에서 준비하고 있는 선교사 후보생들
도 그 수가 날로 늘어나고 있습니다. 물론 과거보다는 그 열기가 많이
식었지만요. 그런데 문제는, 한국 교회가 중국 교회에 도움을 줄 수 있
는 시간이 얼마 남지 않았다는 것입니다. 기독교 미래학자인 하워드
슈나이더(Howard Schneider) 박사는 2030년이면 중국 교회가 더 이상 외

국 선교사들의 도움을 필요로 하지 않을 것이라고 예견했습니다. 중국 교회가 그만큼 자립도가 높고, 중국이 세계 선교 제1위의 선교 국가로 등장할 날이 멀지 않았다는 분석입니다.

2012년에 중국의 5세대 최고지도부인 시진핑 체제가 등장하면서 세계 선교계는 중국 정부가 종교의 자유를 더욱 심화할 것이라는 장밋빛 예측을 내놓았습니다. 그러나 현재 내부 사정은 녹록지 않은 듯합니다. 수많은 선교사들이 중국 땅에서 떠나야 했습니다. 지금도 심심치 않게 재입국이 불허되었거나 추방된 선교사들의 소식을 접하게 됩니다. 한 중국 전문가는 "시진핑 체제 10년간, 국가가 공인한 삼자교회는 다소 부침이 있을 수 있지만 비공인 교회인 가정교회는 큰 고통을 겪게 될 것"이라고 예상했습니다. 또 다른 전문가도 "가정교회는 국가의 통제를 받는 '체제 안 삼자교회'를 선택하든지 핍박을 달게 받든지, 양자택일을 강요받게 될 것"이라고 내다봤습니다. 중국 정부가 이른바 '체제 밖 교회'를 '체제 안 교회'로 만들어 활동의 자유를 허락하는 대신 유리알처럼 낱낱이 들여다보려고 한다는 시각이 힘을 얻고 있는 것입니다.

한국 교회는 뜨거운 열정과 냉철한 이성으로 중국 교회가 필요로 하는 것을 공급하면서, 지금부터라도 선교지에서 떠날 준비를 해야 합니다. 그럴 때 중국 교회와 그리스도인들을 제대로 도와줄 수 있기 때문입니다. "먼 곳에 있는 친척보다 가까운 이웃이 낫다"(遠親不如近隣)라는 옛말이 있습니다. 중국은 "재능은 감추고 드러내지 않으면서 때를 기다린다"는 '도광양회'(韜光養晦)에서 '화평굴기'(和平堀起: 평화롭게 일어선다)를 넘어 '유소작위'(有所作爲: 해야 할 일은 적극적으로 나서서 이뤄 낸다),

'주동작위'(主動作爲: 할 일을 주도적으로 한다), '부국강병'(富國强兵)의 시대를 꿈꾸고 있습니다. 중국은 유소작위보다 더 적극적으로 국제 문제에 개입해서, 국가 이익을 극대화하기 위해 전투적으로 뭔가를 이뤄 내는 '분발유위'(奮發有爲)의 정신으로 빠르게 움직이고 있습니다.

우리에게 남은 시간이 많지 않아 보입니다. 한국 교회가 하루속히 성장통에서 벗어나 새로운 선교 한국 시대를 열어 가야 하는 이유가 여기에 있습니다. 어느 때보다 뱀 같은 지혜로움과 비둘기 같은 순결함이 요구되는 때입니다. 한국 교회가 '이이제이'(以夷制夷)의 희생양이 될 수 있는 개연성이 충분하기 때문입니다. '등고망원'(登高望遠: 높이 올라 멀리 보다)의 정신이 요구될 것으로 보입니다. 그렇지 않을 경우 '두부도재회퇴리'(豆腐掉在灰堆里), 다시말해 구제할 방법이 없을 수도 있기 때문입니다.

이 책의 집필은 한국 교회에 조금이나마 도움이 되고자 하는 작은 마음에서 시작됐습니다. 이 책은 추상적인 관념으로 중국을 설명하지 않습니다. 이를 위해 중국 문헌들과 각종 언론 보도, 그리고 제가 필명으로 기고한 글이나 기명 취재 기사, 방송 칼럼, 논문 등을 참고해 새로운 관점으로 재해석해 보고자 했습니다. '보면 알 수 있고, 찾아보면 얻을 수 있는'(看得見, 摸得着) 생각을 공유하고자 합니다. 중국과 중국인, 그리고 중국 교회를 보다 깊이 이해할 때, 우리는 그들의 희로애락을 껴안고 하나님 사랑과 이웃 사랑을 올바르게 구현하는 공동체가 될 수 있을 것입니다. 하나님 나라는 '독주'(獨奏)가 아닌 '합창'(合唱)이기 때문입니다.

우리는 중국이란 나라에 대해 먼저 알아야 합니다.
G2 시대를 이끌어 가는 중국, 사회주의와 자본주의가 함께
공존하는 듯한 사회, 5대 종교를 인정하지만
자유로운 활동을 허락하지 않는 듯한 정책과
기독교의 확산을 막을 수 없는 흐름 등
복잡한 상황이 얽혀 있는 중국을 알아봅시다.

1부

중국은
어떤 나라인가?

1

중국,
그것이 알고 싶다

●

현대 중국을 어떤 국가라고 생각하는지요?

베이징(北京), 상하이(上海), 시안(西安), 선전(深圳) 등지를 여행한
분들은 중국이 과연 사회주의 국가인지 잘 모르겠다고 말합니다. 가는
곳마다 인파가 넘실거리는 곳, 세계 100대 기업이 앞다퉈 진출할 정도
로 세계의 공장 지대가 된 곳, 세계의 소비 시장, 세계의 투자자본 시장
등 보는 각도에 따라 중국을 재단하고 판단합니다.

자동차만 봐도, 2013년에 2,462만 대의 차가 팔린 중국이 미국
(1,653만 대)을 제치고 세계 최대의 자동차 시장으로 우뚝 섰습니다.
2015년 4월 20-21일, '미디어 데이'를 시작으로 막이 오른 상하이
모터쇼의 경우, 축구장 49개의 크기에 2,000개의 업체가 참여했습니
다. 세계자동차산업연합회로부터 인정받지 못한 비공인 모터쇼지만,
세계 5대 모터쇼(프랑크푸르트, 디트로이트, 파리, 도쿄, 제네바)를 압도하는
수준입니다.

경제 전문 미디어 〈블룸버그〉(Bloomberg)가 2015년 4월 20일에 발표

한 세계 억만장자 200인 순위(4월 16일 증시 기준)를 보면, 중국 부자들의 강세가 두드러집니다. 200위 안에 든 중국인은 17명으로 지난해 6명에서 3배 가까이 늘어난 수치입니다. 그에 비해 한국인은 3명에 불과합니다. 81위 이건희 삼성그룹 회장(135억 달러), 155위 서경배 아모레퍼시픽 그룹 회장(88억 달러), 172위 이재용 삼성전자 부회장(80억 달러) 순입니다. 100위 안에 든 중국인 부자는 4명으로, 그들의 자산은 총 1,039억 달러(약 112조 원)에 이릅니다. 15위인 마윈(馬雲) 알리바바 그룹 회장(356억 달러)에 이어 19위인 왕젠린(王健林) 완다(萬達) 그룹 회장(331억 달러), 39위인 마화텅(馬化騰) 텐센트 회장(201억 달러), 64위인 리옌훙(李彦宏) 바이두(百度) 회장(151억 달러) 순입니다. '중국판 나스닥'으로 불리는 선전 증시가 50%나 폭등한 것이 재산 증가의 주요 원인 중 하나로 보입니다. 중국의 변화된 기세를 잘 보여 주는 사례이기도 하죠.

　이 책을 통해 현재의 중국과 중국 교회를 이해하고, 앞으로 중국이 어떻게 변화될 것인지를 조심스럽게 전망하고자 합니다. 한편, 한국 교회가 어떻게 중국 교회와 협력해야 하며, 최종적으로 선교 중국 시대를 열기 위해 어떤 도우미 역할을 감당해야 하는지를 나누려고 합니다. 이 책을 순서대로 잘 따라가다 보면 최소한 중국에 대한 밑그림이 그려질 것입니다. 중국을 단번에 이해한다는 것은 불가능합니다. 그러니 거시적이고 미시적인 분석 틀로 저와 함께 첫 번째 여행을 떠나 볼까요?

'중국'이란 말의 숨은 뜻

중국이라는 용어는 중국의 고전 《시경》(詩經)에 처음 등장합니다. 《시경》은 B. C. 12세기 서주(西周)에서 5세기의 춘추 초기까지의 노랫말 모음집입니다. 총 305편으로, 당시 사람들의 감정이 진솔하게 표현돼 있습니다. 《시경》에서 중국은 사방(四方: 동서남북), 그리고 사이(四夷: 변방 오랑캐)와 대칭되는 개념으로 등장합니다. 즉, 주(周) 왕조 시대에 처음 출현한 중국은 주 왕조의 수도를 지칭하거나, 주나라 왕이 통치했던 지역 일대를 가리키는 용어였습니다. 이후에 주 왕조가 쇠락하여 각 제후국들의 세력이 강성해지고, 춘추전국시대에 이르면서 중국의 의미는 제하 열국의 거주 영역으로까지 확대됐습니다. 특히 공자(孔子)는 "오랑캐 나라에 임금이 있는 것이 제하 열국에 임금이 없는 것보다 못하다"라고 하면서 중국에 '문화적 우월 지역'이라는 의미를 부가시켰습니다.

이처럼 중국이라는 용어는 상대와의 관계 설정 속에서 사용됐습니다. 중심부라는 의미에서 중국은 정치·군사적인 의미와 통치의 경계를 설정할 뿐 아니라 한족과 변방 민족 간의 경계를 상징하는 데까지 발전됐습니다. 중국인들이 언제나 민족과 문화를 함께 논하는 것의 역사적 배경을 잘 알 수 있는 대표적인 예입니다.

'화하'(華夏)라는 단어를 생각해 보죠. 화하란 본래 지명을 본떠서 만든 용어지만, 점차 황허(黃河) 중·하류 지역에 거주하면서 황허 문명을 건설한 이들을 지칭하게 됐습니다. 이들은 창장 이남의 남방묘만족(南方苗蠻族), 동부 지방의 동방동이족(東方東夷族)과 달리 중원(中原)

화하족(華夏族)으로 구분됐습니다. 화하족은 한족(漢族)의 전신으로, 문명발생지인 황허를 중심으로 한 문화적 우월성 속에서 기타 지역의 구성원들과는 다르게 구분됐습니다. 주 왕조에서는 허난(河南) 성을 중심으로 한 중원 지구의 중국인을 화하족이라고 불렀습니다.

중국이란 단어가 외교문서에 처음 명기된 것은 청나라 때입니다. 1842년, 난징(南京)조약에 "중국은 영국에게 은화 2,100만 원(元)의 배상금을 지불할 것"이라고 나옵니다. 이처럼 중국이 정식 국호로 사용된 것은 중화민국 때입니다.

중국과 관련해 '천하'(天下)라는 용어도 들어 봤을 것입니다. 자신이 활동하는 무대가 곧 이 세상의 전부일 수 있다고 선을 그을 때 천하가 사용되죠. 이 같은 문화 코드는 중국인의 문화적 토양의 기저를 이루고 있습니다. 현재 중국 정부 관계자는 중국이 한족과 55개의 소수민족으로 이뤄져 있다고 말합니다. 이렇게 '다민족 공존 국가'로서의 정체성을 강조하지만, 화해와 공존 뒤에는 여전히 한족이 중국 문화 및 민족의 주체가 될 수밖에 없다는 시각이 도사리고 있습니다.

중국인들의 관계 방법, 꽌시

중국인들의 민족성과 인간관계를 제어하고 있는 '꽌시'(關系)에 대해 들어 보셨을 겁니다. 꽌시는 혈연관계, 학교와 직장 등의 연고 관계, 지연 관계 등을 기초해 맺은 일종의 인맥을 뜻합니다. 공식적인 관계와는 달리 비공식적인 호혜적 친분의 교환을 전제로 하죠. 실제로 중국에서 살아 본 분들은 중국에서는 꽌시 없이는 아무것도 안 된다고 털어놓곤 합니다.

중국이 역사의 변천 과정 속에서 봉건 종법제가 해체되고, 공산당이 국가를 건설하고, 개혁·개방 정책을 쓰는 등 엄청난 변화를 가져왔음에도 불구하고 인정과 체면, 꽌시 네트워크에서는 커다란 변화가 없습니다. 물론 변화의 조짐이 전혀 없었던 것은 아니지만, 현재 중국에서 여전히 위력을 발휘하고 있는 것은 꽌시입니다. 중국 대륙뿐이 아닙니다. 중화경제권에 소속된 어떤 기업이든 중국인 특유의 친분 관계인 꽌시를 완전히 배제하고서는 성공적인 비즈니스를 기약할 수 없습니다.

꽌시 문화와 관련해 여러 문헌들을 살펴보면 다음과 같은 꽌시의 특징을 확인 할 수 있습니다. 첫째, 꽌시는 상호 간 의무적인 성격이 강합니다. 일단 꽌시가 형성되면 상대방으로부터 언제든지 호의적인 행동을 기대할 수 있습니다. 이 때문에 꽌시가 계속되려면 서로에 대한 의무에 충실해야 합니다. 만일 호의를 받았다면 이를 되갚아야 한다는 일종의 채무 성격이 있는 것입니다.

둘째, 꽌시는 두 사람 간의 관계로 제한되지 않고 제3자에게 확장될 수도 있습니다. 예를 들어 A가 B에게, B가 C에게 호의를 베풀면 A, B, C는 모두 동일한 꽌시 네트워크 범주에 속합니다.

셋째, 상대방의 조직 내 지위에 따라 꽌시의 가치도 달라집니다. 기업의 상위 관리자와 꽌시를 구축하면 그 부하 직원과의 꽌시를 어느 정도 보장받을 수 있습니다. 그러나 반대의 경우에는 어렵죠. 또 개인이 다른 조직으로 옮겨 갈 경우 꽌시도 개인을 따라 이동할 수 있습니다. 이 때문에 비즈니스 관계에 앞서 사회적 관계인 꽌시가 선행돼야 합니다. 일단 꽌시가 구축되면 비즈니스가 상대적으로 원활해집니다.

여기서 꽌시에 대한 정확한 관점이 필요합니다. 꽌시만 형성되면 모든 것이 만사형통일까요? 그렇지 않습니다. 아무리 꽌시를 중요시하는 중국 사회라고 해도, 꽌시가 도깨비방망이는 아닙니다. 꽌시에만 의존했다가 실패한 비즈니스 사례가 적지 않습니다. 예를 들어 중소기업의 경우는 꽌시가 여전히 유효하지만, 비교적 규모가 큰 기업은 사정이 조금 다릅니다. 중국의 관련 법 제도가 체계화되고 기업 운영과 정책 결정 과정이 투명화되면서 개인의 재량보다는 합리적인 집행이 관성화되고 있기 때문입니다.

거래 비용의 측면에서 볼 때 꽌시는 회의적일 수 있습니다. 많은 비용과 시간을 들여 꽌시 네트워크를 구축하는 데 비해 그 효과는 쉽게 드러나지 않을 수 있습니다. 꽌시에 의한 비즈니스의 경우, 시장 규모가 작으면 제한된 수의 네트워크에 적은 비용으로 효율적인 관리가 가능합니다. 그러나 전국적인 비즈니스일 경우, 꽌시 구축을 위한 비용이 천문학적인 숫자에 이릅니다.

그렇다면 꽌시를 어떻게 활용하면 좋을까요? 꽌시를 구축하기 위해서는 몇 가지를 고려해야 합니다. 첫째, '백 투 더 베이직'(back to the basic), 즉 기본기에 충실해야 합니다. 기업 활동일 경우 기술, 원자재, 마케팅 등 기업체에 필요한 핵심 역량을 구축하는 데 더욱 힘써야 합니다. 물론 중국의 법 제도에 대한 이해가 선행돼야 합니다.

둘째, 중국인에 대한 이해를 기반으로 한 꽌시를 구축해야 합니다.

중국인은 체면, 즉 '미엔즈'(面子)를 상당히 중시합니다. 중국인들은 직장 상사가 부하 직원 앞에서 자신을 공개적으로 꾸짖는 것을 참지 못합니다. 꽌시가 있는 중국인이 수용하기 어려운 청탁을 할 경우, 면전에서 거절하면 안 됩니다. 체면이 구겨진 중국인과는 기존의 꽌시조차 무용지물이 될 수 있습니다. 세심한 부분까지 고려하려면 중국과 중국인에 대한 깊은 이해가 선결돼야 합니다. 미엔즈는 중국인들이 선진 시대부터 교육받아 온 일종의 예(禮)입니다. 아무리 적장일지라도 최후의 순간까지 상대방의 미엔즈를 고려하는 것을 삼국지에서도 살펴볼 수 있습니다.

여기서 중국어 표현 기법을 배워 보겠습니다. 중국인들은 '뚜이부치'(對不起), 즉 '죄송하다'는 말을 잘 쓰지 않습니다. 대신 '뿌하오이스'(不好意思)라는 말을 즐겨 씁니다. 이 말은 '이 지경에 이르게 돼 매우 유감이다'라는 뜻입니다.

셋째, 꽌시의 네 요소로 상대방의 감정, 상호 호혜성, 체면, 신뢰를 들 수 있습니다. 공식적인 자리 외에 개인적인 교류가 있었는지, 상대방의 체면을 살려 주려고 애썼는지, 서로 혜택을 주고받은 일이 있었는지 등을 곰곰이 따져 봐야 합니다.

뤄관중(羅貫中)의 《삼국지연의》에 나오는 도원결의(桃園結義)를 잘 알 것입니다.

"비록 우리가 동년 동월 동일 동시에 태어나지는 못했지만, 죽을 때는 동년 동월 동일 동시에 죽기를 바란다."

공맹(孔孟)은 항상 "자기와 친한 자를 친하게 대하고 현명한 자를 현명하게 대하는 것이 인륜"이라고 했습니다. 이는 사람이면 누구나 갖고 있는 인정입니다. 남에 대한 존중과 자신과 가까운 사람에 대한 우선적인 배려는 유가(儒家)의 도덕 기준이 이른바 '친소'(親疎)에 의해 결정된다는 것을 보여 줍니다. 친소의 원리가 혈연, 지연과 결합하면서 끈끈한 꽌시, 즉 의형제 수준으로 발전합니다.

일상에서 다양한 기회와 여러 방식을 통해 호혜적 교환이 결국 삶의 공동체를 만들어 갑니다. 이 과정에서 드러나는 꽌시는 총체적 관계입니다. 중국인들로부터 흔하게 들을 수 있는 말인 '하오꽌시'(好關系), '라오펑유'(老朋友), '흔수'(很熟) 등은 오랜 기간 서로의 감정을 주고받음을 통해 이뤄지는 것입니다. 중국 문화의 주요 특징인 꽌시는 아름다움과 추함이 동시에 담겨 있습니다. 중국 정부가 아무리 뿌리를 뽑으려고 해도 할 수 없는 것이 꽌시입니다.

이처럼 중국인의 전통적인 가치관, 사유 방식, 문화 등을 제대로 이해할 때 중국에 대한 그림을 그릴 수 있을 것입니다.

2

중국은
사회주의 국가인가?

•

　복합적인 국가 이미지를 가지고 무섭게 발전해 나가는 중국. 우리는 이제 그들에 대한 좀 더 깊은 이해와 함께 공생공영의 길을 찾아 나서야 합니다. 누군가 "중국은 모든 것을 자신들의 것으로 수용해 버리기 때문에 공산주의니, 사회주의니 하는 것도 결국은 중국화될 것"이라고 한 말이 기억납니다. 그들의 수용력을 관찰하면서 근접한 이웃 국가로서 우리의 역할이 무엇인지 점검해 보면 좋겠습니다.

중국은 사회주의를 포기한 적이 없다

　현재 중국을 이해하기 위해서는 먼저 중국이 어떤 나라이기를 원하는지 알아야 합니다. 중국 공산당은 1921년 7월에 창당한 이래 지금까지 사회주의의 길을 포기한 적이 없습니다. 앞으로도 포기하기 어려울 것입니다. 만일 포기한다면 과거의 역사를 송두리째 부인해야 하기 때문입니다. 그렇다면 이런 질문이 나오겠죠. 중국이 사회주의 국가라고 하지만 현재 모습은 전혀 그렇지 않은 것 같다고요. 정말 그럴까요? 중국 공산당의 마음을 읽는 것이 필요합니다. 이를 위해 중국 공산당이 그동안 걸어왔던 길을 잠시 나누려고 합니다.

초창기 중국 공산당은 소련과 코민테른의 직접적인 영향을 받아 국공(국민당과 공산당)합작에 합의하고, 도시 지역에서 노동운동을 중심으로 정치적 변혁 운동을 시도했습니다. 그런데 1927년, 국공합작의 좌절로 중국 공산당은 새로운 길을 모색해야 했습니다. 산간벽지와 방대한 농촌 지역에서 농민들을 중심으로 홍군을 조직하고 소비에트 정권을 수립하면서 이른바 '농촌으로 도시를 포위하는' 전략을 구사했습니다. 이는 도시 노동자 중심의 볼셰비키 혁명과는 매우 다른 모습입니다. 특히 1934-1936년, 국민당군의 포위망을 뚫고 9,600km의 거리를 걸어서 탈출한 대장정을 통해 중국 공산당의 실권은 마오쩌둥(毛澤東)에게로 넘어갑니다. 이로써 중국 현실에 맞는 마르크스·레닌주의의 구체적인 실험에 착수하게 된 것입니다.

1937년에 중·일전쟁이 발발함에 따라 중국 공산당은 국민당 정권과 제2차 국공합작에 합의하고, 항일 민주통일전선에 나서면서 신민주주의 혁명 노선을 추구하게 됩니다. 이 혁명 노선은 세 가지 중요한 틀을 제공합니다. 첫째, 반봉건·반제 투쟁을 전개해 민족국가의 독립과 민주주의를 쟁취하고 부르주아 민주 혁명을 완수하는 것입니다. 둘째, 민주 혁명은 부르주아 계급에 의해 주도되는 것이 아니라 노동자와 농민 계급이 주도해야 한다는 것입니다. 셋째, 노동자, 농민, 소자본 계급을 기본 세력으로 하면서도 민족 자산 계급과 계명된 향신 계급 및 양심적인 지주 계급을 포섭하고, 광범위한 계급 연합을 구축해서 신민주주의의 정치 질서, 경제, 문화를 추구해야 한다는 것입니다.

여기서 신민주주의 정치 질서란 노동자, 농민, 소자산 계급과 민족 자산 계급이 다 같이 참여하는 '계급 연합 정권'을 의미합니다. 다음으로 신민주주의 경제란 자본주의적 요소와 사회주의적 요소가 공존, 협력하는 '혼합경제'를 뜻합니다. 마지막으로 신민주주의 문화란 '대중적, 민족적, 과학적 문화'를 의미합니다. 이 같은 신민주주의 혁명 노선은 계급적 화해와 협력에 기초한 개혁주의 노선과 대중의 사상 혁명, 정치주의에 입각한 급진적으로 혁명적인 대중 동원 노선이라는 상이한 전통을 남기게 됩니다. 이 전통은 1949년 이후 사회주의 사회를 건설하는 과정에서 스탈린주의적 고전적 사회주의 체제와 결합해 마오쩌둥 시대의 '중국적 사회주의'를 만들게 됩니다.

이쯤에서 중국의 최고지도자였던 마오쩌둥과 덩샤오핑(鄧小平)을 비교해 볼 필요가 있습니다. 이 두 사람은 중국적 사회주의를 실현하려고 애썼습니다. 마오쩌둥과 덩샤오핑의 공통점은 마르크시즘의 도구적인 해석입니다. 즉, 두 사람 모두 마르크시즘의 이론 자체에 어떤 가치를 부여하기보다는 실천을 위한 도구로 이론을 강조했던 것이죠. 중국 사회의 변혁과 발전이란 실천적 과제에 적합한 이론만이 참다운 것이며, 그렇지 않은 이론은 도그마(dogma)에 불과하다는 관점입니다. 이 때문에 중국식 사회주의는 매우 실용주의적인 성격을 띨 수밖에 없습니다. 현대화라는 목표를 추구하기 위한 과정에서의 실천 이론이라는 면에서 두 사람은 본질적으로 하나입니다. 그러나 내용이 유사한 것은 아닙니다.

마오쩌둥의 마르크시즘과 덩샤오핑의 마르크시즘은 중국의 마르크시즘 안에 내재된 상반된 노선과 정책을 대표합니다. 그럼에도 불구하고 이들은 혁명 과정에서 서로 충돌하기보다는 오히려 보완적인 관계를 유지합니다. 당시 혁명의 목표는 사회주의 혁명과 사회주의 사회의 건설이 아니라 반제국·반봉건 투쟁을 통해 신민주주의 혁명을 완성하는 것이었기 때문입니다. 그러나 1949년, 신중국의 등장 이후 이 두 개의 마르크시즘의 경향은 당 지도부의 노선 투쟁 과정에서 차별성을 극명하게 드러냅니다.

마오쩌둥은 사회주의 사회에서도 계급투쟁은 계속돼야 하며 평등주의, 이상주의적인 목표를 구축해야 한다고 강조했습니다. 반면, 덩샤오핑은 중국 특색의 사회주의, 즉 생산력 증가만이 중국 사회의 진보적 발전을 가능하게 한다는 기본 관점을 추구했습니다. 여기서 '사회주의 초급 단계론'이 등장하는데, 그 관점은 다음과 같습니다.

중국 공산당으로 대표되는 프롤레타리아 계급이 정권을 장악하고, 사회주의 개조로 기본적인 사회주의적 소유관계가 수립됐지만, 아직 초급 단계에 있는 사회주의이기에 자본주의 사회가 이룩한 생산력 발전을 실현하지 않으면 안 된다는 것입니다. 이 때문에 중국 공산당과 국가의 모든 정치적 업무나 정책, 제도들도 생산력 증가에 얼마나 기여하느냐에 따라 평가돼야 한다는 주장을 펼칠 수 있었습니다. 이에 대해 혹자는 현재 중국이 추구하는 사회주의 시장경제가 국가자본주의의 길을 모색하는 일종의 개발독재론이 아니냐는 의문을 제기합니다. 마르크시즘의 이탈을 숨기려는 것에 불과하다는 논리죠.

중국 공산당의 국가 전략 수립의 과정을 보면 중국의 정책 결정 과정을 보다 명확하게 알 수 있습니다. 중국 공산당의 의사 결정 체계는 당의 강령-총노선-총임무-정책-행동의 수순을 밟게 됩니다. 여기서 당의 강령은 당의 분투 목표로, 최종 목표와 중·단기 목표를 포함할 뿐 아니라 최고 강령과 최저 강령으로 나뉩니다.

최고 강령은 당이 궁극적으로 추구하고자 하는 분투 목표로서 사회주의와 공산주의의 실현을 포함합니다. 최저 강령은 사회주의 혁명이나 건설의 특정 단계에서의 당의 분투 목표입니다. 당의 최저 강령은 곧 덩샤오핑 이론과 사회주의 초급 단계론에 의거해 중국 특색의 사회주의를 건설하는 것을 목표로 합니다. 이를 이루기 위한 기본 지도 사상은 마르크스·레닌주의, 마오쩌둥 사상, 덩샤오핑 이론입니다. 여기에 장쩌민(江澤民)의 3개 대표론, 후진타오의 과학적 발전관 등이 첨가됐고, 이에 따라 당의 노선이 설정됐습니다.

당의 노선은 기본 노선과 구체적인 사업 노선으로 구분됩니다. 그중 중요한 것은 당의 총노선을 달성하기 위한 1개 중심과 2개 기본 점입니다. 1개 중심은 경제 발전을, 2개 기본 점은 개혁·개방과 4개 항 견지(사회주의, 인민민주 독재, 중국 공산당의 영도, 마르크스·레닌주의와 마오쩌둥 사상)를 의미합니다. 1개 중심, 2개 기본 점은 덩샤오핑이 주창한 것으로 아직도 유효한 개념입니다.

하위 개념인 당의 기본 임무는 당의 강령과 기본 노선에 의거해 결정됩니다. 현대화 건설의 추진과 조국 통일의 완수, 세계 평화의 유지와 공동 발전의 촉진 등이 기본 임무라고 할 수 있습니다.

마지막으로 당의 정책이란, 특정 시기의 노선과 임무를 실현하기 위해 규정한 행동 준칙입니다. 여기에는 당의 영도력 강화, 경제개혁의 심화, 개방의 확대와 세계경제 체제로의 조기 진입, 사회주의 시장경제의 정착, 사회주의의 물질문명과 정신문명의 발전 등이 포함됩니다. 이 같은 중국 공산당의 의사 결정과 행동 체계는 국가 목표, 국가 이익, 국가 전략으로 이어집니다. 여기서 우리는 중국이 결코 공산주의의 실현을 포기한 적이 없음을 알 수 있습니다.

사회주의 시장경제의 심화는 사회주의 실현을 위한 물질적 기초의 확보, 주권과 영토의 보존, 사회주의 정치 이념과 제도의 수호를 위한 것입니다. 이를 달성하기 위해 장·단기 계획을 수립해서 21세기를 순항해 나가려고 하는 것입니다. 시진핑 국가 주석의 통치 이념인 '중국의 꿈'(中國夢)이나 21세기의 육·해상 실크로드 건설이라고 불리는 '일대일로'(一帶一路), 중국 주도의 '아시아인프라투자은행'(AIIB), '4개 전면'(四個全面) 등이 이런 과정을 통해 만들어졌습니다. 2017년 중국 공산당 제19차 전국대표대회에서 당장(黨章: 당 헌법)에 포함될 것으로 보이는 4개 전면은 '전면적 소강(小康) 사회'(모든 국민이 풍족한 생활을 누리는 사회)라는 전략적 목표와 이를 위한 '전면적 개혁 심화', '전면적 의법치국', '전면적 종엄치당(從嚴治黨) 관리'(엄격한 당 관리)라는 세 가지 수단으로 구성됩니다.

시진핑 시대에 대해서는 이후의 장에서 더 깊이 다루겠습니다. 물론 중국 공산당의 의사 결정 과정이 종교 정책에도 상당한 영향을 미치는

41

데, 이와 관련해서도 추후에 소상히 접근하겠습니다.

최근에 흥미로운 논문이 있어서 잠깐 소개하겠습니다. 하버드 대학교의 제니퍼 판(Jennifer Pan) 박사와 MIT 대학교의 쉬이칭(徐軼靑) 박사의 "중국 이데올로기 스펙트럼"이라는 논문입니다. 베이징 대학교가 인터넷에서 2007년부터 조사한 17만 1,830명의 정치 이념에 대한 설문 결과를 분석한 것입니다. 두 박사의 주장은 개혁·개방에 따라 부유한 동부 연안 지역일수록 우파 성향이 강하고, 낙후한 중·서부 지역일수록 좌파 성향을 보인다는 것입니다. 중국에서 우파는 서구 자본주의와 연결되는 자유주의의 색채가, 좌파는 공산당 체제를 고수하는 보수주의의 색채가 강합니다. 예를 들어 소득이 높은 상하이, 광둥(廣東) 성, 저장(浙江) 성, 푸젠(福建) 성, 장쑤 성 등은 우파 자유주의가 강하고 구이저우(貴州) 성, 허난 성, 안후이 성, 후난(湖南) 성, 네이멍구(內蒙古) 자치구는 좌파 보수주의가 강합니다. 칭하이(靑海) 성과 티베트(西藏) 자치구는 조사에서 제외됐습니다.

이 논문이 현실성이 있는지는 좀 더 따져 봐야 할 것입니다. 우리나라의 경험 등을 종합해 볼 때 경제가 발전할수록 좌파 이데올로기는 약화되고 자유주의가 강화된다는 것은 일견 맞는 것 같습니다. 그러나 개혁·개방과 좌파 이데올로기를 동시에 강화시키기를 원하는 시진핑 시대에서는 피하고 싶은 결과가 아닐까요.

이 논문을 읽으면서 "20세기 초 기독교 선교 활동이 활발했던 지역일수록 현재 경제 발전의 성과가 두드러진다"고 주장한 베이징 대학교의 경제사학자 옌써(顔色) 교수의 말이 떠올랐습니다. 2013년 2월, 서울대학교에서 열린 '아시아 · 태평양 경제 · 경영사(史) 콘퍼런스'에서 그는 "기독교는 경제 낙후 지역의 주민들이 외부 세계를 인식하고 개방적 태도를 갖게 했다. 기독교가 교육 · 의료 사업을 통한 인적 자본의 축적과 외국인 직접투자에 대한 개방성을 높여 경제 발전에 영향을 미쳤다"고 분석했습니다. 그러나 "100년 전과 달리 중국이 개방됐으니 더 이상 기독교에 이런 역할을 기대할 필요가 없다"는 단서를 달았습니다.

3

'세속적 제자도',
중국 공산당

●

종교와의 한계를 긋는 중국 공산당

최근에 중국 공산당은 종교 신앙을 갖고 있는 당원들을 주의 깊게 관찰할 뿐 아니라, 하루속히 정리하려고 애쓰는 듯합니다. 2014년 11월 5일 〈인민망〉(人民網)에 따르면, 중국 공산당 중앙기율검사위원회의 지방 암행조직인 '중앙순시조'(中央巡視組)의 보고서에서 "저장 성 일부 지역의 소수 당원들이 종교 활동에 참여하고 종교를 믿고 있다"고 밝혔습니다. 중앙순시조가 당원의 신앙 문제를 공식적으로 언급한 것은 처음 있는 일로, 매우 이례적입니다.

저장 성은 2014년에 교회적으로 어려움이 적지 않았습니다. 특히 원저우(溫州) 시 융자(永嘉) 현의 싼장(三江) 교회는 건축법을 위반했다는 이유로 1,000명의 무장 경찰이 동원된 가운데 철거됐습니다. 원저우 시는 인구 900여만 명 중 100여만 명이 그리스도인인 것으로 알려져 있고, 몇 년 사이에 한국 교회와도 밀접한 관계를 맺은 중국 교회들이 분포돼 있는 곳이기도 합니다.

　중국 공산당은 원래 당원의 종교 신앙을 인정하지 않습니다. 2002년, '종교 사업을 강화하는 것에 대한 중국 공산당 중앙위원회와 국무원의 결정'에 따르면, 공산당원은 종교를 가져서는 안 됩니다. 당은 당원 간부들이 공산주의 신념을 견지할 수 있도록 교육해야 하며, 종교에 심취한 경우 당원 자격이 박탈됩니다. 특히 직권을 이용해 신앙을 조장할 때는 엄중하게 처리됩니다.

　중국 공산당의 집안 단속은 여기에서 그치지 않았습니다. 2004년, 중앙 선전부가 펴낸 내부 문건인 "마르크스주의 연구와 선전 공작(업무)을 진일보 강화하는 것에 대한 통지"를 통해 마르크스주의와 무신론 교육의 강화를 시도했습니다. 2005년 10월에는 "당 조직, 당원 간부들의 종교 활동 연관 및 가입, 참여에 관한 통지"를 시달하고 이 규정을 위반할 경우 출당 조치까지 불사하겠다고 했습니다. 그럼에도 불구하고 공산당 당원 가운데 그리스도인이 적지 않다는 것은 공공연한 비밀입니다.

　종교에 대한 중국 공산당의 인식은 전혀 변하지 않았습니다. 주웨이췬(朱維群) 중국인민정치협상회의 민족종교위원회 주임은 2013년, 한 주간지와의 인터뷰를 통해 "공산당원이 신앙을 갖게 되면 공산당은 사분오열되고 말 것"이라고 강조했습니다. 그는 15년 동안 통일전선공작부 부부장으로 재직하면서 티베트 자치구, 신장(新疆) 위구르 자치구 등 소수민족 지역의 종교 문제를 다뤘던 인물로, 중국 공산당 내 종교 문제에 관한 전문가입니다. 종교의 성장을 문제와 도전으로 간주하고 있음을 보여 주고 있죠.

그는 "최근 중국에서 종교를 믿는 사람이 많아지고, 종교의 사회적 영향력도 높아진 가운데 종교 당국은 점점 더 많은 문제와 도전에 직면해 있다"고 우려했습니다. 또 "공산당원이 종교를 갖는다는 것은 당원이 스스로 무장해제 하고 당성을 잃는 것으로 당원이라면 공산주의자로서의 세계관과 정치적 순결성을 유지해야 한다"고 역설했습니다. 그는 특히 "일부의 외국 세력이 기독교를 통해 중국에 침투하여 반체제, 반정권의 도구로 이용하고 있다"고 강조했습니다.

2014년 9월, 중앙민족공작회의에 참석한 시진핑 국가 주석도 이에 대한 명확한 입장을 보였습니다. 그는 "당원은 결단코 종교 신앙을 갖지 말아야 하고, 종교 활동에도 참여하지 말아야 한다. 각 민족의 풍습은 존중해야 하지만, 사상에 있어 종교 신앙과의 한계를 분명히 그어야 한다"고 천명했습니다. 마오쩌둥, 덩샤오핑, 장쩌민, 후진타오 등 과거의 최고지도자들에 이어 시진핑 주석도 당원에게 종교 신앙을 허용하지 않아야 한다는 종래의 정책을 그대로 답습하고 있는 것입니다.

공산당원으로 선택되는 과정

그러면 공산당원은 어떻게 만들어질까요? 공산당원으로 양성되는 과정에 대해 저는 '세속적 제자도'라고 부르고 싶습니다. 자기 점검은 물론 타인과 집단의 지속적인 평가를 통해 선택된 사람으로 거듭나게 됩니다.

〈건당위업〉(建黨偉業)은 중국 공산당 창립 90주년을 맞아 2011년에

개봉된 영화입니다. 1911년에 신해혁명이 일어난 시기부터 1921년에
중국 공산당이 결성된 시기까지의 이야기를 담고 있습니다. 중국 영화
사상 가장 많은 제작비가 투자됐다고 합니다. 〈영웅본색〉(英雄本色)
감독으로 널리 알려진 우위썬(吳宇森)과 저우룬파(周潤發), 자오번산
(趙本山) 등 중국의 유명 배우 108명이 출연한 작품입니다.

1921년, 불과 57명이 비밀리에 모여 탄생한 중국 공산당. 이제는 중
국을 이끄는 권력의 핵심 중추 세력으로서 2013년 말에는 당원 수가
8,668만 6,000명에 달했습니다. 중국 인구 100명당 6.4명꼴이니 대단
한 규모입니다. 그런데 중국에는 당원보다 더 많은 그리스도인들이 있
다는 관측(약 1억 명)도 있습니다. 하나님의 직접적인 일하심이 느껴집
니다.

아무나 공산당원이 될 수 있는 것은 아닙니다. 문화대혁명 이전만
해도 '사상만 맞으면' 입당 가능성이 높았습니다. 그러나 지금은 당성
(黨性)이 좋아야 함은 물론이고, 사람 자체가 '명품'이 되지 않으면 당
원이 되는 벽이 꽤 높습니다. 중학교 때 성적이 우수하고 적극적인 학
생은 공산주의 청년단원(共靑團員)으로 선출될 수 있습니다. 공청단원
이 되면 쉽게 공산당에 입당할 수 있습니다. 공청단은 공산당원 및 간
부 후보의 양성소인 셈입니다. 2012년 말, 공청단원은 8,990만 6,000명
에 달했습니다.

시진핑 주석은 2013년 6월, 공청단 간부들과의 간담회를 통해 '3선(愼)'을
강조했습니다[′선스′(愼始), 일을 시작할 때는 신중하게 하라. ′선두′(愼獨), 남이 보지
않을 때도 행동을 삼가라. ′선웨이′(愼微), 아무리 사소한 일이라도 신중히 하라.]. 미래

의 지도자가 될 공청단원은 '떡잎'부터 됨됨이를 갖춰야 한다는 의미입니다.

현재 중국 정부의 책임자들을 분석해보면 총리(1명), 부총리(4명), 국무원회(5명), 각 부 위원회의 최고책임자(장관급 25명) 가운데, 국무위원을 겸직하는 국방부장(장관)과 공안부장(장관)을 빼면 총리를 포함해 33명 중 10명이 공청단 출신입니다. 국무원 각료 33명의 평균연령은 60.2세로 1940년대생은 8명이고, 그 외는 1950년대생입니다.

공청단원은 만 28세가 되면 탈퇴해야 합니다. 공산당원이 되든지 일반인이 되든지, 개인이 결정해야 합니다. 국유 기업에 취직하거나 공무원으로 일하면서 당원 신분이 있으면 적지 않은 도움을 받습니다. 국유 기업의 관리자들이 대개 당원이기 때문입니다. 대우도 물론 비당원보다 좋습니다.

대학생이 되면 공산당원 입당 신청서를 낼 수 있습니다. 신청서 제출이 곧 입당을 의미하지는 않습니다. 학생 회장이나 간부직을 맡고 있거나 학교 성적이 우수하면 입당 가능성이 매우 높습니다. 입당 신청자는 당원 2인의 추천을 받아 당 지부대회와 상급 당 조직의 승인을 거친 뒤 일정 기간에 정밀 조사를 거쳐야 비로소 정식 당원이 될 수 있습니다. 1, 2차 필기와 면접시험을 거쳐야 합니다. 그렇게 예비 당원이 되면 1년간 철저한 검증을 받아야 합니다. 당원의 의미를 이행하지 않고 당원의 조건을 갖추지 못한 자는 예비 당원의 자격이 박탈됩니다. 당원으로서 정당한 이유 없이 6개월 이상 계속해서 당의 조직 생활에 참가하지 않거나, 당비를 납부하지 않거나, 당에서 부여한 업무를 이행하지 않으면 자진 탈당으로 간주됩니다. 모든 당원은 수입에 따라 당비를 내야 합니다.

당비에 대해 알아볼까요. 2008년 4월 판 '중국 공산당 당비 수납, 사용과 관리 규정'에 따르면 공산당원은 매월 수입 가운데 0.5-2%를 당비로 납부해야 합니다. 세후 월수입 3,000위안 이하는 0.5%, 3,000-5,000위안은 1%, 5,000-1만 위안은 1.5%, 1만 위안 이상은 2%입니다. 현직에서 퇴직한 당원들은 매월 수령하는 퇴직금이나 양로금의 총액을 기준으로 환산하며 5,000위안 이하의 당원은 0.5%, 5,000위안 이상의 당원은 1%의 당비를 납부해야 자격을 유지할 수 있습니다. 월수입이 고정적이지 않은 농민 당원은 매월 0.2-1%의 당비를 납부하면 됩니다. 학생 당원, 실직 당원, 보조금 또는 지원금으로 생활을 유지하는 당원, 최저생활보장금 수령 당원은 매월 0.2%의 당비를 납부해야 합니다.

탈당이 일상생활에 주는 영향은 크지 않습니다. 그러나 평생의 기록이라 할 수 있는 '당안'(檔案)에 기록으로 남게 됩니다.

요즘엔 '부호' 공산당원이 늘고 있습니다. 소프트웨어 개발 및 스마트폰 제조 업체인 샤오미(小米)의 창업자 레이쥔(雷軍. 보유 자산 850억 위안) 회장이 대표적인 부호 공산당원입니다. 개인 자산이 60억 위안이 넘는 106명 가운데 62명(58%)이 전·현직 공산당원 또는 당 관련 직무자라고 합니다.

여기서 중국의 독특한 인사 제도인 '과즈'(掛職)를 소개하겠습니다. 중국은 전도유망한 인재를 선발한 후, 일정 직위에 오르기 전에 반드시 지방(또는 전혀 다른 부문)에서 1-3년간 행정 경험을 쌓게 합니다. 지방의 현실을 이해해야 정책 실효성을 높일 수 있다는 것입니다. 능력과 도덕성을 갖춘 인재를 양성하는 데 이것만큼 좋은 제도가 없습니다.

참고로, 중국 공산당이 중국 대륙을 완전히 통치하기 전인 1930년대에 시작된 과즈는 그동안 직책과 권한이 동시에 있는 경우(有職有權), 직책은 있는데 권한이 없는 경우(有職無權), 직책과 권한이 따로 없는 경우(無職無權)로 나뉘어 있었습니다. 과거에 중국식 만담인 '상성'(相聲)의 대가 니우췬(牛群)이 안후이 성 멍청(蒙城) 현의 '과즈 부현장'이 되자 논란이 일어났죠. 이미 사직을 했지만요.

당과 법

그러면 중국 공산당과 법치주의(의법치국)의 관계에 대해 잠시 알아볼까요. 이에 대한 시진핑 주석의 생각이 매우 중요합니다. 〈북경청년보〉(北京靑年報)의 2015년 4월 30일 보도에 따르면, '시진핑의 전면적 의법치국에 관한 발언 발췌본'을 분석한 결과, 시진핑 주석은 사법 독립과 정치 개혁이 아니라 중국 공산당 지도 체제를 우위로 한 법치주의를 추구합니다. 그는 당 간부들에게 법치주의를 근거로 공산당의 초월적 지위를 부정해서는 안 된다고 강조해 왔습니다.

지난해 7월에 열린 당 중앙정법위원회(정법위) 회의에서는 "당의 영도를 국민주권(인민이 주인이 되는 것), 의법치국과 대립시켜서는 안 된다. 국민주권과 의법치국으로 당의 영도를 흔들고 부정해서도 안 된다. 그것은 사상에 잘못이 있는 것이고, 정치적으로 매우 위험하다"고 역설했습니다. 지난 2월, 장차관급에 해당하는 '성부급'(省部級) 주요 지도 간부를 대상으로 한 "중국 공산당 제18기 중앙위원회 제4차 전체회의"(4중전회) 주제 강연에서도 "'당이 큰가, 법이 큰가'라고 묻는 것은 하나의 정치적 함정이다. 이것은 거짓 명제다"라고 비판했습니다. 이는 시진핑 주석의 공산당 일당 통치와 법치주의의 관점을 잘 보여 주는 예입니다.

그는 특히 "일부가 당 정법위를 없애야 한다고 주장하며, 당의 정법 공작 영도 제도를 없애려고 한다"고 반대 의사를 분명히 했습니다. 정법위는 공안, 법원, 검찰, 정보기관 등을 총괄하는 당 기구입니다. 법원과 검찰 등은 헌법과 법률에 따라 개별 안건을 조사하고 재판하죠. 그러나 중요 안건은 결국 정법위가 판단합니다.

4

다칭바오,
선전 그리고 보안

●

인터넷 감시와 통제

중국의 인터넷 인구는 6억 3,000만 명에 이릅니다. 하루 인터넷 정보 발송량도 200억 건에 달합니다. 휴대전화 사용자는 12억 명이 넘습니다. 웨이보(微博: 중국판 트위터)와 웨이신(微信: 중국판 카카오톡) 이용자는 5억여 명입니다. 문제는 인터넷이 반정부 시위나 소수민족 테러에 적극적으로 이용될 수 있다고 중국 정부가 판단하고 있는 것입니다. 21세기형 체제 유지의 수단으로는 필수적이지만, 체제 위협의 요소이기도 하다는 관점입니다.

그런 점에서 2014년 전후로 중국에서 정보 유통 및 보안과 관련된 매우 유의미한 보도가 쏟아져 나왔습니다. 그중 눈에 띄는 것은 10년 전부터 중국 공안부가 극비리에 구축해 온 시스템인 '다칭바오'(大情報)의 실체입니다. 중문 뉴스 사이트 보쉰(博訊)에 따르면, 현재까지 다칭바오 구축 예산에만 1조 위안(약 178조 원)을 쏟아부었다고 합니다. 휴대전화, 인터넷, 감시 카메라, 해외 중국인 등을 통해 정보 수집과 촘촘

한 감시가 이뤄지고 있다는 충격적인 소식입니다.

요주의 인물은 얼굴 데이터베이스를 구축해 놓고 도시 곳곳의 감시 카메라로 안면 자동 인식을 하는가 하면, 중국을 거쳐 가는 모든 국내외 전송 데이터를 검색하고 분석합니다. 유학생과 화교를 통해서도 외국 정부의 주요 정보를 수집하고, 요주의 인사들의 해외 휴대전화와 인터넷 계정을 추적합니다. 이는 미국 중앙정보국(CIA)의 전 직원인 에드워드 스노든(Edward Joseph Snowden)이 미 국가보안 전자체계인 프리즘(PRISM)의 정보 수집 범위가 일반 대중에게까지 미치고 있다고 폭로했던 것을 연상시킵니다.

보쉰에 따르면, 다칭바오는 불만 세력에 대해서는 사법부의 영장 없이 언제든지 휴대전화를 감청할 수 있습니다. 특정 GPS로 전화번호 소지자의 위치와 이동 지역, 함께 있는 사람들의 정보까지도 알 수 있습니다. 중국 내 인터넷 데이터를 대부분 수집, 저장할 수 있습니다. 웬만한 보안 설정으로는 다칭바오를 막아 낼 수 없습니다.

2008년 베이징 올림픽을 전후로 중국의 주요 도시에는 택시와 버스에 카메라가 부착됐습니다. 2009년에는 광둥 성 선전 시에만 80여만 대의 감시 카메라가 설치됐습니다. 이는 시민 15명당 1대 수준입니다.

다칭바오의 위력을 보여 준 또 하나의 예로 충칭(重慶) 시를 꼽을 수 있습니다. 다칭바오는 2010년 춘절(한국의 설) 직전에 5일간 4,000여 명의 불온 인물이 충칭에 들어온 사실을 파악했습니다. 그중 3,400명은 48시간 내에 충칭을 떠나라는 경고를 직접 공안으로부터 들었습니다.

보쉰은 중국산 바이러스 백신 프로그램, 중국에서 사용되는 스카이프-톰(Skype-Tom) 버전의 인터넷 전화, QQ, 웨이신 등 중국 채팅 프로그램이 보안에 취약하니 쓰지 말라고 경고했습니다. 다칭바오에 노출될 수밖에 없다는 분석입니다.

중국에서 활동하던 선교사들이 공안에 불려 갔을 때 개개인에 대한 정보가 매우 정확하게 노출돼 있어 놀라곤 하는데, 다 그럴 만한 이유가 있었던 것이죠. 여러 차례 전화번호를 바꿨지만 감청되고 있다는 느낌을 지울 수 없다고 하소연한 선교사들이 그동안 적지 않았습니다. 중국 정부의 정보 수집 능력에 대해 세계 선교계도 혀를 내두를 정도입니다. 중국의 내부 소식에 정통한 인사들은 "한국뿐 아니라 해외에서 이뤄지고 있는 선교 모임에도 어김없이 '중국 정부의 보이지 않는 손길'이 뻗어 있다. 전화, 이메일 등은 거의 100% 노출되어 있다고 봐야 한다"고 지적했습니다.

강화되는 검열

2015년 4월 13일, 전 국민을 손바닥 위에서 지켜보겠다는 중국 공산당과 정부의 의도가 담겨 있는 내용이 보도되었습니다. 이날 신화통신에 따르면, 공산당 중앙 판공청과 국무원 판공청은 전국 지역을 인터넷과 감시 카메라로 관리할 수 있는 치안 시스템을 구축하고, 개인 정보를 카드 한 장으로 관리할 수 있는 새로운 신분 시스템을 도입하기로 했다는 내용을 골자로 하는 "사회 치안 제어 시스템 건설 강화 의견"을 발표했습니다. 이 발표에 따르면, 2020년까지 시와 현(縣)은 물론 진(鎭), 향(鄕), 촌 단위까지 감시 카메라를 설치하고, 이를 인터넷 등으로 통합, 관리할 수 있는 종합통제 센터가 현과 진에 세워진다고 합니다. 현재 중국에는 2,853개의 현급 행정구와 4만 4,000여 개의 진과 향이 있습니다. 통제 센터는 구와 시 등 상급 행정단위의 통제 센터로 연결돼 범죄 등의 상황 발생 시 실시간으로 통보하게 됩니다. 도시의 경우에는 인구밀도에 따라 감시 카메라를 설치하여 범죄 사각지대를 없앱니다. 폐차장이나 쓰레기처리장 등 우범 지역은 예외 없이 감시 카메라를 통한 관리가 이뤄지게 됩니다.

유치원부터 대학교까지 모든 교육기관도 감시 대상입니다. 유치원생에 대한 교사들의 가혹 행위나 학생들의 교내 폭력을 막기 위한 조치라는 것이죠. 기업은 자체 방범 시스템을 구축하되 정부가 인터넷 등을 통해 감독을 강화하고, 모든 우편물에 실명제를 도입하여 우편물 테러 등의 범죄에 대처하게 됩니다.

개인 감시의 강화를 위해 거민증(주민등록증) 번호를 활용하는 새로운 신분 코드도 도입됩니다. 개인 코드가 입력된 스마트카드를 발급받으면 개인의 대중교통 이용 현황까지 노출됩니다. 카드에는 개인의 신용 상태나 범죄 이력, 거주지, 원거리 이동 기록 등이 모두 수록됩니다. 범죄를 저지를 경우 수사 참고자료가 되겠죠. 새로운 신분 시스템이 구축되면 사생활 침해 논란을 피해 갈 수 없을 것입니다.

중국 정부의 또 다른 내부 단속의 조치로 국가신문출판 광전총국(이하 광전총국)의 새 언론 지침, 즉 '신문(뉴스) 종사자 직무 행위 정보

관리 방법'(이하 관리조치)을 들 수 있습니다. 광전총국은 중국의 언론과 출판, 영화, TV 등을 담당하는 기관입니다. 2014년 6월 30일, 각 언론사에 하달된 이번 관리조치에 따르면 언론사 기자, 편집자, 아나운서, 진행자 등 뉴스 취재 편집자와 보조 업무를 하는 언론 종사자가 취재 활동과 회의 참가, 청취, 문서 열람 등의 직무 활동 중 얻은 정보와 자료, 제작한 뉴스, 국가 기밀, 상업 기밀, 미공개 정보 등은 어김없이 '직무 행위 정보'에 포함됩니다. 따라서 언론사는 소속 기자 등 종사자들에게 이와 관련한 비밀 준수 서약서를 받고 비밀 보호 시스템도 구축해야 합니다.

광전총국은 '직무 행위 정보'를 블로그, 웨이보, 웨이신을 비롯해 포럼, 강연 등에서 언급해서는 안 된다고 밝혔습니다. 광전총국이 사전 허가를 받지 않은 언론의 비판 보도를 금지한다는 보도 지침을 발표한 지 보름도 지나지 않아 이번 조치가 단행된 것이기에, 중국 정부가 얼마나 집안 단속에 열중하고 있는지를 알 수 있습니다. 광전총국은 2014년 6월 19일, 각 보도기관에 통지문을 보내 "(사전에 등록된) 영역과 범위를 벗어난 취재 보도와 뉴스 기자, 지국(지사)이 '본 기관'(각 언론 기관의 본사)의 동의를 거치지 않고 자의적으로 하는 비판 보도는 금지된다"고 밝혔습니다. 이는 어느 정도 예상했던 일이기도 합니다.

중국 정부는 2013년 8월부터 유언비어 단속을 명분으로 인터넷 공간에 대해 검열을 대폭 강화하면서 유명 블로거들을 대거 체포했습니다. 이어 2014년 2월 말에는 시진핑 주석이 사이버 안보와 인터넷(여론) 관리, 단속을 총괄하는 '중앙 인터넷 안전정보화 영도소조'(이하 인터넷 영도소조)를 출범시키면서 직접 조장까지 맡았습니다. 인터넷 영도소조는 기존의 '국가 정보화 영도소조'와 '국가 인터넷·정보 안전 협조소조'를 통합한 조직입니다. 첫 번째 관련 회의를 주재한 주석은 "인터넷 안전이 보장되지 않으면 국가 안전도, 정보화도, 현대화도 없다"면서 인터넷 안보와 정보화는 국가 안보와 발전은 물론 인민 생활과 일에 관련된 중대한 전략 문제라고 역설했습니다. 또 인터넷에서의 '여론 공작' 강화의 필요성을 제기하면서 "사회주의의 핵심 가치관을 크게 배양하고, 인터넷 여론을 좋은 방향으로 인도하면서 인터넷 공간을 깨끗하게 해야 한다"고 강조했습니다.

이 같은 상황 속에서 중국의 대표적인 개혁 성향 잡지인 〈염화춘추〉(炎黃春秋)가 최근 강화한 당국의 압력에도 개혁 성향을 유지하겠다고 하여 비상한 관심을 끌었습니다. 〈염화춘추〉는 1991년, 개혁 성향의 중국 공산당 원로들에 의해 창간됐습니다. 2014년 9월, 중국예술연구원의 감독을 받는 관영 매체로 전환된 뒤 당국의 감시를 받아 왔습니다. 관계 당국이 〈염화춘추〉에 경고문을 발송한데다가 당국으로부터 사임 압력을 받아 온 양지성(楊繼繩) 총편집이 연내 사임에 동의하면서 〈염화춘추〉가 비판적 기조를 포기할 것이라는 우려가 있었습니다. 〈염화춘추〉의 창간인인 두다오정(杜導正) 사장은 2015년 4월 28일, 〈사우스차이나 모닝포스트〉(SCMP)와의 인터뷰에서 "이달에 관계 당국으로부터 최근 기사들이 선을 넘었다는 경고문을 받았다. 서면 경고문을 받은 것은 8년 만이다"라고 밝혔습니다. 그러나 그는 "새 감독 기관과 일하면서 생기는 문제로, 해결할 수 있다"면서 "개혁 성향을 유지하겠다"고 말했습니다. 그리고 "과거 24년간 항상 격변이 있었지만 가끔 실수했을 뿐 결코 움츠러들지 않았다. 흔들리지 않고 계속적인 발간을 위해 열심히 노력할 것이다"라고 덧붙였습니다.

첨단화되는 선전 수단

중국 공산당의 인터넷 여론 통제 강화의 또 다른 징후가 보입니다. 바로 '1,000만 명 댓글 알바단 모집'입니다. 이는 공청단이 2015년 2월, 전국의 각 지부에 보낸 청년 인터넷 문명 지원자 모집 관련 공문을 통해 드러난 사실입니다. 홍콩의 일간지 〈명보〉(明報)에 따르면, 댓글 알바단은 사회주의의 핵심 가치관을 전파하고, 정부를 비판하는 글을 삭제하는 일을 맡습니다. 모집 목표 인원이 가히 놀랍습니다. 대학생 400만 명을 포함해 총 1,050만여 명입니다. 2014년 말 기준으로 중국의 누리꾼 수는 6억 5,000만 명입니다. 댓글 알바단 모집은 장관급인 루웨이(魯煒) 국가인터넷정보 판공실 주임 겸 인터넷 영도소조 판공실 주임이 주도하고 있는 것으로 알려져 있습니다. 루웨이는 신화통신 부사장, 베이징 시 선전부장 출신입니다. 인터넷 영도소조라, 어디서 들어 본 듯하지 않나요? 시진핑 주석이 이곳의 조장입니다. 루웨이는 "인터넷 지원자 모집 활동은 시진핑 주석의 중요 지시에 따른 것이다. 젊은이들이 앞장서서 당에 충성하고 인터넷 주권을 지키는 방패가 돼야 한다. 결코 침묵하는 다수가 돼서는 안 된다"고 강조했습니다. 이들과 같은 어용 댓글 알바 누리꾼을 일컫는 말이 있는데, '우

마오당'(5毛黨)입니다. 2006년, 안후이 성 선전부가 댓글 1개당 5마오(한화로 92원)를 주고 임시직을 고용한 데서 유래했습니다.

중국 정부의 또 다른 사이버 공간 활용 사례로 웨이신에 개설된 스마트 미디어 '학습소조'(學習小組)를 들 수 있습니다. 이는 해외 반중(反中) 매체의 영향력까지 약화시키는 일석이조의 효과를 거두고 있습니다. 이른바 '스마트 미디어 굴기'라고 할 수 있을 것입니다. 학습소조는 2014년 11월 11일 오후, 베이징 중난하이(中南海: 중국 최고지도부의 거주지) 남쪽 호수인 난하이(南海)의 섬 셴다오(仙島)에서 시진핑 주석과 오바마 미국 대통령이 나눈 비공개 대화를 어느 언론 매체보다 앞서 단독으로 보도했습니다. 2014년 9월에는 시진핑 주석의 베네수엘라 방문 시 전용기에서 찍은 사진도 게재했습니다. 학습소조의 콘텐츠는 〈인민일보〉 해외 망이란 크레디트로 중국의 각종 신문과 포털에 보도됩니다. 해외 유력 언론의 인용 빈도도 늘어나고 있습니다.

웨이신에서 아이디 'xuexixiaozu'로 구독 신청을 하면 "중국에서 중앙전면 심화개혁 영도소조(심개조)에 이어 두 번째로 중요한 소조의 일원이 되었습니다"라는 가입 메시지가 뜹니다. 이후에는 시진핑 주석이 말하고 쓰고 읽고 본 것의 주요 부분을 볼드체와 붉은색 서체로 편집한 콘텐츠가 하루에 한두 건씩 배달됩니다. 운영자는 비공개지만 주소지는 중난하이로 돼 있습니다.

〈인민일보〉도 '협객도'(俠客島)라는 이름의 웨이신 매체를 통해 각종 분석 뉴스를 배포하고 있습니다. 협객도는 진용(金庸)의 무협 소설에 나오는 강호의 무협 고수들이 모여 사는 곳으로, 시사 전문가의 분석 뉴스를 제공한다는 뜻입니다. 시진핑 주석의 지시로 〈인민일보〉는 국제부 명의의 '경감'(鏡鑑)을 추가로 개설하기도 했습니다.

최고지도자에 대한 중국 공산당의 선전 수단이 첨단화되고 있음을 보여 주는 사례를 또 하나 소개하겠습니다. 2015년 4월, 중앙당교는 시진핑 주석의 저서와 연설 애플리케이션인 '학습중국'(學習中國)을 출시했습니다. 최고지도자의 모든 서적과 발언을 모바일을 통해 최초로 확인할 수 있는 무료 애플리케이션입니다. 시진핑 주석이 1992년에 처음 발간한 《빈곤 탈출》(擺脫貧困) 부터 최근 저서인 《시진핑 치국리정(治國理政)을 말하다》까지 담고 있습니다. 학습중국은 뉴스, 실경(實景) 지도, 간단한 학습 과정, 지식 지도, 시다다(習大大: '시 아저씨'란 뜻으로, 시진핑 주석의 별명) 어록, 전문가 해설, 평론 정선(精選), 전자책, 이론 문장, 중점 논술, 시다다 이야기와 인용 시구 등 12개 항목으로 이뤄져 있습니다. 시간, 장소, 키워드에 따라 시진핑 주석이 언제 어디서 한 말인지를 검색할 수 있습니다. 휴대전화의 자동 위치 검색 기능을 활용하면 시진핑 주석이 어디서 어떤 말을 했는지에 대한 창이 자동으로 뜹니다.

중국식
역사 정리 해법

●

과거의 영토를 중심으로 한, '중화문화 민족'이라는 중국의 역사관.
이제는 민족주의적 단일화를 꿈꾸며, 덩샤오핑 이후 민족국가라는 의
식의 정통성을 부여하고 정체성을 확립하려는 그들의 움직임과 역사
의식에 대해 알아보겠습니다.

과거를 덮어 두면 안 된다

과거에는 '지나간 과거'와 '지나온 과거'가 있다고 합니다. 지나간 과
거는 현재에서 이미 소멸된 것인 반면, 지나온 과거는 현재 속에 완료
되고 현재의 본질을 이루고 있는 것을 지칭합니다. 나이테는 나무의
지나온 과거로 나무의 본질을 이루고 있으며, 유전자는 생명체의 지나
온 과거로 현재 생명 속에 들어 있죠. 역사라는 지나온 과거는 사료로
서 현재에 남아 있습니다. 지나온 삶의 과정으로서 역사는 엄연히 존
재했던 실재입니다. 그 실재는 객관적 진실을 함축하고 있습니다.

우리 사회는 아직 '과거사'라는 굴레에서 벗어나지 못하고 있습니다. 저는 한 토론회에서 과거사와 관련하여 한국 교회가 선택할 수 있는 카드는 둘 중 하나라고 강조한 적이 있습니다. '자율적으로 과거사를 정리할 것인지, 아니면 타율에 의해 과거사를 정리당할 것인지' 둘 중 하나를 선택해야 한다고요. 소모적 논쟁에 휩싸이기 전에 한국 교회가 과거사 정리에 앞장서야 한다는 생각입니다. 역사의 주체로서 교회가 제 역할을 하기 위해 과거를 덮어 둔 채 슬그머니 넘어가려고 하면 세상에 의해 정말로 '왕따' 당할 수 있기 때문입니다.

그러면 역사 정리를 어떻게 할 수 있을까요? 과거사 평가는 한쪽 편만 들면 객관성을 상실할 뿐 아니라, 또 다른 역사 정리를 담보하게 됩니다. 중국식 역사 해법에 대해 생각해 볼까요.

중국의 끊임없는 역사 결의

중국의 경우 '마오쩌둥'과 '마오쩌둥 사상'의 분리를 통해 과거사를 멋지게 해결했습니다. 덩샤오핑을 중심으로 한 실용주의 개혁파는 1978년 12월, 중국 공산당 제11기 3중전회(제3차 중앙위원회전체회의)에서 경제 발전을 당과 국가의 최고, 최대 과제로 설정하고 정치 · 경제 개혁을 단행했습니다. 과거의 사상적 속박에서의 해방을 강조하면서 '실사구시'(實事求是)와 '실천만이 진리를 검증하는 유일한 기준'이라는 표어를 내걸었습니다. 실사구시는 감정이나 선입견이 아니라 사실에 근거해 객관적, 실증적으로 탐구하고 시비를 밝힌다는 뜻입니다. 이를 통해 마오쩌둥 시대의 좌경적 정책 노선의 방침을 비판했습니다. 펑더화이(彭德懷), 보이보(薄一波), 양상쿤(楊尙昆) 등에 대한 과거의 잘못된 결론을 시정해 복권 및 명예 회복을 시켰죠. 그러면서 지고지선의 영원한 지도자로 인정되던 마오쩌둥에 대한 새로운 해석을 내릴 준비를 했습니다. 변화하는 환경과 조건, 과제의 실천을 통해 검증하고 새롭게 해석해야 한다는 것입니다.

이어 1980년 2월, 중국 공산당 제11기 5중전회에서는 류사오치(劉少奇) 전 국가 주석에게 내렸던 '반도'(叛徒), '내부 스파이' 등의 죄명을 취소했습니다. '당적 영구 제명, 당 내외 모든 직무 해임' 처분도 취소돼 사후 명예를 회복시켰습니다. 각급 법원에서도 당의 지침에 따라 문화대혁명 기간의 반혁명(내란) 사건, 일반 형사 사건, 사형 사건 등을 전면 재조사했습니다. 억울한 것으로 밝혀진 경우는 복권과 명예 회복을 포함하는 새 판결을 선고했습니다. 마침내 1981년 6월, 중국 공산당 제11기 6중전회에서 '건국 이래 당의 약간의 역사적 문제에 대한 결의', 이른바 '역사 결의'를 통해 문화대혁명 및 대약진운동 등에 대한 재평가를 일궈 냈습니다.

개혁파는 역사 결의에서 "마오쩌둥 사상의 과학적 가치를 인정하지 않고, 우리나라의 혁명과 건설에 대한 마오쩌둥 사상의 지도적 사상을 부정하려는 태도는 잘못이다. 그러나 마오쩌둥 동지가 이야기한 것은 모두 움직일 수 없는 진리라 하여 그대로 따르거나, 심지어 마오쩌둥이 말년에 범한 오류를 실사구시에 입각해 인정하려고 하지 않는 것도 잘못이다"라고 비판했습니다. 마오쩌둥 사상에서 배워야 할 것은 마오쩌둥의 어떤 구체적인 이론이나 사상이 아니라, 마르크스·레닌주의의 보편적 진리를 중국의 실체에 창조적으로 결합한 마오쩌둥의 입장과 관점, 방법이라는 것입니다. 이 같은 논리는 1984년 12월 9일, 〈인민일보〉에 실린 "이론과 실제"에서 분명히 드러났습니다. 그 내용은 다음과 같습니다.

"마르크스가 서거한 지 101년이 지났다. 그의 저작은 100여 년 전에 쓰인 것이며, 어떤 이론은 당시의 가설에 입각한 것이다. 그 후 상황은 대단히 변화했다. 따라서 당시의 가설이 지금도 타당한 것은 아니다. 마르크스와 엥겔스가 경험하지 못한 사정도 많고 레닌이 접하지도, 경험하지도 못한 사정도 많이 발생했다. 마르크스와 레닌의 저작이 우리가 현재 당면하고 있는 문제를 해결할 수 있는 것은 아니다."

물론 이 논평은 큰 반향을 일으켰습니다. 3일 후 내용의 일부가 수정됐죠. "마르크스와 레닌의 저작이 우리가 현재 당면하고 있는 모든 문제를 해결해 줄 수 있는 것은 아니다"라고 정정해 마르크스·레닌주의의 저작이 더 이상 쓸모없게 됐다는 오해를 불식하려고 했습니다. 중국 공산당은 결국 마오쩌둥의 공(功)과 과(過)를 나눠 개인 마오쩌둥과 공산정권의 정체성인 마오쩌둥 사상을 동시에 살려 냈습니다.

1982년 9월에 개최된 중국 공산당 제12기 전국대표대회와 1983년 6월에 개최된 제6기 전국인민대표대회(전인대)에서 실용주의 개혁파는 당과 국가의 주요 정책결정 기구로부터 좌파적인 세력을 배제하고, 덩샤오핑-후야오방(胡耀邦)-자오쯔양(趙紫陽) 체제를 확립해 지도층의 동질성을 회복하는 데 성공했습니다. 이에 따라 좌파 노선의 상징이었던 인민공사를 해체하고 농업생산 책임제를 확대, 실시했습니다.

마오쩌둥을 추모하는 열기는 여전히 남아 있습니다. 그때의 '역사결의'는 과거와 현재의 끊임없는 긴장 관계를 통해 중국 공산당과 정부가 잘못된 방향으로 가지 못하게 하는 반면교사의 역할을 하고 있습니다. '덩샤오핑 이론'도 개인 덩샤오핑과의 분리의 산물이며, '장쩌민의 3개 대표론'도 일종의 장쩌민과의 단절이자 계승입니다. 중국인들은 끊임없이 이 같은 역사 결의로 미래를 향해 힘찬 도약을 시도합니다.

그래서 저는 이를 통해 중국 사회주의의 저력을 느껴 볼 것을 자주 권합니다. 아울러 중국에서 배울 점은, 좌파와 실용주의적 노선과 정책 간에 늘 긴장 관계가 형성되고 서로 영향을 주고 있다는 것입니다. 이는 이들의 노선과 정책이 마오쩌둥이나 덩샤오핑 같은 소수 지도자의 견해만을 반영하는 것이 아니라, 중국 사회의 여러 계층과 지역의 이해관계와 복합적으로 연결되어 있기 때문입니다.

현재 중국은 과거에 중국이 경제적 위기에 직면했던 것과는 달리 불평등의 위기에 놓여 있습니다. 이 때문에 후진타오를 중심으로 한 제4세대 지도부는 사회주의 물질문명의 건설과 사회주의 정신문명의 건설을 동시에 강조했습니다. 이는 역사적 교훈의 결과입니다. 후진타오를 중심으로 한 최고지도부는 특히 과학적 발전관과 조화로운 사회 건설을 내세웠습니다. 이는 "우선 동쪽 연해 지구부터 잘살게 한 뒤, 이를 다른 곳으로 확산시키자"는 덩샤오핑의 '선부론'에 비해 발전보다는 인민을 내세우는 논리입니다. 분열과 격차를 해소하고 분배와 균형 성장을 강조하는 사회주의적 조화 사회라는 개념을 국정 이념에 포함시킨 것입니다.

2013년 3월, 5세대 최고지도자인 시진핑은 국가 주석 취임 일성으로 "중화민족의 위대한 부흥이라는 '중국의 꿈'을 실현하겠다"면서 '중국의 꿈'을 국정 캐치프레이즈로 제시했습니다. 시진핑 주석이 2013년 9월, 카자흐스탄에서 대학 강연을 통해 밝힌 신경제 구상 '일대일로'는 실크로드 경제 지대와 21세기 해상 실크로드의 끝 글자를 따서 만든 용어입니다.

저성장 기조를 반영한 '뉴 노멀'(new normal, 新常態), '호랑이'(고위 부패 관리)와 '파리'(하위 부패 관리) 등도 시진핑 주석 시대를 풍미하는 키워드입니다. 뉴 노멀이란 경제 발전 속도는 초고속 성장에서 중고속 성장으로, 경제 발전 추진 동력과 구조는 정부 주도의 대규모 투자 중심의 경제구조에서 민간 영역 활성화를 통한 민생 경제 활성화로 전환하는 것을 말합니다. 이는 최악의 상황에 대비해야 한다는 '최저선 사유'(底線思維)를 의미합니다. 즉, 가장 나쁜 상황을 상정하고 준비하고 노력해야만 최선의 결과를 얻을 수 있다는 것입니다. 유비무환의 자세를 견지해야 일이 닥쳤을 때 당황하지 않고 주도권을 잡을 수 있다는 주석의 말은 최고지도자의 통치 철학과 역사의식을 느끼기에 충분합니다.

과거사, 우리도 적극적으로 정리할 때

역사 결의로 과거의 역사로부터 자유롭게 된 중국 공산당은 끊임없이 자신의 옷을 갈아입고 있습니다. 언제까지 이들의 실험이 성공할 것이라고 확언할 수는 없습니다. 그러나 이들은 또 다른 난제에 직면하면 중국 사회를 새롭게 만들 역사 결의를 할 태세가 돼 있습니다. 적어도 1989년 6·4 톈안먼 사태에 대한 역사 결의가 남아 있습니다. 경제 개혁이 정치 개혁을 완전히 견인하게 되는 시점이 될 것입니다. 그때 어떤 결의가 나올지 궁금합니다.

중국의 역사 해결 방식에서 한국 교회가 배울 것은 없을까요? 우리는 기독교와 예배당의 분리, 한국 교회와 그리스도인의 분리를 시도할 때입니다. 교회와 그리스도인은 완전무결하지 않습니다. 그러나 기독교라는 정체성은 결코 손상돼서는 안 됩니다. 하나님 나라에 속한다는 것은 자아 양육, 자아 완성만을 의미하지 않습니다. 하나님 나라의 도래에 목적을 두고 있는 모든 사람과 모든 공동체에 기여하는 데 의미가 있습니다. 하나님은 세속화되고 이교화되고 있는 이 세상 가운데 교회가 소금과 빛, 누룩의 역할을 감당할 것을 기대하고 계십니다.

한국 교회는 과거사를 적극적으로 정리해야 합니다. 그렇다고 과거를 현재라는 관점에서 평가하고 심판해서는 안 됩니다. 철저한 사실 규명과 아울러 죄의 고백, 용서, 치유 등 일련의 과정이 필수적입니다. 그럴 때만이 초대교회에서 나타난 에클레시아(ecclesia), 즉 '거룩한 부르심의 교회 공동체'로 진정 거듭날 수 있기 때문입니다.

6

중국에 유대인이
있다? 없다?

●

"최소한 1,200여년 전부터 유대인들이 중국에서 거주해 왔다는 기록이 있는데, 혹시 들어 본 적이 있는지요?"

중국에서 20년 넘게 살아온 한 지인에게 물었습니다. 그는 이른바 자천타천 중국통(通)으로 불리는 사람인데, 상식적인 답변이 돌아왔습니다.

"팔레스타인 땅과 중국은 거리상으로 만만치 않은데요? 오래전부터 유대인들이 중국에서 살았다니, 믿어지지 않네요. 중국 정부가 개혁·개방 정책을 본격적으로 추진한 1980년대 이후라면 몰라도요."

또 다른 지인에게 묻자 이런 반응을 보였습니다.

"아, 원저우 상인을 말하는 거군요. 중국의 유대인이라고 하면 원저우 상인, 원상(溫商)이 떠오르는군요."

이는 근현대 중국사를 좀 아는 사람이라면 답할 수 있는 것입니다.

예로부터 중국에서 유명한 상인 그룹을 들라고 하면, 돈이 되는 것이라면 뭐든지 도전하는 '저장(浙江) 상인(浙商)', 중국 최초의 은행이라고 할 수 있는 '산시표호'(山西票號)로 금융계까지 거머쥔 '산

시(山西) 상인(晉商)', 선비이면서도 상인이고 상인이면서도 선비라
는 의미로 문상(文商) 또는 유상(儒商)으로 불린 '안후이 상인(徽商)'
등을 꼽을 수 있습니다. 특히 저장 상인의 대표 주자였던 '원상'은 직업
의 귀천을 따지지 않고, 실속을 철저히 챙기며, 놀라운 상술을 보여줘
서 '중국의 유대인'으로 불렸습니다. 이 때문에 중국에 유대인이 있다
고 하면 원상을 지레짐작할 수 있습니다.

중국 유대인들의 역사

그러나 여기서 다루고자 하는 것은 세계 분쟁 지역의 아이콘이 된
팔레스타인 땅의 원주민인 이스라엘(유대인)의 후예로, 이런저런 사연
을 안고 중국에서 살아야 했던 유대인들의 이야기입니다. 물론 이들의
이야기가 전혀 새로운 것은 아닙니다. 그러나 우리 한국인들에게는 매
우 생소한 내용입니다. 1,000년이 넘는 중국 유대인의 역사와 삶은 서구
학자들과 중국 학자들에게는 매우 흥미로운 연구 테마가 되곤 했습니다.

중국 유대인들의 과거 기록을 뒤적이고 그 흔적을 추적하다 보면,
적지 않은 스릴과 감동을 느낄 수 있습니다. 수난과 망명의 역사로 점
철된 유대인들이 어떻게 중국에 정착하게 됐는지, 그들의 존재가 어떤
계기로 외부에 알려지게 됐는지, 왜 중국 역사에서 거의 잊힌 민족이
됐는지, 어떤 경로로 유대인들이 근대 중국의 신문화 발전에 기여하게
됐는지에 대한 매우 흥미로운 작업임을 깨닫게 되죠.

많은 사람들이 익히 알고 있듯이 유대인의 역사는 '방랑(망명, 이민)

의 역사'라고 해도 지나치지 않습니다. 그러나 이들은 어디를 가나 자신의 전통과 문화와 언어를 유지하면서 정통성을 이어 갔습니다. 그 결과 현지에 적응하되 동화되지 않고 세계적인 정치가, 경제인, 학자, 문화예술인 등 파워 엘리트를 배출했습니다. 그리하여 어느 순간부터 세계 역사 이면의 '보이지 않는 큰 손'이라는 별칭을 갖게 됐습니다. 아울러 영재 교육, 노벨상 하면 가정 먼저 떠올리게 되는 긍정의 이미지를 갖게 되었습니다.

중국과 유대인의 인연은 디아스포라(diaspora)와 밀접한 관계가 있습니다. 디아스포라는 (요즘은 상당히 일반화됐지만) '흩어짐', '이산', '분산'이라는 뜻의 헬라어로, 비자발적으로 조국을 떠나야 했던 유대인의 '한'이 담겨 있는 상징어입니다. 원래는 팔레스타인 밖에 살면서 유대교적 규율과 생활 습관을 유지하는 유대인 또는 그들의 거주지를 지칭할 때 사용됐습니다. 유대인들이 전 세계로 흩어지면서 동북아시아와의 인연, 특히 중국과의 관계 또한 매우 깊어지게 됐습니다.

유대인들에게 중국은 결코 낯선 곳이 아닙니다. 유대인들의 경전인 구약성경의 이사야서 49장 12절은 의미심장한 내용을 담고 있죠.

> "어떤 사람은 먼 곳에서, 어떤 사람은 북쪽과 서쪽에서, 어떤 사람은 시님 땅에서 오리라."

성경연구자들은 여기에 언급된 시님 땅을 중국이라고 확신하고 있습니다. 시님은 오늘날 중국 남부의 광둥 성과 푸젠 성 지역을 가리키는 말로, 고대 중국의 대외무역 기지를 일컫는다는 것이죠. 이는 이미 유대인 사이에 중국이 널리 알려져 있었음을 의미합니다.

이사야서 49장에서 시님 땅의 언급은, 선지자 이사야가 활동하던 시절에 유대인들이 중국 내에 장기간 거주하지는 않았다 하더라도 양측의 교류가 빈번했음을 보여 주는 예입니다. 구약성경 가운데 B. C. 6세기 무렵에 기록된 이사야서뿐 아니라 B. C. 8세기 후반에 기록된 아모스서도 유대인과 중국 간에 상업적인 왕래가 있었음을 증거하고 있습니다.

"멋진 침대, 화려한 잠자리에서 뒹구는 사마리아 사람들아"(암 3:12, 공동번역).

여기서 화려한 잠자리는 한국어로 번역된 성경적 표현이고, 원래는 꽃을 수놓은 침구로 중국제 비단을 의미합니다. 이는 유대인이 중국과 비단 무역을 했다는 뜻이죠.

1908년, 중국 간쑤(甘肅) 성 둔황(敦煌)의 막고굴(千佛洞) 유적지를 발굴한 프랑스의 고고학자 폴 펠리오(Paul Pelliot)는 프랑스 학회지에 "유대인이 당나라 때 비단 무역을 한 기록이 페르시아어로 된 고문서에 나타나 있다"라고 밝혔습니다. 878년, '황소(黃巢)의 난' 때 광저우(廣州)에서 무슬림, 유대인, 그리스도인(경교도) 등 약 12만 명이 학살됐습니다. 칭기즈칸 군대가 유럽 원정을 감행한 뒤 유대인들이 몽골 군대를 따라 중국에 들어왔다는 기록도 있습니다.

유대인들은 시안, 신장, 티베트, 취안저우(泉州), 둔황, 광저우, 베이징, 상하이, 항저우(杭州), 카이펑(開封) 등지에서 살았고, 자신들만의 독특한 역법인 '계원법'(契元法)을 사용했습니다. 근대에 와서도 유대인들에게 중국은 결코 생소한 곳이 아니었습니다. 1840년, 아편전쟁 이후 영국이 홍콩을 조계지로 선택한 것도, 패전 위기에 몰린 일본이 러・일전쟁에서 이길 수 있었던 것도 유대인의 영향 때문이라는 분석이 있습니다. 이는 자연스럽게 1930년대에 일본이 만주에 이스라엘 국가를 세우자고 제의하는 데까지 발전했다는 주장의 근거가 되죠. 이 밖에 상하이를 국제적인 도시로 끌어올리는 데도 유대인들이 적지 않은 기여를 했다는 기록이 남아 있습니다. 상하이는 유대인의 생존 공간이자 반(反)나치 운동, 시온주의 운동의 산실이기도 했습니다.

이처럼 유대인들이 중국에서 살아온 역사는 매우 깁니다. 유대 구전에 따르면, B. C. 206-221년 한나라 시대에 처음으로 유대인들이 중국에 정착한 것으로 알려져 있습니다. 당나라 시대에 유대인 무역상이 히브리어로 쓴 편지가 중국에서 발견되기도 했습니다. 중국 사료에 따르면 유대인들이 인도와 페르시아를 거쳐 1127년에 중국에 정착한 것으로 쓰여 있습니다. 카이펑에서 살던 유대인이 예수회의 중국 선교사 마테오 리치(Matteo Ricci)와 만났다는 기록도 구체적으로 남아 있습니다.

마테오 리치와 중국 유대인의 만남

마테오 리치와 카이펑의 유대인의 만남을 좀 더 알아볼까요.

1605년 6월 하순, 베이징의 날씨는 폭염 그 자체였습니다. 29년 전에 광둥 성을 떠나 베이징으로 온 예수회 신부 마테오 리치는 이런 날씨에 이미 적응된 듯했죠. 그도 그럴 것이 광둥의 습하고 뜨거운 날씨에서도 19년간 복음을 전한 바 있었기 때문입니다.

리치는 1595년 6월, 《사서오경》(四書五經)을 라틴어로 번역하고 주석하는 데 큰 진전을 보였습니다. 명나라의 관리 쉬광치(徐光啓)와 공동으로 《기하원본》(幾何原本)의 번역까지 끝마쳤습니다. 《기하원본》은 수학자들에게 큰 영향을 미친 에우클레이데스, 일명 유클리드의 《기하학》을 번역한 것입니다.

리치의 서가 옆문으로 들어가면 잘 정돈된 작은 예배당이 있었습니다. 예배당 중앙에는 성모 마리아상의 그림이, 좌우에는 어린 예수와 세례자 요한의 상 그림이 걸려 있었습니다. 리치는 한 손으로는 가슴에 있는 십자가를 만지작거리고, 다른 한 손으로는 롱징(龍井)차를 담은 찻잔을 들고, 양쪽 눈으로는 찻주전자에 새겨 있는 하얀 안개가 피어오르는 모습을 바라보고 있었습니다. 그때였습니다. 문밖에서 사람을 찾는 소리가 들려왔습니다. 바로 허난 성의 카이펑으로부터 리치를 찾아온 한 서생의 목소리였습니다.

카이펑은 중국의 7대 고도(古都) 중 하나로 춘추전국시대의 위(魏), 5대 10국의 양(梁), 진(晉), 한(漢), 주(周), 북송(北宋), 금(金) 등 7개 왕조의 수도였습니다. 명·청대(明清代)에는 허난 성의 성도였습니다.

리치는 중국의 선비들과 교류하는 것을 즐기는 편이었습니다. 그래서 여느 때처럼 카이펑에서 그의 이름을 듣고 찾아온 선비일 것이라고 여기고, 자신의 서가로 낯선 자를 불러들였습니다. 그런데 카이펑에서 온 선비는 그동안 그가 알았던 여느 중국 선비들과는 전혀 다른 얼굴 모습을 하고 있었습니다. 광대뼈가 튀어나오고, 넓고 평평한 이마와 매부리코에, 눈구멍이 움푹 들어간 모습이었죠. 선비는 자신을 '아이톈'(艾田)이라고 소개했습니다. 리치는 선비가 후이족(回族)인지, 서역인인지, 페르시아인인지 궁금했습니다. 아이톈은 여느 중국 선비 못지않은 문장을 섞어 가며 중국어를 유창하게 구사했습니다. 그리고 리치가 여러 차례 전하는 종교의 특수성에 대해 언급했습니다.

"당신은 천주교에 대해 알고 있습니까? 전능하신 하나님이 인류를 구원하시는 것을 아십니까?" 리치가 물었습니다. 그러자 아이톈은 흥분한 듯 이렇게 대답했습니다.

"아, 전능하신 하나님이요. 존경하는 선생님, 저는 당신이 믿고 있는 종교에 대한 서적을 읽었습니다. 《내가 들었던 이야기》라는 책입니다. 우리는 당신과 같이 전능하신 하나님을 경배합니다. 우리는 무슬림이 아닙니다. 혹시 저는 당신과 같은 종교 신앙을 갖고 있는지도 모르겠습니다."

이 말에 리치는 매우 놀라면서 "당신이 말하는 사람들은 누구입니까?"라고 되물었습니다. 아이톈은 대답했죠.

"우리는 모두 허난 성 카이펑에 살고 있습니다. 우리 조상들은 약 500~600년 전부터 카이펑에서 살았습니다. 저와 같은 가족이 카이펑에는 10여 가정이 넘습니다. 우리는 전능하신 하나님을 섬깁니다. 당신과 같은 하나님이요."

"그럼, 예수는요? 예수 그리스도에 대해 아십니까?"

리치가 쏜살같이 물어봤습니다. 아이텐은 고개를 가로저었습니다. 그러면서 서가 안에 있는 작은 예배당에 흥미를 보이며 물었습니다.

"보세요. 우리도 이 같은 단이 있는데요. 선생님, 걸려 있는 그림이 리브가와 그녀의 아들인 야곱과 에서 아닌가요?"

그리고 예배당으로 들어가 그 그림을 보며 공손하게 절했습니다. 리치는 전대미문의 중대 발견이나 한 듯 흥분했죠.

"당신들의 상황에 대해 자세히 말해 주시오."

아이텐은 리치에게 카이펑에서 일어난 일들을 소상하게 전해 주었습니다. 이때의 아이텐의 말을 정리하면 다음과 같습니다.

"우리의 조상은 자신들을 이스라엘이라고 불렀습니다. 500-600년 전, 수세기 동안의 이주 끝에 중국 허난 성 카이펑에 정착하게 됐죠. 우리는 조상 대대로 여호와 하나님을 숭배했으며, 우리 조상과 하나님과의 약속을 지켜 왔습니다. 남자아이는 생후 8일이면 할례를 받아야 합니다. 남자아이와 여자아이는 13세가 되면 성년식을 가집니다. 안식일에는 성결한 의식을 거행하죠. 돼지고기는 물론 소와 양의 넓적다리 힘살도 먹지 않습니다."

아이텐의 말에 따르면, 카이펑 유대인은 당시에 후이족이라고 오해를 받았습니다.

"우리는 후이족이 아닙니다. 그러나 주변의 중국인들은 우리를 후이족이라고 부릅니다. 우리 문화에서는 남자가 하나님께 제사를 드릴 때 머리에 남색 천을 씁니다. 그러나 후이족은 머리에 하얀 천을 씁니다. 중국인들은 이 때문에 우리를 '남색 모자를 쓰는 후이족'이라고도 부릅니다."

리치는 뜻밖에 중국 유대인과의 만남을 가졌지만, 매우 분방하게 지내던 터라 자신의 눈으로 직접 아이텐의 말을 확인하지 못한 채 3년이라는 세월을 보냈습니다. 1608년, 56세의 리치는 정신력과 체력이 많이 소진된 상태였습니다. 그래서 자신이 키워 낸 중국인 성도를 카이펑에 보내 유대인들의 상황을 알아보게 했습니다. 중국인 성도가 입수한 정보는 충분하지 못했습니다. 그저 당시 카이펑 유대인의 개괄적인 모습만 이해할 수 있었습니다. 그러나 카이펑 유대인의 존재를 증명하기에는 충분했습니다. 리치는 그해 3월, 로마 가톨릭 교회에 편지를 보냈습니다.

"우리는 확실히 알게 됐습니다. 중국 경내에 그리스도인이 존재하고, 그 역사 또한 500여 년이 넘습니다. 현재 우리는 중국 중부 허난 성의 카이펑에 5, 6개의 그리스도인 가정이 있는 것을 알게 됐습니다. 현재 그곳에 남아 있는 유대인들은 몇몇에 불과하지만, 유대 회당은 매우 잘 보존돼 내려오고 있습니다."

계속 이어지는 유대인들의 행로

유대인의 중국 이주는 한 번에 이뤄진 것이 아니라 여러 경로를 거쳐 이뤄졌습니다. 1,200여 년 전에 카이펑 유대인들이 실크로드와 해로 등을 통해 중국 내지로 들어왔다면, 근대에는 유대인들이 몇 차례에 걸쳐 상하이로 이주했습니다. 첫 번째로 1842년, 상하이가 개항된 뒤 데이비드 사순(David Sassoon) 일가의 주도로 유대인 700명이 인도와 바그다드를 거쳐 상하이로 들어왔습니다. 이후 1895년부터 10년간 러시아 출신 유대인들이 러시아 왕정을 붕괴시킨 볼셰비키 혁명과 그에 따른 인종적 박해를 피해 만주를 거쳐 상하이로 이주했습니다. 1930년대 말에 상하이의 러시아 유대인은 4,000명을 넘어섰고, 유대 회당만 7곳에 달했습니다. 현재 상하이에는 오헬 라헬(Ohel Rachel)과 오헬 모세(Ohel Moishe), 2개가 남아 있습니다.

상하이 페어몬트 피스 호텔(Fairmont Peace Hotel, 和平飯店), 메트로폴 호텔(Metropole Hotel, 新城飯店), 그로스브너 하우스(Grosvenor House, 锦江飯店) 등 유대인들의 숨결이 남아 있는 건물들도 적지 않습니다. 1999년에만 해도 100명이 채 안 됐던 상하이의 유대인 커뮤니티가 벌써 1,500명을 넘어섰으며, 앞으로 5,000명까지 늘어날 것으로 전망됩니다.

나치 독일의 박해도 유대인이 비자나 여권이 필요하지 않았던 상하이로 들어오게 되는 계기가 됐습니다. 2만 명에 달한 유대인들이 데이비드 사순, 엘리 카두리(Elly Kadoorie), 이 두 가문의 주도하에 무역, 은행, 부동산 등의 분야에서 두각을 나타냈습니다. 그러나 이스라엘과 중국 공산당 정권이 1948년 5월 14일과 1949년 10월 1일에 차례로 세워지면서 상하이 유대인들의 대부분은 이스라엘 또는 미국, 호주 등지로 발길을 돌려야 했습니다.

1992년에 맺은 이스라엘과 중국의 수교에 따라 유대인들이 상하이를 다시 찾고 있습니다. 특히 2006년 3월, 조부와 부친이 중국 헤이룽장 성 하얼빈(哈爾濱)에 정착해 살기도 했던 에후드 올메르트(Ehud Olmert)가 이스라엘의 총리가 되면서 이스라엘과 중국, 유대인과 중국인의 관계가 급속도로 진전됐습니다. 올메르트는 "나의 절반은 중국 하얼빈 사람이다"라고 할 정도로 친중국적이었습니다. 그의 조부는 1917년, 유럽의 유대인 박해를 피해 중국으로 이주해 하얼빈을 '제2의 고향'으로 여겼습니다. 부친은 하얼빈 공업대학교를 졸업한 뒤 중국어와 러시아어 교사로 일했습니다. 유언을 중국어로 남길 정도로 중국에 대한 애정이 남달랐습니다. 올메르트의 친형은 주중 이스라엘 대사관 공사로 일하면서 하얼빈에서 이스라엘 과학기술 합작 시범농장, 젖소 우량종 번식 센터, 화훼 공단, 농산품 가공기지 등의 설립을 추진했습니다.

1920년대에 하얼빈에는 유대인들이 2만여 명까지 살았다는 기록도 있습니다. 지금도 유대인 공동묘지와 교회당, 유대인 학교 등의 흔적이 남아 있습니다. 올메르트 조부모의 무덤도 하얼빈 유대인 공동묘지 안에 있습니다.

그동안 안타깝게도 우리나라에서는 중국의 유대인에 대한 관심이 거의 없었습니다. 결코 중단되지 않는 유대인들의 행로를 좇아가다 보면, 이들이 이국땅에서 어떻게 생명력을 이어 갔는지 이해할 수 있습니다. 또 유대인들이 이국땅 중국에서 새로운 삶을 영위해 나가면서 어떤 영향력을 주고받았는지도 알 수 있습니다.

중국에서
종교란 무엇인가?

중국의 정교 관계

중국사회과학원 미국연구소의 류펑(劉澎) 연구원은 현 세계의 정교 관계를 크게 정교합일형, 정교분리형, 국교형, 국가의 종교지배형 등 4개로 나눠 설명한 적이 있습니다. 정교합일형이란 종교 지도자가 국가 원수를 겸직하든지 혹은 안 하는 경우입니다. 국가의 행정, 사법, 교육이 전적으로 종교의 지도와 제약을 받습니다. 정교분리형이란 국가는 종교세를 걷지 않고, 어떤 종교에 대해서도 재정적인 지원을 하지 않는 것을 말합니다. 정부에 종교 사무를 처리하는 기구 자체가 없고 정교 관계는 전적으로 법률에 의해 조절됩니다. 국교형이란 정부는 종교 사무를 처리하는 기구를 설치하지만, 종교 지도자는 정부의 업무에 참여하지 않는 것을 말합니다. 정부의 수장은 종교 지도자에 대해 책임을 질 필요가 없습니다. 국가의 종교지배형이란 교회가 정부에 참여하지 않으며 국가의 행정, 사법, 교육에 간섭하지 않는 것을 말합니다. 종교는 사회적으로 엄격한 제한을 받습니다.

이 분류에 따르면, 중국의 정교 관계는 국가의 종교지배형이라고 할 수 있습니다. 즉, 중국에서 종교는 정부의 정치적인 권위를 인정하며, 정부의 지도를 받아들이고, 정부의 정책을 관찰해야 합니다.

국가의 종교지배형을 좀 더 설명하면 다음과 같습니다. 종교는 정부의 정치적 권위를 인정하고 정부의 영도와 정책을 받아들인다는 전제하에 정부의 승인을 받을 수 있고, 정부와 협력할 수 있습니다. 정부는 종교 조직에 대해 행정관리를 시행합니다. 종교가 사회에 주는 영향에 대해서는 엄격하게 제한합니다.

1949년 이래 중국에서의 정교 관계는 일견 모순에 가득 찬 모습을 보였습니다. 어느 때는 종교를 반대하고 억제하고, 심지어 적극적인 소멸 정책을 펴는가 하면, 어느 때는 종교의 존재를 소홀히 할 수 없다면서 종교에 대한 법적 보호를 강조했습니다. 이는 중국 지도부의 종교에 대한 아편론과 통일전선 노선을 읽으면 쉽게 이해할 수 있습니다.

중국 정부는 종교를 언급할 때마다 마르크스, 엥겔스, 레닌의 종교관을 답습했습니다. 마르크스에게 종교란 뒤바뀐 세계관이고, 피압박 심령들의 탄식입니다. 그는 무정 세계의 감정이고 마치 정신없는 제도의 정신인 것 같다면서 종교를 인민의 아편으로 규정했습니다. 엥겔스는 모든 종교란 단지 사람들의 일상생활을 지배하는 외부적인 힘이 사람들의 머리 안에서 나타난 환상을 반영하는 것이라고 했습니다. 레닌은 종교란 인민의 아편이며, 일종의 정신적으로 질 나쁜 술이라고 했습니다. 자본의 노예가 이 술을 마셨을 때 인간의 형상을 지닐 수 없도록 자신을 파멸시키게 돼 인간적인 삶의 추구를 더 이상 못하게 한다고 주장했습니다.

마르크스와 엥겔스는 종교의 발생과 지속의 핵심이 인간의 무지와 사회의 소외 계층의 존재에 있다고 봤습니다. 과학의 발전이 불가지 영역을 설명해 주고, 사회주의 개혁이 사회의 소외 계층을 사라지게 할 때 종교는 자연히 소멸한다고 믿었습니다. 이 두 가지 전제 조건이 완성되기 전까지 종교 문제는 결국 장기적으로 사회에 존재할 수밖에 없는 일종의 사회문제에 불과하다는 것입니다.

중국 지도부도 종교를 부정적으로 보고, 결국 소멸될 것으로 믿었습니다. 사회주의와 공산주의가 장기적으로 발전하고 모든 객관적인 조건이 구비될 때, 즉 종교 존재의 계급적 근원, 인식적 근원, 사회적 근원이 제거될 때 자연적으로 소멸될 것으로 봤습니다. 이는 중국 정부가 어느 때는 적극적으로, 어느 때는 유연한 태도로 종교 문제를 바라보게 하는 근인이 됩니다.

종교에 대한 입장 변화

중국 지도부는 종교의 다섯 가지 성격과 특성을 통해 종교를 이해했고 이를 통해 종교를 관리, 감독해 왔습니다. '종교오성설'(宗教五性說: 종교의 다섯 가지 성격설)은 1950년대에 리웨이한(李維漢) 통전부 부장이 제기하고, 1960년대에 장즈이(張執一) 통전부 부부장이 전국종교업무회의에서 종교의 다섯 가지 성격을 논한 데서 비롯됐습니다. 종교오성설이란 종교의 장기성, 군중성, 민족성, 국제성, 복잡성을 지칭합니다. 이와 관련해 예사오원(葉小文) 전 국가종교사무 국장은 "종교오성설은 중국 공산당이 중국의 종교 상황을 실사구시적으로 관찰하면서 마르크스주의 종교관을 이용해 중국의 종교 문제를 과학적이면서 이론적으로 얻어 낸 인식이다"라고 평가한 바 있습니다.

1980년대 중반부터 중국 정부는 아편론의 입장을 지양하고, 사회적 응론을 채택하여 종교에 대한 실용주의 노선을 더욱 확대해 갔습니다. 중국 정부가 말하는 종교와 사회주의 사회의 상호 적응, 즉 일종의 '적응론'이란 종교의 유심주의와 사회주의 사상 체제의 상호 조화를 말하는 것이 아닙니다. 이보다는 종교가 어떻게 사회주의 사회에 적응하고, 사회주의 국가와 사회가 어떻게 종교를 대하는가의 문제입니다.

중국 사회주의가 지향하는 기독교의 사회주의 사회로의 적응은 4단계의 계획과 절차로 진행됩니다. 이것은 정부가 사회주의 사상과 이념을 바탕으로 모든 분야에서 실시하고 있는 정책으로 단결, 교육, 통제, 소멸과 생성입니다. 여기서 소멸이란 사회주의 체제에 적합하지 못한 부분들이며, 생성이란 사회주의 국가 건설에 적합한 새로운 형태의 정의(조직, 사상, 신학)입니다.

중국에서 종교 신자들은 반드시 국가를 사랑해야 하고, 법을 준수해야 합니다. 종교 단체와 신자들은 모든 국민과 더불어 적극적으로 사회주의 물질문명과 정신문명의 건설을 위해 노력해야 합니다. 종교와 사회주의 사회의 상호 적응에서 가장 중요한 것은, 모든 것이 당과 정부에 의해 주도돼야 하며 정치적인 기초 위에 수립돼야 한다는 것입니다.

한편 중국은 종교 업무와 종교 문제를 당의 통일전선 사업의 일부로 간주해 왔습니다. 통일전선이란 사회 실천의 투쟁 가운데 특히 계급투쟁과 전쟁 속에서 다른 계급, 계층, 사회집단, 정치 파벌과 일정한 역사적 조건 아래 공동의 목표를 위해 연합하는 것을 의미합니다. 통일전선 이론의 제기는 1933년 1월 17일에 발표된 '대일 항전선언'에서부터 비롯됐다고 할 수 있습니다. 원래 중심 내용은 항일반장(抗日反蔣), 즉 항일과 반(反) 장제스(蔣介石)의 이념적 틀에서 시작됐습니다. 당의 통일전선 사업은 인민 협상 업무, 민주당파와 인민 단체와의 관계 업무, 민족과 종교 업무 등을 포함하고 있습니다. 종교 업무도 공산당이 특정한 역사 시기에 완성하려는 목표를 위해 그 속에 연합돼고 동참돼야 하는 것이죠. 이처럼 정교 관계의 다양성이 당의 목표와 노선의 다양함에 따라 조정되고 결정되고 있습니다.

이를 좀 더 상세하게 살펴보면 다음과 같습니다. 대약진운동과 문화대혁명 시기에는 종교가 갖고 있는 이념적, 관념적 요소를 더 중시했습니다. 종교는 아편이자 뒤바뀐 세계관이기 때문에 강경하게 대처해야 했습니다. 사람들의 정신을 마취시켜 정신없이 만들며 삶의 희망을 피안의 세계에 두는 것은 생산력 발전과 국가 건설의 적극성을 말살시키기 때문에 적극적으로 소멸해야 했습니다.

그러나 1950년대의 사회주의 초기 건국 시기와 1980년대 이후의 개혁·개방 시기에는 종교에 대해 강경하게 대처하는 것을 자제하고, 종교가 사람들의 마음속에 있게 될 수 있는 문제들에 먼저 주목했습니다. 마오쩌둥은 1945년, "연합 정부를 논하며"라는 글을 통해 이렇게 언급했습니다.

"신앙 자유의 원칙에 따라 중국 해방구에서는 각파 종교의 존재를 인정한다. 기독교, 천주교, 불교, 회교 및 기타 종교에 관계없이 신도들이 인민 정부의 법률을 준수하기만 한다면 인민 정부는 곧 이들을 보호한다. 믿고 안 믿고는 그들의 자유다. 강요하거나 혹은 경시해서는 안 된다."

이것은 신민주주의 시기에 종교 세력에 대해 외적으로는 종교 신앙의 자유를 인정함을 표방하고, 내적으로는 포교권을 박탈하고 법률의 준수를 강조함으로써 종교 세력을 제도권 안으로 영입하려던 것입니다. 이 내용은 중화인민공화국 성립 이후 1954년, 제정 헌법의 88조에서 공식화됐습니다. 즉, 낮은 생산력 수준과 인간 교육, 과학, 문화의 미발달로 말미암아 자연에 대한 신비감과 두려움이 생기게 됐다는 것입니다. 이를 해결하는 것이 종교를 적극적으로 소멸하는 것보다 더 중요하다는 것이죠. 종교를 믿는 신도가 많은데, 일부 지역과 소수 민족에 대한 말살 정책을 편다면 많은 사람을 잃게 되는 결과를 초래하고, 사회주의 건설에도 부정적인 영향을 미친다고 판단한 것입니다. 그래서 종교 존재의 계급적 근원과 사회적 근원을 제거하는 데 우선 힘을 기울이고, 다른 측면에서 종교 신자들을 사회주의 건설에 적극 활용하고 동참시키려고 합니다. 그러면 종교가 사회에 존재할 수 있는 근원이 자연적으로 소멸되는 동시에 사회주의 건설도 이룰 수 있다는 것이죠.

　중국 정부는 1977년 이래 중단된 정치 학습을 재개하고, 마르크스 · 레
닌주의와 마오쩌둥 사상과 노동자 계급 체제 및 공산당 지도 체제의
견지와 사회주의 국가 건설에 매진했습니다. 이는 공업, 농업, 과학기
술, 국방의 현대화라는 '4화'(四化)로 이어졌고, 종교의 국제성이 더욱
드러나면서 종교에 대한 제한적인 개방을 이끌게 됐습니다. 즉, 주요
모순을 해결하고 사회주의 발전 단계에 있어 개조 단계 혹은 완성 단
계에 접어들었다고 인식될 때 중국의 종교 정책은 강경 노선을 표방했
습니다. 반면에 주요 모순이 존재한다고 여겨질 때는 관용 노선을 표
방했습니다.

　과거에 중국 정부는 종교 조직, 종교 인사, 종교 업무가 당과 정부에
예속되고 강한 통제를 받는 것을 당연시했습니다. 당과 정부로부터 독
립을 원하는 종교 조직은 지상에서는 존재하지 못하고, 지하에서 존재
할 수밖에 없었습니다. 정교 관계의 개선은 정치제도와 체제의 개혁과
변화 없이는 불가능했습니다. 그러나 중국 특색의 사회주의 건설을 위
해 종교의 통전적 가치가 높음을 인정하게 됐습니다. 당과 국가의 최
고 목표와 사업을 완수하기 위해 현실적 가치와 실용적 가치를 인정하
게 된 것입니다. 아울러 종교의 국제성도 높이 사게 됐습니다.

정교 관계의 한계

　이 같은 중국 정부의 입장 변화에도 불구하고 정교 관계는 일정한
한계를 지닐 수밖에 없습니다. 첫째, 종교 단체는 지역의 당 통전부와

정부의 종교사무처, 공안부, 민정 담당 부서와 긴밀하게 관계돼 있습니다. 종교사무처는 종교 활동 장소에 대한 관리권, 비준권, 인사권, 종교장소보수건립권, 처벌권 등이 있습니다.

둘째, 중국 정부는 종교 단체가 자체 이익의 회복을 요구하는 것에 대해 제한하고, 심지어 소극적이고 비협조적입니다. 종교 단체의 옛 건물과 가옥 재산을 돌려받는 데 상당한 어려움이 따릅니다. 예를 들면 수속 절차가 복잡합니다. 조사와 진상 파악을 해야 하고 통전부 당위원회, 시정부, 심지어 인민대표대회 정치협상회의와도 협의를 거쳐야 재산에 대한 복구 신청을 할 수 있습니다. 신청하고 난 뒤 점유하고 있는 측이 되돌려 준다고 하면 이전 수속을 밟아야 하는데, 그것도 회의 토론과 이전지 선정, 이사 진행 등 과정이 매우 복잡합니다. 정부가 반환에 대한 행정명령을 내릴지라도 이전하지 않는 상황이 종종 발생합니다. 그래서 법원에 소송을 제기하는 경우도 있습니다. 정부 관리들이 종교에 대한 감정이 곱지 않은 것도 사실이죠.

셋째, 종교가 법률의 보장과 보호를 받지 못합니다. 1991년 2월 5일, 중국 공산당 중앙과 국무원에서 공표한 '6호 문서'는 종교에 관한 기본법이 아니라 종교 업무 관계에 대한 행정 법규입니다. 1994년 1월 31일에 공포한 국무원령 144호(중화인민공화국 경내 외국인 종교활동장소 관리 규정)와 145호(종교활동장소조례)는 종교 자유의 제한과 종교 활동의 범주, 정부의 종교 사무 담당 부처의 권력 강화, 종교 활동 장소에 대한 합법적 권익과 보호와 장소에 대한 관리 강화, 중국 내 외국인의 종교 활동의 제한과 금지 등을 중점적으로 다루고 있습니다. 지역마다 실질적으로 적용되는 범위가 다소 차이가 있지만, 종교 법규를 통한 종교의 발전과 종교 권익의 확대, 종교 고유권과 자주권의 확립은 아직까지 거리가 있습니다. 따라서 중국에서 법에 의한 통치 구도가 더욱 활성화된다면 종교가 자율적으로 통제되고 관리되는 틀이 형성될 수 있을 것입니다.

중국 지도부는 당국가(黨國家)와 종교 조직의 통제 메커니즘을 통해 합법적인 지위를 부여하고, 정치적인 측면에서 단결과 협력을 이끄는 당국가의 교회 지배를 선호합니다. 종교는 사회주의 중국을 받아들이고 긍정해야 한다는 것이죠. 각 종교 단체의 업무 조직 및 전국적인 종교 학교는 모두 국가의 편제에 허입돼 있습니다. 교회와 신학교의 부지는 교회 재산이고 성직자 역시 국가 공무원에 속하지 않지만, 전국적인 종교 학교의 행정 비용 및 근무 인원 등은 모두 국가의 편제 속에서 이뤄집니다.

종교와 교회 및 정치와의 관계는 정치 현실의 합리화를 추구합니다. 종교 사무는 일종의 사회 공공사무로 간주됩니다. 예사오원 전 국가종교사무국 국장의 말에 따르면, 종교 사무를 종교가 사회의 실체로서 나타난 공공 이익과 관련된 각종 관계나 행동 또는 활동으로 규정하고 있습니다.

"종교 사무는 종교 자체의 특징을 갖고 있기 때문에 필연적으로 종교 단체의 내부 사무와 연관돼 있다. 또 종교 사무는 사회 공공적인 성격을 갖고 있기 때문에 반드시 종교 단체의 내부 사무와 구별돼 있기도 하다. 종교 사무를 구별하는 관건은 사회의 공공적인 성격을 갖고 있느냐의 여부를 살피는 데 있다. 그 기준은 공공 이익에 어느 정도 관련돼 있느냐. 우리나라는 종교를 포함해 어떤 단체든지 반드시 국민의 이익을 보호하고, 법률을 존중하며, 민족을 단결시키고, 조국 통일을 지지해야 한다."

장쩌민이 과거 총서기 시절에 말한 내용은 현재 중국 공산당과 정부의 기본 입장을 잘 표현해 주고 있습니다. 그는 1991년, 통일전선부(統一戰線部) 업무회의에서 "민족과 종교에는 작은 일이 없다"(民族宗敎無小事)라고 말했습니다. 이는 당국가의 간부들이 더 이상 극좌적인 수단으로 종교를 말살할 수 없으며, 당국가가 종교 사무를 정상화하고 종교 신앙의 자유 정책을 펼칠 때 전국이 안정되고 단결하는 데 유리하다는 입장입니다. 또한 당국가가 종교 영역에 대한 관리와 지배를 포기하고 완전히 자유화시키는 것도 불가능하다는 입장입니다. 종교는 중국의 장래를 평화적으로 변혁하는 데 쉽게 이용될 수 있기 때문에 당국가는 부득불 관리할 수밖에 없다는 것입니다.

이에 따라 후진타오는 전임 장쩌민 시대의 종교 정책을 계승하면서도 인권 및 종교 자유의 확대, 법제화 및 해외 교계와의 교류 강화 등을 통해 보다 독립·자주적인 정책을 펼쳐 나갔습니다. 이는 2004년 10월 18-23일, '한·중기독교교류회' 참석을 위해 내한한 왕쮀안(王作安) 국가종교사무국 부국장(현재 왕쮀안은 국가종교사무국 국장임)이 기자회견 및 질의응답을 통해 밝힌 내용에서 알 수 있습니다. 당시 그는 "후진타오 당 총서기는 종교에 대한 관심이 매우 크다. 1993년, 종교 문제와 종교 업무 처리에 대해 장쩌민 전 당 총서기가 언급한 '세 가지

말'(三句話)의 원칙 위에 한 가지를 더 추가해서 독립 · 자주적으로 중
국 교회를 성장시켜 나가기를 원한다"고 강조했습니다. 여기서 세 가
지 말이란, 1993년 11월 7일 전국통일전선 공작회의에서 장쩌민이 언
급한 것입니다. 전면적으로 정확하게 당의 종교 정책을 관철, 집행하
고(講政策), 법에 따라 종교 업무에 대한 관리를 강화하며(講管理), 적
극적으로 종교와 사회주의 사회와의 상호 적응을 이끈다(講適應)는 내
용을 담고 있습니다.

왕쭤안 부국장은 또 "중국 정부는 5대 종교(기독교, 천주교, 이슬람교,
불교, 도교)가 중국에서 토착종교화 됐다고 판단한다. 종교란 중국 문화
와 역사적 상황, 사회주의 시장경제의 심화 등에 부합해야 한다고 믿
고 있다"고 했습니다. 그는 "도교와 불교를 비롯해 기독교(1,600만 명), 가
톨릭(500만 명), 이슬람교(2,000만 명) 등 총 신자 수가 약 1억 명에 달할
것이다. 그러나 이는 전체 인구 14억 명에 비하면 결코 많은 숫자가 아
니다. 종교 발전을 위해 인권 강화와 종교 자유 조치가 뒤따를 것이
다"라고 덧붙였습니다. 이어서 "중앙정부의 기본 입장은, 전국적으로
정책이 동일하게 집행돼야 하지만 지방정부가 관련 규정을 만들 때
지역과 종교 상황 등 개별적 특성에 따라 다를 수 있음을 충분히 인지
하고 있다"고 정책 집행의 자율성을 언급했습니다. 부국장은 한국 교
회가 중국의 법을 존중하고, 문화 교류와 사회 구제 활동 등 다양한 방
식으로 중국 교회와의 협력을 확대해 나간다면 적극적으로 돕기를 원
하고 있다고 강조했습니다.

후진타오 시대에는 종교의 성장 추세를 막을 수 없다고 판단하고,

잘못된 해외 종교 세력 또는 불온 세력에 의해 중국 인민이 휘둘리지 않는 한 탄력적으로 종교 관리 정책을 펼쳤습니다. 한국 교회를 전략적 교류 파트너로 활용하고, 등록 교회(삼자교회)와 비등록 교회(가정교회) 간의 반목과 갈등을 해소하는 등 중국 특색의 종교 실용주의 노선을 조심스럽게 추진하는 듯했습니다. 시진핑 시대의 종교 정책에 대해서는 뒤에 따로 언급하겠습니다.

중국 정부의 종교 정책이 개혁·개방 이후 중국 기독교의 성장세를 감안한다고 해도 나름대로 성공적인 것으로 보이는 통계가 나왔습니다. 여론조사 전문 기관인 윈-갤럽 인터내셔널(Win-Gallup International)이 2014년에 전 세계 65개국, 6만 3,900명을 대상으로 설문 조사를 한 결과, 중국의 무신론자 비율은 61%로 비종교적 상위 국가(지역)인 홍콩(34%), 일본(31%), 체코(30%), 스페인(20%)을 가볍게 제쳤습니다. 중국인 10명 중 9명이 종교가 없거나 무신론자라고 답해 전 세계에서 가장 비종교적 국가인 것으로 드러났습니다. "종교가 있다"고 당당하게 밝힌 중국인은 6%에 불과했습니다. 반면에 한국인은 49%가 종교가 없다고 답했고, 무신론자라고 답한 사람은 6%였습니다.

중국은 왜 기독교에 대해
상대적으로 엄격할까?

●

기독교에 대한 경계심

중국 정부가 불교, 도교, 이슬람교에 비해 기독교에 대해 유독 신경을 쓰는 이유는 무엇일까요? 과거 역사에서 그 이유를 찾아볼 수 있습니다.

기독교가 중국에 전래된 이래 부침이 적지 않았습니다. 당(唐)나라나 원나라 시대에는 기독교가 지배 계층의 옹호와 보호 속에서 일정 기간 존재할 수 있었습니다. 그러나 이는 민중 속으로 깊이 스며들지 못하는 계기가 됐습니다. 특히 청나라 말기에 중국 지식인들은 중국인과 외국인의 종교를 반드시 구별해야 하며, 외래문화가 결코 중화문화에 커다란 영향을 끼쳐서는 안 된다고 주장했습니다.

다음은 청나라 말기의 유학자 왕빙셰(王炳燮)의 말입니다.

"중국인은 중국인 스스로의 종교가 있어서 중국인으로서 반드시 중국 성인의 가르침을 존경하며 실행해야 하고, 오로지 외국인만이 외국 종교를 숭상해야 한다"(中國之人自有中國之敎, 爲中國之子民, 即當尊重中國

聖人之教, 猶之爲外國之人世守外國之教也).

중화문화가 외래문화를 동화시킬 수는 있지만, 외래문화가 중화문화를 변화시키려 해서는 안 된다는 관점입니다. 외적의 침략으로 외래문화 또한 중국에 영향을 미쳤지만 중국 문화에 결국 동화되고 말았죠. 역사가 이를 증명해 줍니다. 한나라 시대의 흉노, 위진남북조 시대의 오호(흉노·선비·갈·저·강), 수당(隋唐) 시대의 돌궐, 송(宋)나라 시대의 요(遼)·금(金)·하(夏), 원나라 시대의 몽골, 명(明)나라 시대의 달단과 만주 등 변방 민족들은 모두 중국문화에 동화됐습니다.

대학사(大學士) 워런(倭仁)도 기독교에 대해 매우 경계했습니다. 청나라가 우수한 청년들을 선발해 외국어 인재로 양성하는 것에 울분을 품은 그는 황제에게 반대 상소를 올렸습니다. '예수교'가 성행한 이래 국가조차 오랑캐를 숭상하고 이를 가르치고 있다고 한탄했습니다. 수년 뒤에 중화문화는 쇠퇴하고 오랑캐문화가 번창해 많은 중국인들이 오랑캐문화로 귀의하게 될 것이라고 우려했습니다(正氣爲之不伸, 邪氣因而彌熾, 數年之後, 不盡驅中國之衆咸歸于夷不止).

기독교는 중국의 전통 사상과 맞지 않는다는 생각이 팽배했습니다. 중국의 오랜 관습과 사상에서 볼 때 조상숭배는 효의 표현으로 당연했지만, 기독교는 이를 우상숭배로 간주하고 반대했기 때문입니다. 그래서 짐승보다 못한 종교라는 비난을 받게 됩니다. 특히 1715년 3월 19일, 로마 가톨릭 교황 클레멘스 11세는 공자에게 드리는 모든 존경 의식을 금하고, 조상을 공경하는 의식과 제사 등은 집에서 거행하든, 무덤 앞에서 거행하든 미신적 요소가 있으니 금한다는 칙서를 내렸습니다. 이에 청나라의 강희제(康熙帝)는 1717년, 기독교를 금지하는 칙령을 내립니다. 외래 종교에 대해 불만을 품고 있던 관리들에 의해 기독교는 핍박을 받게 됩니다.

서구 선교사들에 대한 말도 안 되는 유언비어도 난무했습니다. 아이들을 유괴해 눈을 빼고 뇌를 먹기도 하고, 심지어 아이를 먹기도 한다는 말이 나돌았습니다. 그러다 보니 기독교의 각종 자선 행사도 의심의 눈초리로 쳐다보곤 했습니다.

중국 민간 사회에는 영신대회(迎神大會)라는 것이 있었는데요. 이 대회를 개최하는 데 드는 필요 경비는 각 가정에서 조금씩 부담했습니다. 그런데 그리스도인들은 우상숭배를 하지 않는다는 이유로 경비를 내지 않았습니다. 대회에도 참석하지 않으니 이웃 관계가 무너질 수밖에 없었습니다.

그리스도인들은 패륜 행위를 서슴지 않는다는 얘기를 듣기도 했습니다. 중국의 기존 윤리와 도덕으로는 남녀가 유별한데, 교회에서는 함께 앉아 예배를 드리다 보니 오해받을 수밖에 없었죠. 서양의 도움을 받다 보니 교회에는 재정이 넘쳐 났는데, 이 또한 비난의 꼬투리가 됐습니다. 중국인의 것을 빼앗아 그리스도인들의 배를 채우고 있다고 생각한 것입니다.

상처로 남은 서양에 의한 역사

그렇다면 현대 중국인들은 기독교에 대해 어떻게 봐 왔을까요? 기독교가 제국주의 침략의 도구였다고 간주했습니다. 중국인의 입장에서는 선교사들이 아편상들의 부도덕한 행위에는 무관심한 대신 선교의 자유를 획득하기 위해 아편전쟁이라는 부정한 수단에 동조했다는 생각이 강합니다. 중국에 대해 누구보다 잘 알고 있던 선교사들이 영국군의 작전을 도왔다는 시각이죠. 1840년 아편전쟁 발발 후 체결된 조약들은 난징조약 외에는 모두 기독교 집회와 선교의 자유가 주요 항목으로 포함됐습니다.

1844년 7월, 청나라와 미국 정부가 체결한 왕샤(望廈)조약을 볼까요. 난징조약을 통해 개항한 5개 항(港), 즉 광저우, 샤먼(廈門), 푸저우(福州), 닝보(寧波), 상하이 내에서 외국인을 위한 교회와 묘지를 설치할 수 있도록 했습니다. 같은 해 10월, 청나라와 프랑스 간에 황푸(黃捕)조약이 이뤄졌는데 프랑스 국민도 5개 항에 성당, 학교, 구호소, 묘소를 설치할 수 있게 됐습니다. 영국도 황푸조약에 의거해 1847년, 교회 설립의 권리를 획득했습니다. 선교사들은 5개 항 외에 내지로 들어가 선교 활동을 하는 것은 인정받지 못했지만 홍콩과 마카오, 그리고 5개 항에서 포교 활동에 박차를 가했습니다. 그중 홍콩은 선교의 근거지, 상하이는 선교의 중심지가 됐습니다. 1843년, 홍콩에서 선교사들은 회의를 갖고 5개 항 선교를 결의했습니다. 1858년에는 중국에서 활동한 선교 단체가 20여 개, 선교사가 200여 명에 달했습니다.

1856년부터 1860년까지 이뤄진 제2차 아편전쟁으로 중국인의 자존심은 더할 나위 없이 상하게 됩니다. 그 결과는 톈진조약, 베이징조약으로 이어졌습니다. 애로호사건으로 인해 청나라는 승전국인 미국, 영국, 프랑스, 러시아와 각각 톈진조약을 체결합니다(중·미 톈진조약, 중·영 톈진조약, 중·프 톈진조약, 중·러 톈진조약). 여기에는 기독교 신앙과 포교의 자유를 허용하는 조항이 포함됩니다. 5개 항 외에 11개 항을 개항하게 됐으며, 사증(신분증)을 소지한 외국인은 내지 여행을 얼마든지 할 수 있게 됐습니다. 또한 청나라는 영국, 프랑스와 각각 베이징조약을 맺게 됩니다. 중·프 베이징조약의 경우 청나라는 중국 내 가톨릭 성당과 부속 건물에 대한 손해배상을 해야 하고, 프랑스 선교사는 개항장 외에서도 토지를 구입해 성당을 건축할 수 있는 권리를 갖게 됩니다.

이처럼 서양에 의한 굴욕적인 문호 개방의 역사로 중국은 기독교에 대한 곱지 않은 의식을 심게 됩니다.

그리스도인이라면 중국인이면서도 중국 정부의 통치를 받지 않고 외국인의 보호를 받는 치외법권을 누릴 수 있었습니다. 이와 관련해 사역자이자 역사가인 에브 리빙스턴 원셔스(Abbe Livingston Warnshuis)는 이렇게 말했습니다.

"법에 따르면, 외국 정부는 단지 성도들의 신앙보호자로서의 역할을 해야 한다. 그러나 실제로는 성도들과 중국의 민중을 나누는 결과를 초래했다. 중국인 성도들은 중국 안에서 외국인의 보호를 받고 중국 정부의 통제를 받지 않는 특수한 독립 왕국을 설립했다. 이러한 선교 자유의 조약은 중국의 위신과 주권을 완전히 말살했다. 중국 성도들이 외국 정부의 보호로 중국 정부의 통제를 완전히 받지 않아도 됐기 때문이다. 서구 선교사들은 제국주의 열강의 중국 침략 정책에 어느 정도 기여했다. 중국 정부가 원해서 개방한 것이 아니다. 서구 제국주의의 군사력으로 중국 정부로부터 무력으로 탈취한 조항이다. 이 때문에 그들이 전하는 복음과 그들이 믿는 하나님은 중국인들의 입장에서 보면 의심스럽지 않을 수 없었다."

설상가상으로 1851년부터 1864년까지 이어진 '태평천국의 난'은 기독교적 혁명 사상이 무엇인지를 보여 주었습니다. 태평천국의 난은 청나라 정부의 실정과 관리들의 부패와 민생 불안에 따라 만주족과 청나라를 몰아내고 한족의 나라를 세우고자 일어난 것입니다. 이는 훗날 쑨원(孫文)의 기독교 신앙을 기초로 한 중화민국의 건설과 정치사상에 상당한 영향을 미쳤습니다. 그러나 지배층의 입장에서는 중국에서 발생한 중요 민란이 하나같이 기독교 등의 종교를 기반으로 했다는 점을 심각하게 바라보게 됐습니다.

태평천국의 난 외에도 과거 종교 집단에 의한 민란이 왕조의 문을 닫게 하거나 큰 위기에 빠뜨린 적이 한두 번이 아니었습니다. 도교의 원류가 된 후한(後漢) 말기의 장자오(張角)의 태평도(太平道)와 황건(黃巾)의 난, 장링(張陵)의 오두미도(五斗米道)교의 난, 불교적 주술과 기복 성향의 백련교(白蓮敎)의 난, 청조의 멸망을 예언하고 미륵 신앙을 내세운 류숭(劉松)의 제자 류즈셰(劉之協)와 숭즈칭(宋之淸)의 봉기, 외세 배격을 내세운 의화단(義和團)운동에 이르기까지 지배계급은 종교와 봉기, 농민은 언제든지 체제 위협의 요소가 될 수 있다고 판단하게 됩니다. 중국 정부의 입장에서 볼 때도 기독교는 제국주의 정치·경제 세력의 침략과 불평등조약을 연상시키고, 언제든지 민란의 중심에 설 수 있다는 의구심을 갖게 됩니다. 기독교가 도교나 불교보다 체제에 순응적이지 않았던 역사는 현재 중국 그리스도인들이 짊어지고 가야 할 짐과도 같습니다.

더욱이 지금 중국 교회는 정부가 공인한 삼자교회와 정부와 관계없이 존재하는 가정교회로 나뉘어 존재합니다. 사회불안 요소가 되기에 충분한 이단은 교회라는 가면을 쓰고 활동하면서 실제로 중국 정부의 심기를 건드립니다. 최근 들어 신흥도시 가정 교회의 부흥 속도는 가히 놀라울 정도입니다. 삼자교회에 비해 일부의 전통 가정교회나 신흥도시 가정교회는 해외 선교 기관과의 관계가 매우 돈독한 편입니다. 하나의 목소리가 아니라 여러 목소리가 나올 수 있는 개연성이 충분하죠.

중국 상황에 대한 이해가 필요하다

중국 정부는 애국·애교를 강조하고, 사회에 적응하는 종교를 강조하고 있습니다. 그런 점에서 중국 그리스도인들은 반정부 세력과는 거리가 멀고, 나라를 사랑하는 애국 집단임을 몸소 보여 줘야 합니다. 하나님 나라를 갈망하지만, 이 땅에서 살 동안에는 자신의 조국과 동포를 사랑할 뿐 아니라 국가 발전의 동력이 되고 싶어 한다는 것을 알게 해야 합니다. 아울러 기독교 지도자들은 교회 부흥에 일희일비하지 말고, 국가와 민족을 위해 봉사할 수 있는 인재들을 양성하는 데 앞장서야 합니다. 그리고 보다 건강한 교회 공동체를 만들어 가는 데 힘써야 합니다. 기독교의 교리를 정확하게 사회에 전달하고, 중국 상황에 맞는 교회의 토착화에도 더욱 신경 써야 합니다. 특정 국가의 교회나 특정인만의 교회가 되면 안 됩니다.

요즘 중국을 묵상하다 보면, 1920년대에 지식인을 중심으로 일어났던 반기독교 운동이 일어날 수도 있겠다는 생각이 듭니다. 세속화의 길을 한국 교회보다 더 빨리 겪고 있는 것은 아닌지 불길한 느낌도 듭니다. 중국 지도부가 국가 발전과 사회 안정에 있어 그리스도인들의 역할을 존중하고 배려할 수 있도록 교회 지도자들이 좀 더 노력하면 좋겠습니다. 그렇다고 정부 정책에 일일이 개입하는 우를 범해서는 결코 안 될 것입니다. 교회는 사명 완수에 만족하면 되니까요. 교회는 복음의 확산을 통한 하나님 사랑과 이웃 사랑을 최우선으로 한다는 것을 알려 줘야 합니다. 중국 교회와 중국 그리스도인들, 파이팅(加油)!

한국 교회도 중국의 복음화를 위한 도우미가 되는 것은 좋으나, 중국과 중국인의 세계관까지 완전히 바꾸겠다는 생각은 지양해야 합니다. 천 마디의 말보다는 하나님의 말씀대로 살아가는 모습을 보여 주는 것이 필요합니다. 복음은 듣는 것이 아니라 보는 것이 돼야 함을 실천하는 한국 교회와 선교사들이 많아질 때, 기독교는 중국 사회에 진정한 희망이 될 수 있을 것입니다. 일방통행식이 아니라 중국의 상황을 고려한 보다 세련된 한국 교회의 선교 모습이 중국인들을 감동시킬 것입니다. 한국 교회여, 감동과 공감이 넘쳐 날 때 비그리스도인들의 귀와 눈, 마음 그리고 발이 움직인다는 점을 잊지 말기를 바랍니다.

중국에도
이슬람교, 불교가 있다

●

중국에 퍼진 무슬림

"지금은 아무것도 보이지 않습니다. 보이는 것은 고집스럽게 얼룩진 어둠뿐입니다. 그러나 주님, 순종하겠습니다. 겸손하게 순종할 때 주께서 일을 시작하시고, 그 하시는 일을 우리의 영적인 눈이 볼 수 있는 날이 있을 줄을 믿나이다."

1885년 4월, 조선 땅을 밟은 언더우드(Horace Grant Underwood) 선교사의 기도문입니다. 이 같은 상황이 현재 중국 이슬람권에 동일하게 적용될 것 같습니다.

중국은 세계 9위의 이슬람 대국입니다. 인도네시아, 파키스탄, 인도, 방글라데시, 터키, 이집트, 이란, 나이지리아에 이어 무슬림 인구가 9번째로 많습니다. 56개 민족으로 구성된 중국에서 가장 많은 무슬림이 있는 후이(回)족 외에도 위구르족, 카자흐족, 우즈베크족, 키르기스족, 타지크족, 싸라(撒拉)족, 둥샹(東鄕)족, 바오안(保安)족, 타타르족의 주요 종교가 이슬람교입니다. 세계 무슬림 인구 통계 사이트에 따르면, 2006년에 중국 무슬림 인구는 3,911만 명이었습니다. 2008년 비공식 자료에서는 중국 무슬림의 인구가 4,200만 명이라고 했습니다. 미국의 유명 여론조사 기관인 퓨 리서치 센터(The Pew Research Center)의 2010년 통계에 따르면, 중국의 그리스도인은 6,841만 명이고 무슬림은 2,469만 명입니다. 통계 기관마다 상당한 차이를 보입니다. 중국 종교사무국에 따르면 중국에 모스크는 3만여 개가 있고, 종교 지도자인 아홍(阿訇, Imam)은 4만여 명에 달합니다.

중국의 이슬람은 크게 두 주류로 나눌 수 있습니다. 이는 전파 경로와 매우 밀접한 관계가 있습니다. 하나는 해안 지역을 중심으로 아라비아인과 페르시아인에 의해 전파된 것이고, 또 하나는 서부 지역을 통해 들어온 것입니다. 고유의 풍습과 언어 등을 유지하며 중국에 동화되기를 거부하는 신장 위구르 자치구 일대의 무슬림(위구르족, 카자흐족, 키르기스족, 타지크족)과 아라비아인과 페르시아인을 통해 완전히 중국화된 내륙 무슬림(후이족, 싸라족, 둥샹족)으로 크게 나눌 수 있습니다.

중국에 이슬람이 전해진 때는 651년, 당나라 때입니다. 아라비아와 페르시아에서 온 무슬림들은 포교의 목적이 아니라 교역을 위해 들어왔기 때문에 당시 통치 세력의 견제를 받지 않았습니다. 오히려 중국인과의 통혼을 통해 정착해 나가면서 내륙 무슬림으로 자리 잡았습니다. 명나라의 후이족 학자들은 아리비아어에 능통했을 뿐 아니라 유교, 불교, 도교 등에 정통해 이슬람교와 중국 전통문화를 결합시켰습니다. 특히 유교로 코란과 경전을 해석해 이슬람교의 중국화를 일궜습니다.

한편 10세기에 아랍제국은 지하드를 통해 신장 내 샤머니즘, 마니교 등을 제압하며 강제적으로 이슬람을 전파했습니다. 신장 위구르 자치구는 청나라 시절부터 '신장 성'이라고 불려 왔는데, 1955년에 중국 공산당에 의해 위구르족 자치구로 흡수됐습니다. 자치구에는 위구르족 외에도 한족과 카자흐족, 후이족, 키르기스족, 몽골족, 타지크족 등이 살고 있지만 1,800만 명의 인구 중 3분의 2가 위구르족으로 구성돼 있습니다.

중국 중앙정부에 예속된 후 혹독한 문화대혁명을 함께 치른 이들은 자신들의 문자가 아랍 문자에서 로마자, 다시 한어병음자모로 변환되는 수모를 겪다가 오늘날 다시 아랍식 정서법을 사용하고 있습니다. 종교도 이슬람교를 유지하고 있습니다. 신장은 중앙정부의 서부 대개발의 일환으로 한족화가 진행됐습니다. 겉으로 보이는 신장 위구르 자치구는, 위구르족이 한족 및 다른 소수민족과 더불어 자신들의 문화를 자유롭게 영위하는 모습입니다. 그러나 그 이면에는 밀려드는 한족과 서구화의 물결 속에서 위구르족이 자신들의 정체성에 대해 고민하고 갈등하고 있습니다.

위구르족을 비롯한 터키계 무슬림과 달리 후이족은 지역적, 문화적으로 큰 차이를 보입니다. 후이족은 오랜 기간 한족과 동화되면서 이질감 없이 중국 문화에 뿌리내릴 수 있었습니다. 반면에 위구르족은 문화적으로 중앙아시아와 연계된 상태에서 이슬람을 받아들였기 때문에 중국화가 쉽지 않았습니다. 이 때문에 이슬람 민족을 하나로 묶으려는 중국 정부의 동화정책에도 불구하고 이들 사이에는 계속된 불화가 있었습니다. 위구르족은 자신들만의 독립된 국가를 세우기를 소망했습니다. 신장에서 간간이 들려오는 정치적 갈등과 긴장은 이러한 연장선상에서 이해할 수 있습니다. 위구르 자치구는 '중국의 화약고'로 불릴 정도죠. 테러가 잠잠하다 싶다가도 사고가 일어나기 일쑤입니다. 탄광 등에서 안전사고가 날 때도 희생자의 대부분은 노동자 계층인 위구르족입니다.

중국 이슬람의 독특한 특징으로 여성 이슬람 사원과 여(女)아홍을 꼽을 수 있습니다. 여성 이슬람 사원과 여아홍이란 말은 청나라 광서 4년인 1878년, 허난 성 카이펑에 있던 여성 사원의 비문에 최초로 등장합니다. 청나라 말기부터 중화민국 초기까지 세워진 여성 사원은 주로 여학교(여자경전학교)로 불렸습니다. 대다수의 무슬림 여성들은 여학교보다 여성 사원이라는 이름을 높게 평가했습니다. 남성과 대등하고 평등하다는 의미가 있기 때문에 자신들의 활동 장소가 여성 사원으로 불리는 것을 선호한 것이죠. 그러나 카이펑, 정저우(鄭州), 저우커우(周口) 등의 무슬림들은 여학교라는 이름을 더 애용합니다.

아홍은 여성 사원의 종교 사무를 주관하는 여성을 말합니다. 산둥(山東) 성 지난(濟南)의 무슬림들은 종교 사무를 책임지는 여성을 아홍과 스냥(師娘)으로 구분하기도 합니다. 아홍은 여성 사원에서 정규 경전 교육을 받은 사람으로, 종교 사무를 관장하고 종교 지식을 전합니다. 스냥은 가정에서 이슬람 교육을 받은 사람으로, 죽은 여성들의 염과 장례와 관계된 일을 합니다.

원래 여성 사원은 무슬림 여성들의 예배와 신앙생활, 목욕을 위한 장소였습니다. 또한 여성과 아이들을 위해 기본적인 종교교육을 하고, 아홍을 양성하기도 했습니다. 유치원과 양로원 같은 사회복지 시설의 역할도 담당했습니다. 그러나 대부분의 여성 사원은 단지 예배를 위한 장소로 사용됐습니다.

현재 여성 사원은 전국적으로 400여 개에 달합니다. 1980년대 이후 원래 있던 여성 사원이 지속적으로 보수되고 중건됐습니다. 여성 사원이 없던 이슬람권 지역에도 여성 사원 또는 여성 예배당이 신축됐습니다. 여성 사원이 비교적 많은 곳은 허난 성, 허베이(河北) 성, 산둥 성, 산시(陝西) 성 등입니다. 이 밖에도 톈진(天津) 시(6곳), 윈난(雲南) 성(3곳), 저장 성(2곳), 안후이 성(20여 곳), 헤이룽장 성(1곳) 등에서도 여성 사원을 볼 수 있습니다. 닝샤(寧夏)후이족 자치구에는 여성 사원이 100여 곳에 이르는데, 남성 사원의 부설로 돼 있습니다. 네이멍구 자치구 후허하오터(呼和浩特)에는 여성 사원 1곳이 단독으로 세워져 있고, 다른 6곳은 남성 사원의 부설입니다. 베이징의 니우제(牛街) 사원과 퉁현(通縣) 사원에도 부속 여성 사원이 있습니다. 아이러니하게도 무슬림이 많은 신장 위구르 자치구, 칭하이 성에는 여성 사원을 찾아보기가 어렵습니다.

중국 정부의 소수민족 관리 방식은 '이이제이'입니다. 즉, 후이족을 이용해 위구르족을 억압하고, 카자흐족과 위구르족을 경쟁하도록 만드는 것입니다. 완전히 중국화된 후이족에 대해서는 비교적 온건하게 대처하는 반면, 분리독립 운동과 연관된 위구르족의 종교 활동에는 엄격한 잣대를 들이댑니다. 1990년, 베이징에서 발생한 후이족 시위는 중국 정부가 진압하지 않았습니다. 그러나 신장에서 일어난 위구르족 시위는 분리주의 운동이라고 간주해 탄압했습니다. 후이족은 하지(성지순례)에 참가하는 것이 쉽습니다. 반면에 2008년 8월, 베이징 올림픽을 앞두고 위구르 여권을 몰수하는 등 위구르족의 국외 여행을 통제했습니다. 카자흐족의 경우는 카자흐스탄과의 관계를 고려해 이주 문제 등에 대해 위구르족보다 훨씬 개방적입니다.

중국 이슬람 선교의 역사

중국 내 이슬람권에 대한 선교 역사를 볼까요. 631년, 네스토리우스 (Nestorius) 선교사들이 신장에 여러 교회를 세웠습니다. 카스(喀什)와 하미(哈密)에는 두 개의 교구가 있었습니다. 그들의 활동에 의해 많은 위구르인들이 신앙을 받아들였습니다. 마르코 폴로(Marco Polo)도 1271년에 카스를 지나 여행한 뒤 네스토리아 교회가 있다고 보고했습니다. 그러나 그 후 교회는 사라지고, 1892년에 스웨덴 선교사들이 카스에 도착하기까지 이 지역은 복음의 불모지가 됐습니다. 1912년, 카스에 인쇄소가 세워지면서 학교 교재뿐 아니라 기독교 문서도 출판했습니다. 1920년, 엘켄트에 고아원이 세워져 5명의 소년과 30명의 소녀가 양육됐습니다. 1918년부터 1933년까지 15년간 163명의 개종자가 세례를 받았습니다. 1933년에는 첫 박해에도 불구하고 성도가 200명을 넘어섰습니다. 1939년까지 스웨덴 선교사들의 사역으로 인해 교회가 여러 개 세워졌고, 어린이들을 포함해 성도가 500명으로 늘었습니다. 이 기간에 30명이 넘는 선교사들이 네 곳의 선교 기지를 중심으로 활동했습니다.

중국내지선교회(CIM: China Inland Mission)의 선교사들은 우루무치(烏魯木齊)를 중심으로 하여 북쪽 신장 등지로 순회 사역을 하기도 했습니다.

우루무치에는 한족만 3,000여 명이 모이는 삼자교회가 있습니다. 처소에서 모이는 가정교회도 많습니다. 신장 지역의 한족 기독교 인구는 15만여 명으로 추정됩니다. 닝샤후이족 자치구에도 인촨(銀川) 시 기독교회 등 삼자교회와 가정교회가 있지만, 교세가 크지는 않습니다. 위구르족, 후이족 등의 무슬림 선교를 위해 한국과 미국에서 온 선교사들이 우루무치, 카스, 인촨 등에서 비밀리에 사역 중이지만 사역의 열매를 쉽게 맺지 못하고 있습니다. 2007년, 중국 정부의 '타이풍(颱風) 5호' 작전에 따라 이들 지역의 선교사들이 대거 권고 추방됐습니다.

중국 무슬림을 그리스도인으로 개종시키는 것은 매우 어렵습니다. 개종이 곧 가족과 사회에서 소외되는 것을 의미하기 때문입니다. 적극적으로 선교하지 않는 중국 이슬람의 전통 때문에 무슬림 인구가 크게 늘어나거나 줄어들지 않을 것으로 전망됩니다. 10개 이슬람 민족의 자연적 증감에 따라 상대적 안정상태를 유지하겠죠. 도시에 거주하는 젊은 무슬림들은 이슬람에 대해 점차 냉담한 반응을 보이고 있다고 합니다. 따라서 일상생활에서 절제와 경건의 모습을 보여 주고 겸손히 자신을 낮추며 상대방의 말을 경청할 수 있다면, 좋은 친구로 다가가 닫힌 마음의 문을 열 수 있다는 것이 현지 선교사들의 전언입니다. 중국 무슬림에 대한 전문 연구 기관과 선교 훈련 센터 등이 필요하고, 비즈니스 선교 등 접촉점을 만들 수 있는 다양한 시도가 뒤따라야 할 것입니다.

한편 티베트 자치구 내의 대부분의 티베트인은 티베트 불교를 신봉하며, 예수 그리스도의 이름을 들어 본 적이 거의 없습니다. 9세기 전후에 티베트는 아시아에서 무시할 수 없는 존재였으나 러시아, 중국, 인도 등 주변국의 세력 강화에 따라 영향력이 점차 위축됐고, 급기야 중국의 속국이 되고 말았습니다. 20세기에 들어와서 정치 · 종교 지도자인 달라이 라마가 티베트의 독립을 선포하면서 옛 영화를 되찾으려고 시도했습니다. 그러나 1950년, 중국 공산당이 티베트를 점령하자 추종자를 이끌고 인도의 아삼 지방으로 망명했습니다.

티베트족은 자신들을 '콩보'(Konbo) 또는 '보티아'(Bhotia) 라고 부릅니다. 콩보는 자신들의 언어를 지칭하는 말이고, 보티아는 티베트 사람들이란 뜻입니다. 그들은 자신들의 고향인 티베트로 돌아갈 희망을 여전히 잃지 않고 있습니다.

인도 회교도의 영향을 많이 받아 의식주의 대부분이 인도인과 흡사하지만, 종교만은 티베트(라마) 불교를 숭상합니다. 잠정 집계 인구인 18만 명 중 겨우 0.3%만이 복음을 전달받은 경험이 있을 뿐입니다. 문제는, 티베트족에게는 구원에 이르는 유일한 길인 예수님의 복음이 매우 생소하다는 것입니다. 그러나 선교 전문가들은 티베트족의 세계관을 철저히 이해한 뒤 죄와 고통에 대한 가르침, 체험적인 신앙의 실체 등을 제대로 심어 주면 선교가 결코 불가능한 것만은 아니라고 말합니다.

티베트에서의 기독교 선교 역사는 1624년, 예수회의 안토니오 안드레드 신부와 마누엘 마커스 수사로부터 시작됐지만, 그들은 티베트 불교를 반대하여 추방됐습니다. 인도의 유명한 전도자인 선다 싱(Sundar

Singh)은 1912년부터 1919년까지 인도와 티베트의 접경 지역에서 개인 전도를 10차례 했습니다.

티베트 불교권에서 교회 개척에 성공한 모델로 모라비안 교회를 꼽을 수 있습니다. 모라비안 교회는 1853년, 티베트 선교를 위해 북인도의 라다크 레 지역에 2명의 선교사를 파송하여 점진적인 성장세를 일궈 냈습니다. 어린이들을 위한 성경 이야기를 티베트어로 번역하고, 교리문답과 소책자 등을 활용하는 한편, 기독교학교 사역을 통해 회심자들을 배출했습니다. 그러나 8명의 선교사와 30명의 선교사 자녀들이 목숨을 잃기도 했습니다.

티베트의 그리스도인 수는 1,000명을 넘지 않을 것으로 추정됩니다. 그러나 인근 국가인 네팔과 인도로 망명한 티베트인 가운데는 복음을 받아들인 경우가 적지 않습니다. 1917년에 태어난 포탈라 궁의 한 라마승은 네팔로 망명해 그리스도인이 된 후, 주일예배를 인도했습니다. 티베트 난민촌 사역과 학교 어린이 사역 등을 통해 선교의 지평을 넓혀 가는 서구 선교 단체들도 있습니다.

티베트와 신장 위구르 자치구의 예를 보면, 철옹성 같은 타 종교의 벽도 기독교 복음의 확산을 막을 수 없음을 알 수 있습니다. 한국 교회를 비롯해 세계 교회가 얼마나 제대로 준비하여 그들을 위한 교회, 그들에 의한 교회가 세워질 수 있도록 돕는가에 따라 복음화 지수가 변화될 것입니다. 소규모의 공동체 생활을 통한 토착화와 현지인 지도자의 양성, 전 세계적인 선교 네트워크의 구축과 활성화, 끊임없는 중보기도와 물질 후원 등이 절실한 상황입니다.

중국 정부는 기독교의 확산을 끊임없이 경계하고 있지만,
중국 교회의 성장세는 누구도 막기 어려울 것입니다.
하나님이 어떻게 이 역사를 이끌어 가실지,
믿음의 눈으로 바라봐야 합니다.
이 시기에 우리가 함께 해야 할 일은 무엇인지 알아봅시다.

2부

중국 정부와 교회의
끊임없는 긴장 관계

10

시진핑 시대의
종교 정책

●

시진핑 시대의 시작

2012년 11월, 중국 정부의 종교 정책과 중국 기독교의 미래를 엿볼 수 있는 두 가지 장면이 펼쳐졌습니다. 첫 번째는, 시진핑 당 총서기를 중심으로 한 제5세대 최고지도부가 탄생한 것입니다. 미국과 더불어 G2 국가로서의 면모를 갖춰 가고 있는 중국의 새 리더십 구성 과정은 전 세계인의 주목을 끌기에 충분했습니다. 향후 10년, 짧게는 5년간 14억 인구의 중국을 이끌어 갈 최고지도부의 등극을 앞두고 보시라이(薄熙來) 사건, 시진핑의 잠적, 정치국 상무위원 7인 축소설 등 적지 않은 설왕설래가 있었습니다. 그러나 중국은 언제 그런 일이 있었느냐는 듯 급속도로 안정을 되찾았습니다.

여기서 보시라이 사건이란, 중국 최대의 정치 스캔들을 의미합니다. 보시라이 충칭 시 당 서기의 심복이었던 왕리쥔(王立軍)이 충칭 시 공안국장에서 직위 해제된 뒤 2012년 2월 6일, 청두(成都) 주재 미국 총영사관에 망명을 시도하면서 보시라이와 관련된 비리가 속속 드러났습니다.

시진핑의 잠적이란, 차기 최고지도자로 내정된 시진핑 국가 부주석이 아무런 설명 없이 2012년 9월, 2주일간 공개 석상에서 모습을 감춘 것을 말합니다. 이와 관련해 〈워싱턴 포스트〉는 2012년 11월 1일, 중국 전문 기자인 마크 키토의 말을 인용하여 보도해 관심을 끌었습니다. 시진핑 부주석이 9월 초, 공산혁명 2세대 모임에 참석했다가 갑작스럽게 싸움이 일어나, 이를 말리다가 의자에 등을 맞고 다쳤기 때문이라는 내용입니다. 키토의 설명에 따르면, 이 사실이 알려지지 않은 것은 중국 당국이 권력과 부를 가진 혁명 2세대가 비밀 연회를 열고 싸움을 한 사실이 드러나면 당 이미지에 타격을 받을 것을 우려했기 때문입니다.

〈워싱턴 포스트〉의 보도에 앞서, 둥젠화(董建華) 중국인민정치협상회의 부주석은 9월 18일, 미국 CNN 방송과의 인터뷰에서 이렇게 밝혔습니다. "시진핑 국가 부주석이 최근에 일시적으로 잠적한 것은 수영 등을 하다가 부상을 입었기 때문이다. 스포츠를 하다가 다친 것이고, 현재 회복돼 다시 직무 중이다." 그리고 이와 관련된 공식 보도가 없었던 데 대해서는 "중국에서 고위 지도자들의 건강은 공적인 사안이 아니다"라고 말했습니다. 또 "시간이 지나 중국이 더욱 개방적으로 되고 세계의 한 부분이 되면, 이 같은 관행도 결국 바뀔 것으로 본다. 그간 시진핑 국가 부주석의 행방에 관련된 보도는 그저 추측이라고 생각한다"고 덧붙였습니다.

정치국 상무위원 7인 축소설이란, 중국 공산당 제18기 전국대표대회 이후 구성되는 정치국 상무위원과 관련해, 기존의 상무위원 9인에서 7인 체제로 줄이는 한편, 지나치게 비대해진 정법위 기능과 정치 선전 부문을 축소해 정치국원이 담당하기로 중국 지도부가 최종적으로 결정한 것입니다. 이에 대해 홍콩, 대만 등 중화권 언론과 한국, 미국 등 세계 언론은 '태자당'(太子黨: 당정군과 고위 관리의 자제를 통칭함), '상하이방'(上海幇: 1980년대 중반 이후 장쩌민 전 당 총서기 등에 의해 중국 권부에 등장한 상하이 출신 인사들을 통칭함), '공청단'(共靑團: 중국 공산당의 인재 양성소 역할을 수행하는 공산주의청년단을 말함) 등의 배경을 갖고 있는 정치국 상무위원 후보군을 놓고 수많은 추측성 기사를 쏟아 놓았습니다.

두 번째는, 비록 오래전에 은퇴했지만 삼자교회의 상징으로 국내외에 널리 인정받아 온 딩광쉰(丁光訓) 주교가 사망한 것입니다. 이 두 가지 사실은 중국 교회가 어떻게 시대 변화에 적응해야 사회 중심 세력으로 등장할 수 있을지, 세계 교회가 어떻게 중국을 향한 선교적인 과제를 재조정해 나갈지를 고민해야 하는 쉽지 않은 숙제를 남겼습니다.

두 가지 장면을 보다 입체적으로 볼까요.

#장면1. 2012년 11월 15일, 베이징 인민대회당 내외신 접견 단상.

11월 8일 중국 공산당 제18기 전국대표대회에 이어 열린 제18기 중앙위원회 제1차 전체회의(18기 1중전회)에서 선출된 시진핑 총서기 등 정치국 상무위원 7인이 처음으로 전 세계의 미디어 앞에 섰습니다. 시진핑 총서기를 중심으로 리커창(李克强), 장더장(張德江), 위정성(俞正聲), 류윈산(劉云山), 왕치산(王岐山), 장가오리(張高麗) 등이 자체 서열에 맞춰 도

열했습니다.

시진핑 총서기는 전임자 후진타오의 스타일과는 달리 시종 자신만만하고 여유 있는 모습이었습니다. 그는 원고를 읽어 내려가는 듯한 과거의 리더십과는 달리 약 20분간 대화하듯 편안한 말투로 연설했습니다. '인민'(19회)과 '민족'(12회), '책임'(10회)을 자주 언급했습니다. 그는 "책임은 태산처럼 무겁고 갈 길은 멀다. 우리는 인민과 한마음 한뜻으로 어려움을 극복하고, 밤낮 없이 일해 역사와 인민 앞에 합격 답안지를 바쳐야 한다"고 연설했습니다.

시진핑 총서기의 이날 연설을 좀 더 들어 보죠.

"우리의 책임은 중화민족의 위대한 부흥을 실현하도록 당 전체와 국가 전체, 각 민족을 단결시키고 이끌며, 중화민족이 세계 여러 민족 중에서 더욱 견고하고 힘차게 자립하고 인류를 위해 더욱 새롭고 큰 공헌을 하도록 만드는 것이다. 우리 인민은 더 좋은 교육, 더 안정적인 일, 더 만족할 만한 수입, 더 의지할 수 있는 사회보장, 더 수준 높은 의료, 더 안락한 주거, 더 아름다운 환경을 원할 뿐 아니라 자녀들이 더 훌륭하게 자라고, 더 좋은 일자리를 얻으며, 더 좋은 생활을 누리기를 바라고 있다."

그는 민생 안정과 더불어 부패 척결에 나설 뜻도 분명히 드러냈습니다.

"당 간부들의 부패와 독직, 군중과의 괴리, 형식주의, 관료주의 등의 문제가 있다. 이는 반드시 모든 힘을 기울여 해결해야 한다."

2013년 3월 제12기 전국인민대표회의에서 국가 주석, 국무원 총리

등 정부 요직이 최종 결정되지만, 공산당이 국가를 영도하는 '당국가 (黨國家) 체제'하의 중국에서는 (헌법상 최고기관은 전인대지만 공산당의 결정이 우선한다는 점에서) 이날 최고지도부 구성이 일단락됐다고 볼 수 있습니다. 특히 시진핑 총서기가 당 중앙군사위원회의 주석직까지 동시에 거머쥐었다는 점에서 명실상부한 최고지도자임을 국내외에 충분히 각인시켰습니다.

#장면 2. 2012년 11월 22일 오전 10시, 장쑤 성 난징.

제7기부터 10기까지 중국 전국인민정치협상회의(정협) 부주석을 지낸 딩광쉰 애덕(愛德)기금회 이사장이 향년 98세를 일기로 하나님 품에 안겼습니다. 그의 별세 소식에 후진타오, 시진핑, 장쩌민, 우방궈(吳邦國), 원자바오(溫家寶), 자칭린(賈慶林), 리커창, 장더장, 위정성, 류윈산, 왕치산, 장가오리 등 중국 지도부가 각종 방식을 통해 애도의 마음을 표했습니다.

딩광쉰은 중국 특색의 정부 공인 교회인 삼자(三自)교회, 즉 자치(自治), 자양(自養), 자전(自傳)을 이끌어 왔습니다. 그래서 중국 가정교회(지하교회)와 세계 복음주의 인사들로부터 공산당에 협조하는 변절자라는 비난을 들어야 했습니다.

그는 원래 모태신앙인이었습니다. 외할아버지는 영국 성공회 신부, 어머니는 독실한 그리스도인이었습니다. 생후 4개월에 유아세례를 받은 그는 성공회 계통의 학교를 다녔습니다. 1937년, 상하이의 성 요한 대학교(중국대륙 공산화와 함께 1952년에 폐교됨)에서 문학 학사를 취득하고 1942년, 동 대학교에서 신학 학사 학위를 받은 뒤 캐나다에서 기독 학생운동을 하다가 미국으로 갑니다. 그리고 1948년, 뉴욕 컬럼비아 대학교와 유니언 신학대학교에서 각각 문학 석사와 신학 석사 학위를 받았습니다. 1948년부터 1951년까지 스위스 제네바의 세계기독교학생동맹의 간사를 맡기도 했습니다. 1951년에 고국으로 돌아온 그는 2년 후 난징 진링 협화신학원 원장으로 활동하면서 중국기독교삼자애국운동위원회(중국삼자회)의 설립에 기여했습니다. 1955년에는 영국 성공회로부터 중국 성공회 저장 교구 주교로 임명됐습니다. 그러나 1980년부터는 중국기독교협회 회장을 맡은 이래 중국 성공회의 해산을 주도했습니다.

그는 부총리급에 해당하는 정협 부주석을 4회 연속 맡으면서 삼자교회의 상징임을 과시했습니다. 1997년부터 중국삼자회 명예 주석과 중국기독교협회 명예 회장을 맡으면서 후배들에게 길을 터 주었습니다. 1998년, 딩광쉰을 중심으로 '신학 사상 건설 운동'이 일어나면서 해외 신학 사상과의 접촉을 통한 '중체서용'(中體西用), 즉 중국 특색의 신학 이론을 제시했습니다. 2008년을 기점으로 삼자교회의 리더십이 상당히 젊어진 것은 사실이지만, 그의 사망이 삼자교회의 한 시대가 공식적으로 막을 내렸음을 보여 준다는 데는 이론의 여지가 없을듯합니다.

변화의 조짐

활짝 열린 시진핑 시대에는 서구적 가치로도 동의할 만한 종교 자유가 실현될 수 있을까요? 아직 갈 길이 멀다는 것이 중국 선교 전문가들의 중론입니다. 미국 인권 단체인 중국구호협의회(China Aid Association)에서 펴낸 "2011년 중국 가정교회 박해 보고서"에 따르면, 2010년에 전국적으로 93곳에서 가정교회에 대한 대대적인 검거 작전으로 1,289명(교회 지도자 267명)이 체포, 구금되고 교회 지도자 4명이 교도소에 수감됐습니다. 고문 사건은 24건으로 대상자는 76명에 달했습니다. 2006년에는 46곳에서 검거 작전이 펼쳐져 650명이 체포되고 17명이 교도소에 보내졌습니다. 반면에 고문 사건은 4건으로 대상자는 7명에 불과했습니다.

이 보고서를 보면 베이징 등 대도시의 가정교회 지도자와 그리스도인 법조인, 인권운동가에 대한 박해가 보다 조직적으로 이뤄지고 있음을 확인할 수 있습니다. 2008-2009년에는 가정교회 지도자와 도시의 가정교회, 2010년에는 기독교 인권 변호 단체 등에 대해 주로 이뤄지던 제약이 2011년을 기점으로 전방위로 확대되고 있음을 엿볼 수 있습니다. 이 때문에 가정교회 지도자들은 "중국에 법률적 종교 자유가 있다고 하지만 종교 활동의 자유는 극히 제한되고 있음을 알아야 한다. 한인 선교사들이 꾸준히 추방되고 있는 것이 이와 같은 사실을 잘 보여 준다"고 목소리를 높였습니다.

CCA의 보고서 등 중국 상황에 정통한 소식통에 따르면, 중국 정부의 압박은 일반적인 가정교회 지도자, 도시 가정교회, 변호사 등 기독교 인권운동가, 영향력 있는 가정교회와 그리스도인, 외국인 선교사 등으로 세분해서 이뤄지고 있습니다. 2007년, 추방 작전 '타이펑 5호'에 따라 외국인 선교사가 100명 이상 추방된 이래 해마다 선교사들이 사역지를 등져야 했습니다.

과거에는 체포 대상을 구체적으로 나누지 않았지만, 2006년부터는 이에 대한 구분이 명확해졌다는 주장이 설득력 있죠. 2007년에 체포된 그리스도인 가운데 지도자는 415명이나 됐습니다. 지역도 과거에는 농촌 교회가 주종을 이뤘지만, 도시화의 급속한 진척에 따라 신흥도시 가정교회로 옮겨 갔습니다. 2007년에 체포된 693명 중 도시에서 500여 명이 붙잡혔습니다.

2011년 10월, 티베트 자치구 라사(拉薩)에서 11명의 가정교회 지도자와 그리스도인들이 체포돼 한 달간 구금 상태에 있었고, 티베트어 성경책 2,000여 권이 몰수됐습니다. 전국적으로 주요 교회 지도자들이 실형을 받는가 하면, 가족과 함께 연금 상태에서 생활해야 했습니다.

중국에서 종교는 공산당과 정부의 정치적 권위를 인정하며 지도를 받아들이고, 당과 정부의 정책을 관철시켜야 합니다. 이 때문에 앞에서 언급한 것 같은 탄압의 사례가 심심치 않습니다.

그럼에도 불구하고 분명한 것은, 중국에서 "종교는 아편"이라는 '교조주의적 종교관'이 사라졌다는 점입니다. 이는 2007년 12월 18일, 중국 공산당 정치국 제2차 집단학습 시간에 후진타오 당 총서기가 한 연설에서도 엿볼 수 있습니다. 그는 "중국적인 사회주의 건설을 위해 법의 테두리에서 종교 관리와 종교 자유 정책을 전면적으로 실시해야 한다"고 역설했습니다. 또한 종교 단체들이 더 많은 종교 교직자를 선발하고 양성할 뿐 아니라 자주 능력을 높이고, 종교인들은 민족 단결과 경제 발전, 조화로운 사회 건설, 조국 통일 등에 기여해야 한다고 주문했습니다. 후진타오 시대의 종교 정책인 '종교사무조례' 시행 후 최고 지도부가 얼마나 종교 문제에 관심을 갖고 있는지를 보여 주었습니다.

중국 교회 하면 떠올리게 되는 단어인 '4다(四多) 현상'이 점차 희미해지고 있습니다. 과거에는 교회 구성원 가운데 젊은이보다는 노인이, 고학력자보다는 저학력자가 많았습니다. 남성보다는 여성이 월등히 많았습니다. 또 도시보다는 농촌 중심의 교회였습니다. 그러나 개혁·개방에 따른 경제 발전과 도시화가 급속도로 이뤄지면서 도시로 몰려드는 농촌 출신의 노동자들뿐 아니라 기업가, 교수, 문인, 화가, 연예인, 해외 유학파 가운데도 그리스도인들이 많아지면서 교회 판도가 점차 바뀌게 됐습니다.

목회자들은 해외 유학이나 해외 선교사들과의 지속적인 교류를 통해 직장 선교, 가정 사역, 치유 사역 등 기존의 전통 가정교회에서는 접하지 못한 다양한 훈련 프로그램을 신흥도시 가정교회를 중심으로 중국 현실에 맞게 재구성하여 진행하고 있습니다. 자체 홈페이지를 만들뿐 아니라 〈살구꽃〉(杏花), 〈교회〉(敎會), 〈감람나무〉(橄欖樹) 등 전문 잡지를 펴내는 교회도 늘고 있습니다. 이는 자칫 반지성주의, 신비주의에 휩쓸릴 수 있는 전통 가정교회의 신학적 불균형을 바로잡는 역할도 합니다.

도시 가정교회 지도자 간 모임과 사회적 책임에 대한 논의가 빈번해지면서 목회자들이 '중국인에 의한', '중국인을 위한' 교회와 목회의 모델, 신학과 실천 방안을 찾는 데 힘쓰고 있습니다.

대도시에는 기존 교회 외에 노동자 교회, 상인 교회, 해귀파(海歸派: 해외 유학 후 귀국한 인력) 교회, 문화예술인 교회, 학생 단체 등 다양한 교회 형태가 등장하여 지식인 중심의 예배를 어렵지 않게 찾아볼 수 있습니다. 공산당원 중 신분을 숨기고 교회에 출석하거나 예배 처소를 제공해 주는 이들도 있습니다. 해외에서 신학·목회학 석사는 물론 신학 박사 학위까지 취득한 젊은 목회자들도 늘고 있습니다. 특히 시장경제, 개성화, 브랜드 추구, 인터넷, 스마트폰, 세계화 등에 노출돼 있는 '바링허우'(80後: 1980년대 출생자) 세대에 이어 '지우링허우'(90後: 1990년대 출생자) 세대가 사회 진출을 시작하면서 1970년 이전 세대와는 커다란 차이를 보이고 있습니다.

현재 바링허우 세대 수는 전체 인구의 7분의 1 수준인 2억 명에 달합니다. 지우링허우 세대는 인구의 11.7%에 달하는 1억 4,000만 명에 이릅니다. 이들은 세속화와 관련해 과거 세대보다 쉽게 오염될 수 있지만, 상대적으로 "기독교=외래 종교, 사교, 아편"이라는 이데올로기에는 덜 전염될 수 있는 장점이 있습니다. 그리스도인이 되는 것을 하나의 현상으로 받아들일 수 있는 문화관을 보유하고 있는 것입니다. 특히 이들이 선택할 수 있는 교회가 점점 다양해지고 젊어지고 있다는 것은 좋은 신호라고 볼 수 있습니다. 중국에서 공식적인 예배당을 갖기가 쉽지 않아서 장소를 임차해 예배드리지만, 사고가 유연한 젊은이들에게는 장애 요소가 되지 못합니다. 대학생 성경 공부 모임이 속속 교회 시스템을 갖추면서 집회 장소가 배 이상 늘어난 도시도 있습니다. 지역에 따라 담임 목회자를 당당하게 청빙하는 등 재정 자립도가 높은 교회도 있습니다.

시진핑의 실용주의 노선

시진핑 시대의 종교 정책은 총서기 취임 후 그의 행보를 보면 유추할 수 있습니다. 덩샤오핑은 "공허한 말은 나라를 망치고, 실질적 행동이 나라를 흥하게 한다"(空談誤國, 實幹興邦)고 말했습니다. 최근에 시진핑 총서기가 이 말을 인용한 것은 자신의 리더십을 보여 주는 사례입니다.

시진핑 총서기는 격식보다 실용과 소통, 이미지를 우선하는 리더십을 보이고 있습니다. 2012년 12월 5일, 신화통신에 따르면 시진핑 총서기는 취임 후 처음으로 주재한 중앙정치국 회의에서 지도부 중심의 언론 보도 관행에 대한 개선 방안을 논의했습니다. 뉴스 가치를 기준으로 보도 여부를 결정하고, 글자 수와 방송 시간을 대폭 줄이고, 지도자 발언 등의 개별 보도를 금지하도록 했습니다. 이는 기존의 중국 언론이 지도자의 동정과 회의 내용을 뉴스 가치와는 별개로 중요 기사로 보도해 온 천편일률적 관행을 없애야 한다는 주문이었죠. 과거에도 유사한 상황이 있었기에 지도자 중심의 관행 보도의 행태가 하루아침에 없어지지는 않겠지만, 새로운 스타일을 엿볼 수 있다는 점에서 유의미합니다.

시진핑 총서기는 첫 정치국 회의에서 과거 지도자들이 의례적으로 당의 지도 사상을 강조한 것 대신, 당 간부가 지켜야 할 업무 방식 8계명을 적시했습니다. "가치 없는 정치국원의 동정을 언론에 보도하지 마라"는 것 외에도 "당 간부의 지방 방문 시 교통을 통제하지 마라", "대중을 동원한 꽃다발 증정 등 환영 행사를 하지 마라", "지도자 방문 시 레드 카펫을 걷어치워라" 등의 주문도 덧붙였습니다. 그러면서 시대적 과제라고 할 수 있는 부패와의 전쟁에 매우 단호한 모습을 선보였습니다.

시진핑 총서기 시대의 종교 정책은 실용주의 노선을 추구하되 철저한 법의 집행을 통해 진행될 것으로 보입니다. 그는 베이징 인민대회당에서 열린 헌법 공포 30주년 기념식 연설에서 "공산당은 반드시 헌법과 법률의 범위 안에서 활동해야 한다"고 말했습니다. 당 간부의 임의적 판단이 헌법과 법률보다 중시되는 일을 경계하면서 법치를 확고히 하겠다는 의지를 피력한 것입니다.

그의 종교 정책 기조는 앞선 리더십과 동일하게 당국가와 종교 조직의 통제 메커니즘을 통해 교회에 합법적인 지위를 부여하는 대신, 당국가의 지배를 받는 교회를 더욱 선호할 것입니다. 당국가는 더 이상 극좌적인 수단으로 종교를 말살하지 않을 것이며, 종교 신앙의 자유 정책을 통해 전국의 안정과 단결을 유지하려고 할 것입니다. 그렇다고 당국가가 종교 영역에 대한 관리와 지배를 포기하고 완전히 자유화하는 것은 불가능합니다. 종교는 중국의 장래를 평화적으로 변혁하는 데 쉽게 이용될 수 있기 때문에 당국가는 어쩔 수 없이 관리할 수밖에 없습니다.

시진핑 총서기는 후진타오 시대의 종교 정책을 계승하면서도 독립·자주적으로 종교 세력이 중국의 문화와 역사적 상황에 대한 이해, 사회주의 시장경제의 심화와 갈등 구조 해결 등 중국이 처한 상황에 걸맞게 성장하기를 바랄 것입니다. 중앙정부의 기본 입장은, 전국적으로 정책은 동일하게 집행돼야 하지만 지방정부가 관련 규정을 만들 때 지역과 종교 상황 등 개별적 특성에 따라 다를 수 있음을 충분히 인지한다는 것입니다. 즉, 정책 집행의 자율성을 어느 정도 부여할 수 있다는 것이죠. 종교가 중국 사회의 불안 요소가 되지 않는 한, 해외 종교 세력이나 불온 세력에 의해 중국 교회가 휘둘리고 있다고 판단하지 않는 한, 종교 관리 정책이 보다 탄력적일 수 있다는 것입니다. 그러면서도 한국을 비롯한 해외 선교사들의 활동에는 경계의 시선을 놓치지 않을 것입니다. 대형 교회를 중심으로 한국 교회를 전략적 교류 파트너로 활용해 한국 교회의 중국 선교 정책에 일정한 압력을 가할 개연성도 결코 배제할 수 없습니다.

시진핑을 알면
중국의 미래가 보인다

•

시진핑의 부패와의 전쟁

중국 전문가들은 중국 공산당 총서기이자 국가 주석인 시진핑의 언행을 주목하라면서 이같이 말합니다.

"시진핑을 읽으면 오늘과 내일의 중국을 엿볼 수 있다."

시진핑 주석은 젊은 시절부터 뛰어난 대인 관계와 세련된 정치 감각, 검소함과 청렴성 등이 돋보였습니다. 허베이 성 정딩(正定) 현 서기 시절에는 낡은 군복을 입고 자전거로 출퇴근했습니다. 상하이 시 서기 취임 당시에는 호화스러운 서기 관저를 공산당 원로를 위한 양로원으로 바꾸고, 시에서 제공하는 고급 관용차와 특별열차의 이용까지 거절했습니다.

그가 집권 안정기에 들어 야심 차게 추진 중인 국정 전략의 방침을 요약하면 '4개 전면'의 실현입니다. 4개 전면이란 전면적 소강 사회의 건설, 전면적 개혁 심화, 전면적 의법치국, 전면적 종엄치당을 구현하는 것입니다. 4개 전면을 이루기 위해서는 부패 척결이 매우 중요한 선결 조건입니다.

'온수자청와'(溫水煮靑蛙)란 말이 있습니다. 온도가 천천히 올라가는 물속에 있는 개구리는 결국 뜨거움을 느끼지 못하고 서서히 죽게 된다는 뜻으로, 부정부패의 심각성을 개구리의 죽음에 빗댄 말입니다. 몇 번의 식사, 몇 잔의 술, 몇 장의 카드(기프트 카드) 등 작은 부정이나 부패의 잠재적 위험성이 결국 돌이킬 수 없는 평생의 한이 될 수 있다는 것입니다. 이는 시진핑 주석이 2015년 3월 5일, 베이징 인민대회당에서 열린 양회에 참석한 대표들에게 던진 경고성 멘트입니다. 그는 이날 또 다른 자리에서 "한국에서는 100만 원(약 5,700위안)만 받아도 형사 처벌을 받는다. 여기에는 선물을 받는 것도 포함된다"면서 '김영란법'(부정청탁 및 금품수수 금지법)을 언급하기도 했습니다.

시진핑 주석의 반부패 운동은 중국 최대의 정치 행사인 양회 대표들의 식단과 식사 방식까지 바꿔 놓았습니다. 양회 대표단 숙소의 식당 테이블마다 "음식을 남기지 말자"라고 쓴 팻말이 놓여 있고, 뷔페 식단도 상다리가 휘어질 듯했던 과거의 화려함을 찾아볼 수 없습니다. 대표단 숙소에는 붉은 카펫과 꽃다발은 물론 일회용 칫솔, 치약도 자취를 감췄습니다. 2014년부터는 이름이 적힌 물 한 병을 다 마셔야만 새로 한 병을 더 받을 수 있는 '생수 실명제'가 이뤄지고 있습니다.

주석은 이 같은 사실을 감안이라도 한 듯, 2015년 3월 8일에 광시(廣西) 성 대표단과 만나 "요즘 식당 접시가 바닥을 보인다고 들었다. (대표단) 배에 기름기가 빠진 것 같다"며 뼈 있는 농담을 던졌습니다. 여기서 기름기는 부당 이익을 뜻합니다. 이번 양회에서는 근검절약을 위해 '기념품 안 주고 안 받기', '서로 식사 초대 안 하기', '내용 없는 빈껍데

기 발언 안 하기' 등 18조항의 구체적인 조치가 나오기도 했습니다.

중국 언론과 인민이 요즘처럼 공히 '호랑이(부패 관료) 사냥'에 대해 환호성을 지른 때가 없었던 것 같습니다. 중국 관영 인민망이 2015년 3월 23일에 인용, 보도한 중국사회과학원 청렴정치연구소의 여론조사 결과에 따르면, 응답자의 75.8%가 반부패 운동의 성공을 확신하거나 비교적 확신하고 있는 것으로 나타났습니다. 이는 시진핑 체제가 출범한 2012년에 진행한 동일한 조사에서 60%가 긍정했던 것보다 15.8%가 상승한 수치입니다. 2014년에 반부패 관련 언론 보도는 약 280만 건, 당 감찰기구 중앙기율검사위원회 관련 보도는 95만 건으로 전년에 비해 대폭 상승했습니다.

〈신경보〉(新京報)는 2015년 3월 24일, "100번째 호랑이가 잡혔다"고 대서특필했습니다. 이 보도에 따르면 3월 21일, 중국 공안은 네이멍구 자치구 인민정치협상회의(정협) 전 부주석인 자오리핑(赵黎平)을 평소 가까웠던 여성 리 모 씨를 살인하려고 했던 혐의로 조사했습니다. 일각에서는 자오리핑의 부정부패와 직접 관련 있을 것으로 간주하고 있습니다.

이 기사에 앞서, 중국 공산당 기관지 〈인민일보〉 해외판이 운영하는 웨이신 매체 '협객도'는 자체 분석 자료를 내놓았습니다. 2012년에 시진핑 체제가 들어선 이래 반부패 투쟁을 통해 낙마한 '성부급'(省部級: 우리나라의 장차관급) 관료가 99명에 달한다는 것입니다. 이 중 당과 정부의 고위 관료는 69명, 군 고위 관료는 30명으로 대부분이 남성입니다. 여성은 바이윈(白雲) 전 통일전선 부장, 가오샤오옌(高小燕) 전 인민해방군 소장으로 2명뿐입니다. 당과 정부의 부패 고위 관료 69명의 평균연령은 58세로 50대가 45명, 60대가 19명, 40대가 3명, 70대가 2명 순입니다. 최고령자는 72세인 저우융캉(周永康) 전 정치국 상무위원 겸 정법위원회 서기입니다. 최연소자는 48세인 지원린(冀文林) 전 하이난(海南) 성 부성장으로 저우융캉의 핵심 측근 중 한 명입니다. 〈중국신문망〉(中國新聞網)에 따르면, 2015년 들어 11명의 성부급 관료가 낙마했는데, 양회 이후에만 6명의 호랑이가 잡혔다고 합니다.

과거에는 볼 수 없을 정도의 광범위한 반부패 투쟁을 진두지휘하고 있는 시진핑 주석의 관심사는 가히 깊고 넓습니다. 중국의 모든 현안에 그의 통치 철학이 스며들어 있습니다. 그는 경제에서는 덩샤오핑 이론을, 정치에서는 마오쩌둥 사상을 따르고 있습니다.

시진핑의 노선

"저녁노을 속에 따오기가 날고, 가을 강물과 드넓은 하늘이 어우러진다"(落霞與孤鶩齊飛, 秋水共長天一色).

"삼천 척을 떨어져 내리는 폭포는 하늘에서 쏟아지는 은하수인가"(飛流直下三千尺, 疑是銀河落九天).

시진핑 주석은 2015년 3월 5일, 당나라의 유명 시인 왕발(王勃)의 시 〈등왕각서〉(滕王閣序)와 이백(李白)의 시 〈망여산폭포〉(望廬山瀑布)를 각각 한 구절씩 들면서 과거 중국의 아름다운 환경을 예찬했습니다. 그리고 생태 환경을 파괴하는 행위에 대해 절대로 물렁물렁하게 대응해서는 안 된다고 강조했습니다.

시진핑에 대해 알수록 묘한 매력에 **빠져들게** 됩니다. 중국의 전 · 현직 최고지도자들을 통틀어서 그의 고전 사랑은 남달라 보입니다. 〈인민일보〉가 시진핑 주석의 연설과 기고문에 나오는 297개의 고전 문구를 분석하여 《시진핑의 고전 인용》(習近平用典)이라는 책을 냈을 정도입니다. 이 책에 따르면, 시진핑 주석은 《논어》(論語)와 소동파 소식(蘇軾)의 시 인용을 즐깁니다. 그가 인용한 고전을 좀 더 살펴보면 《논어》가 11번, 《예기》가 6번, 《맹자》가 4번, 《순자》가 3번 인용됩니다. 그가 해외 순방에서 애용하는 논어 구절은 "인자요산"(仁者樂山: 인자한 사람은 산을 좋아한다), "무신불립"(無信不立: 믿음이 없으면 바로 설 수 없다) 입니다.

2014년 9월, 스승의 날에 시진핑 주석은 "교과서에서 고대 경전의 시가와 산문을 빼는 것을 찬성하지 않는다"고 말했습니다. 그는 중화민족의 위대한 부흥이라는 '중국의 꿈'을 실현하려면 물질의 풍부에 못지않게 정신적인 부유함이 뒷받침돼야 한다고 믿고 있습니다.

2014년 7월 4일, 서울대학교에서 한 연설에서는 명나라의 소설 《금병매》(金瓶梅)에 나온 문장을 활용해 방한의 핵심 메시지를 전달하며 깊은 인상을 남겼습니다.

"세 척이나 쌓인 얼음도 한나절 추위로 이뤄진 것이 아니다"(水凍三尺非一日之寒).

북핵 문제에 대해 관련국들이 충분한 인내심을 갖고 계속 대화와 접촉을 해야 한다는 것이죠. 중한 관계의 발전에 대한 바람은 이렇게 표현했습니다.

"천 리 저 멀리까지 바라보고 싶어, 다시 한 층을 더 오른다"(欲窮千

裏目, 更上壹層樓).

또한 이 말도 전했습니다.

"꽃 한 송이가 피었다고 봄이 온 것이 아니다. 온갖 꽃이 만발해야 비로소 봄이 왔다고 말할 수 있다"(一花獨放不是春, 百花齊放春滿園).

시진핑 주석을 비롯한 중국 지도부는 외교에 병법(兵法)을 활용하는 데 능해 보입니다. 최근에 뜨거운 감자로 떠오른 아시아인프라투자은행(AIIB)의 문제를 처리하는 모습은 '이이제이'를 연상시킵니다. 서구 국가의 참여를 막아 온 미국에 회심의 일격을 날리고, 국가이익을 주고받으면서 영국, 독일, 프랑스, 이탈리아 등의 AIIB 가입을 이끌어 낸 것은 상대의 분열을 꾀하고, 적으로 적을 제압하는 방식입니다. 결국 미국은 AIIB에 대해 꼬리를 내리게 됐죠.

〈월 스트리트 저널〉의 2015년 3월 22일 보도에 따르면, 미 재무부 국제 담당 차관인 네이던 시츠(Nathan Sheets)는 "세계은행(WB)이나 아시아개발은행(ADB) 등 기존 기관이 (AIIB와) 개발 프로젝트에 공동 투자를 하면서, 그간 기존 기관들이 검증해 온 '운영 규칙'이 지켜지도록 도울 수 있을 것이다"라고 밝혔습니다. 이 같은 입장 선회의 표면적 이유는, 투자 경험이 없는 AIIB가 상환 능력이 부족한 국가를 지원하거나 인권침해 논란이 있는 개발에 손을 대지 않도록 경험이 많은 세계은행이 도와야 한다는 것입니다. 그러나 실제로는, AIIB의 투자대상국이 중국의 이익에 의해 결정되는 등 중국이 AIIB를 자국의 외교정책과 영향력 확대에 활용할 가능성이 높다는 판단에 따른 것입니다.

류젠차오(劉建超) 부장조리(차관보급)는 2015년 3월 16일, 한국에 대해 "사드(THAAD: 고고도 미사일 방어체계)에 대한 중국 측 관심과 우려를 중시해 달라"고 압박하면서 '남의 칼로 적을 공격'하는 '차도살인'(借刀殺人) 전술을 선보였습니다. 그리고 중국은 다음 날 미 전역에 닿을 수 있는, 사거리 1만 1,200km에 달하는 새로운 대륙간탄도미사일(ICBM) '둥펑(東風)-31B'의 발사 실험을 마친 뒤 실전 배치를 시사했습니다. 이는 '성동격서'(聲東擊西: 상대편에게 그럴듯한 속임수를 써서 공격한다) 전술을 떠올리게 합니다.

주석이 앞으로도 유지할 정치와 경제 노선은 자유경제와 일당(一黨) 집권을 동시에 일구는 것과 '중진국의 함정'을 성공적으로 벗어난 싱가포르 모델의 중국적 토착화 방식인 '강한 국가와 법치', '공산당의 책임제 정부'일 가능성이 커 보입니다. 이는 남이 뭐라 하든지 자신의 혜안을 믿고 자신만의 길을 확고하게 걸으며, 효율적이고 힘 있는 집권당으로 난제를 극복하는 것입니다. 동시에 핵심적인 소수 엘리트를 매우 효율적으로 활용하는 방안입니다.

철저한 자기 관리

시진핑 주석의 행보와 함께 향후 그를 그림자처럼 보좌하며 대내외 정책을 주도해 온 핵심 참모 7인방도 주시할 만합니다. 왕후닝(王滬寧) 중앙정책연구실 주임, 리잔수(栗戰書) 중앙 판공청 주임, 딩쉐샹(丁薛祥) 총서기 판공실 주임, 리수레이(李書磊) 푸젠 성 선전부장, 허이팅(何毅亭) 중앙당교 부교장, 류허(劉鶴) 국가발전개혁위원회 부서기, 중사오쥔

(鍾紹軍) 중앙군사위원회 판공청 부주임입니다.

"살아 있는 제갈량", "은둔의 책사"로 불리는 왕후닝은 장쩌민의 '3개 대표론'[선진 생산력(자본가) 발전 요구, 선진 문화(지식인) 발전 요구, 광대한 인민(노동자, 농민)의 근본 이익]을 만들었습니다. 후진타오를 위해 사람을 근본으로 하고(以人爲本), 전면적이고 협조적이며, 지속 가능한 발전을 추구하는 '과학발전관'과 '조화사회론'을 제공했습니다. 또 시진핑을 위해서는 '중국의 꿈'을 선사한 것으로 알려져 있습니다. 왕후닝이 '일대일로' 건설업무(공작) 지도소조의 수석 부조장을 맡게 됐다는 보도가 2015년 4월 4일에 나왔습니다. 이는 그가 정치 무대에 전면으로 나서는 것이 아니냐는 궁금증을 자아냈습니다.

리잔수는 시진핑 주석의 비서실장 겸 경호실장으로 중국판 '문고리 권력'입니다. 시진핑 주석의 연설문 초안 작성자인 리수레이는 14세에 베이징 대학교에 입학한 신동입니다. 중앙당교에서 20년 넘게 문학을 연구하여, 시진핑 주석 연설문에 고사성어와 문학적 표현을 담는 데 일조했다는 평가를 듣습니다. 허이팅은 반부패 투쟁의 이론적 근거를 제시하고 관료주의, 형식주의, 향락주의, 사치 풍조 등 '사풍'(四風) 척결을 위한 '8항 규정'을 만드는 데 일조했습니다. 류허는 중국 경제가 초고속 성장을 끝내고 연 6-7%씩 커 가는 중속(中速) 성장 시대에 접어들었다는 의미의 '신창타이'(新常態, new normal)라는 말을 서구에서 도입해 '시진핑표 경제 개혁'을 돕고 있습니다. 중사오쥔은 군부 내에서 시진핑의 목소리를 전달하는 창구 역할을 하고 있습니다. 2007년, 시진핑 주석이 상하이 서기 시절에 발탁한 정치 참모인 딩쉐상은 리잔수의 유력한 후임자로 거론되고 있습니다.

"면리장침"(綿里藏針: 부드러움 속에 바늘을 감추고 있음). 시진핑 주석의 행보를 보면 생각나는 성어입니다. 그는 결코 호락호락한 사람이 아닙니다. 중국 인구 14억 명 가운데 제1의 지도자로 등극한 것을 잊지 말아야 합니다. 14억 대 1이라는 세계 최고의 경쟁률입니다.

시진핑 주석은 2015년 3월 17일, 미국의 대표적인 친중파인 헨리 키신저(Henry Kssinger)를 만나 중·미가 '윈-윈'(win-win) 하는 신형 대국 관계를 언급하면서 '칼'(미국과의 대결)과 '웃음'(평화)을 동시에 구사하는 '소리장도'(笑裏藏刀) 병법을 구사하기도 했습니다. 정확한 사실인지는 알 수 없으나 해외 중화권 언론에 따르면, 시진핑과 퍼스트레이디 펑리위안(彭麗媛)의 전 재산은 아파트 한 채를 포함한 부동산 3곳, 은행예금 230만 위안(약 4억 원)에 불과합니다. 연봉은 한화로 했을 때 2,417만 원으로, 오바마 대통령 연봉의 18분의 1, 박근혜 대통령 연봉의 8분의 1 수준입니다. 시진핑 주석은 자기와 주변에 대한 관리가 분명합니다. 현 최고지도부인 상무위원 7명도 1-3채의 부동산과 평균 286만 위안의 예금이 전부라고 합니다.

12

파리든, 여우든, 호랑이든
뭐든지 다 잡는다

●

부정부패 척결로 무너진 지도자들

'권불십년'(權不十年: 어떠한 권력도 10년을 넘지 못함), '의법치국', '반부패 투쟁을 통한 파벌 정치의 종식과 권력의 고도 집중화.' 2015년을 목전에 둔 중국 정치를 보면서 연상되는 단상입니다.

1989년 6월 4일의 톈안먼 사태로 장쩌민을 중심으로 한 제3세대 지도부가 등장한 후 '상하이방', '태자당', '공청단', '석유방'(石油幇: 에너지·석유 업계의 세력) 등 파벌 정치가 굳건히 자리매김해 왔습니다. 또 전통적으로 인치(人治)가 국가권력의 통치 이념 및 수단으로 작동해 왔습니다.

그러나 2012년 11월, 제18기 중국 공산당 전국대표대회에서 시진핑 총서기 체제가 확립되면서 이 같은 공식은 깨어질 기미를 보였습니다. 당대회가 끝난 지 불과 18일 만에 저우융캉(석유방과 쓰촨방의 좌장) 전 정치국 상무위원의 최측근인 리춘청(李春城) 쓰촨(四川) 성 부서기가 쌍규(雙規) 처분을 받으면서, 저우융캉이 최종 타깃이 될 것이라는 소문이 분분했습니다. 쌍규란 당원 자격을 박탈하고 모든 직책에서 면직시키는 공산당 기율위원회의 결정을 말하는데, 이후에는 공안 당국에 의해 사법 처리 수순을 밟게 됩니다. 이 밖에도 1년여 동안 쓰촨 성에 남아 있던 저우 융캉 충성파들과 에너지·석유 업계 라인이 줄줄이 조사를 받고 낙마했습니다.

　시진핑 총서기는 집권 초기부터 "고위 부패 관료인 호랑이와 하위 부패 공무원인 파리를 함께 때려잡아야 한다"고 강조했습니다. 올해는 "여우까지 잡아야 한다"고 말한 바 있습니다. 여우란 부당이득을 취한 후 외국으로 도망간 부패한 공산당 간부들을 의미합니다.

　의법치국은 장쩌민 총서기 시절이던 1997년, 제15기 당 대표대회에서 공식적으로 등장했습니다. 이후 후진타오 총서기 집권기에도 이 문제가 꾸준히 제기됐지만 말뿐이지 실천되지 않았습니다. 그러나 시진핑 체제에서 강력한 반부패 운동이 벌어지면서 '중국식 법치'를 위한 구체적인 방안과 함께 실행에 옮겨지고 있습니다. 2014년 10월, 중국 공산당 제18기 제4차 중앙위원회 전체회의(18기 4중전회)에서 의법치국을 주제로 다양한 제도 장치가 마련됐습니다.

　2014년 의법치국의 절정은, 후진타오 총서기 시절에 당 군사위원회 부주석이었던 쉬차이허우(徐才厚)와 정치국 상무위원이자 정법위원회 서기였던 저우융캉에 대한 사법 처리의 공식화, 그리고 현직 당 통일전선공작 부장이자 전국인민정치협상회의 제12기 전국위원회 부주석인 링지화(令計劃)의 체포일 것입니다. 이들에 대한 메가톤급 반부패 척결은, 보시라이 전 충칭 시 당 서기가 낙마에 이어 종신형을 선고받은 데서 어느 정도 예견됐습니다.

중국 내부에 비교적 정통한 해외 언론 매체 보쉰은 2014년부터 이들을 '신(新)4인방'이라고 명명하고, 2012년에 의기투합해 정권 탈취를 기도했다고 보도해 왔습니다. 의혹 보도의 요지는, 신4인방이 보시라이와 링지화 부장을 정치국 상무위원에 진입시켜 시진핑 체제를 전복하고 권력을 장악한 뒤 장쩌민의 권력까지 제거하려는 계획을 세웠다는 것입니다. 그러나 장쩌민 전 국가 주석이 이들의 움직임을 먼저 간파하고, 시진핑과 힘을 합해 계획을 분쇄했다는 것입니다. 그동안 진위 여부를 정확히 확인할 길이 없었지만, 의혹 대상자 4명이 현재 모두 실각했다는 점에서 근거가 없어 보이지는 않습니다. 중국 전문가들도 보시라이의 몰락 후 쉬차이허우, 저우융캉, 링지화 등의 신4인방 척결이 일정 기간을 두고 이뤄지겠지만 시진핑 체제의 임기 중 반드시 이뤄질 것으로 내다봤습니다.

사실 저우융캉과 링지화에 대한 이상 징후는 2013년부터 감지됐습니다. 2012년 당 대표대회를 통해 정치국 상무위원 체제가 9명에서 7명으로 줄어들면서, 정법위원회 책임자가 정치국 상무위원이 아닌 정치국원의 권한과 역할로 대폭 축소됐습니다. 저우융캉이 과거에 맡았던 정법위원회의 변화와 함께 각 지역의 정법위원회 책임자들이 핵심 권력에서 배제됐습니다. 링지화도 정치국 상무위원은 물론 정치국원조차 되지 못했습니다.

그동안 적잖은 고위 관료들이 부정부패로 낙마했지만, 대다수가 당-정-군보다 상대적으로 권한이 약한 각급의 인민대표대회 또는 인민정치협상회의 간부였습니다. 또 현직보다 전직이 대부분이었습니다. 이 때문에 깃털만 건드리고 몸통은 건드리지 못한다는 등 비아냥거리는 말을 듣기도 했습니다. 그런 점에서 각종 보도를 통해 드러난 신4인방의 부정부패 규모와 내용은 경악을 금치 못하게 합니다.

링지화의 몰락은 예상됐지만, 만만치 않은 상대였기에 시간이 필요했습니다. 산시 성 출신인 링지화 부장은 1979년, 23세에 공청단에 들어간 뒤 중앙선전부장을 지내는 등 승승장구했습니다. 1995년, 당 중앙 판공청에 진입해 중앙 판공실 조사연구실 3조 책임자를 거쳐 조사연구실 주임, 중앙 판공실 주임 등을 맡으며 실력자로 부상했습니다. 중앙 판공실은 당 최고지도부와 당·정 산하 권력기관을 거미줄처럼 연결하는 중추 기관입니다. 우리나라의 대통령 비서실과 경호실을 합친 기능을 갖고 있는 중앙 판공청의 주임은 최고지도자를 가장 가까이에서 보좌하는 실세 중 실세입니다.

그러나 그의 앞날에 적신호가 켜지는 사고가 발생했습니다. 2012년 3월, 그의 아들이 만취 상태로 페라리를 몰고 반라의 여성 2명과 광란의 질주를 벌이다가 교통사고를 낸 것입니다. 이후 링지화 부장이 이 사실을 은폐했다는 보도가 여기저기서 꾸준히 제기됐습니다.

그는 중국의 대표적 석탄 산지인 산시 성 출신의 인맥을 뜻하는 '산시방'을 권력의 기반으로 두고 있습니다. 산시방은 광산 소유주들과 결탁해 풍부한 광물자원에서 발생하는 경제적 이익을 공유해 왔다는 의혹을 받고 있습니다.

공청단 출신으로 후진타오의 복심으로 통했던 그가 시진핑 체제의 출범과 함께 정치국원조차 되지 못한 것은 그의 수명이 멀지 않음을 시사했습니다. 아나나 다를까, 중국 관영 신화통신은 2014년 12월 22일, 당국이 링지화 부장에 대해 심각한 기율 위반 혐의로 조사를 벌이고 있다고 밝혔습니다. 심각한 기율 위반은 고위 인사가 부정부패에 연루된 정황이 있을 때 중국 언론이 흔히 쓰는 표현입니다.

링지화 부장을 체포한 과정은 앞서 저우융캉을 잡아들인 과정과 꼭 닮았습니다. 사정 당국은 저우융캉을 본격적으로 처벌하기 전 그의 지지 세력으로 꼽혀 온 '쓰촨방'과 '석유방'을 초토화했습니다. 중국에서 주요 인물이 낙마할 때는 주변 인물부터 깨끗이 정리됩니다. 사정 당국은 링지화 부장에 손을 대기 전 그의 지지 기반인 산시 성 출신의 차관급 인사 5명을 포함해 20여 명을 체포했습니다.

2014년 6월, 링지화 부장의 둘째 형 링정처(令政策) 전국정치협상회의 부주석이 부패 혐의로 낙마했습니다. 같은 해 7월, 셋째 링팡전(令方針)의 남편인 왕젠캉(王健康) 산시 성 윈청(運城) 시 부시장이 구금됐습니다. 그는 링팡전과 함께 부패에 연루된 것으로 알려졌습니다. 다섯째 링완청(令完成)은 신화통신 기자를 하다가 2000년대에 투자회사 대표로 변신했습니다. 일족의 재산을 관리하던 링완청은 사정 당국에 의해 체포된 뒤, 형 링지화가 뇌물로 받은 금품을 숨겨 둔 산시 성의 비밀 장소를 자백했습니다. 보쉰에 따르면, 들통난 링지화의 뇌물은 황금, 서화, 골동품 등 트럭 6대 분량입니다. 그의 부인 구리핑(谷麗萍)도 자신이 운영하던 창업 지원 조직을 통해 거액의 뇌물을 챙겼을 뿐 아니라, 간첩 혐의로 체포된 CCTV의 유명 앵커 루이청강(芮成剛)과 불륜 관계였다는 이야기까지 나왔습니다.

　신화통신 등 중국언론들에 따르면 지난 7월 20일 당 중앙정치국은 중앙기율검사위원회가 제출한 "링지화의 심각한 당 기율 위반안에 대한 심사 보고"를 통과시켰죠. 링지화는 당적과 공직 모두 박탈당했습니다. 그에 대한 혐의도 가히 광범위합니다. 당의 정치기율, 정치규범, 조직기율, 비밀보장기율 위반, 직무상 편의를 이용한 이익취득, 본인 및 가족의 거액뇌물 수수, 다수 여성과의 간통 등으로 사법 기관의 판단만 남았습니다.

　링지화의 몰락에 앞서 낙마한 저우융캉은 최악의 인사이자 최대 스캔들의 주인공이 됐습니다. 2014년 12월 5일, 당은 그의 당적 박탈과 더불어 그에 대한 검찰 송치 결정을 내리면서 그의 혐의를 뇌물 수수, 직권남용, 매춘, 간통, 당과 국가의 기밀 누설 등이라고 적시해 눈길을 끌었습니다. 기밀 누설 혐의는 그동안 나오지 않았던 내용이죠. 일각에서는 최고지도부의 축재 규모를 해외에 유출한 것으로 보고 있습니다.

　저우융캉이 법의 심판대에 오르자 중화권 매체는 "백계왕(百鷄王)의 몰락"이라고 표현하고, 그의 엽색 행각을 집중적으로 보도했습니다. 백계왕은 100마리의 암탉을 거느린 왕이라는 뜻입니다. 저우융캉은 중국석유천연가스집단공사(CNPC)에 재직하던 시절부터 여성 400여 명과 동침하면서 이 같은 별명을 갖게 됐다고 합니다. 당과 국가의 기밀 누설은 형법상 10년 이상 징역이 가능하며, 뇌물 수수는 사형까지도 가능합니다. 실제로 2000년에 청커제(成克杰) 전국인민대표대회 부위원장, 2007년에 정샤오위(鄭篠萸) 국가식품약품감독관리국 국장이 뇌물 수수로 사형이 집행됐습니다.

저우융캉은 자신의 권력을 이용해 막대한 재산을 축적한 것으로 알려졌습니다. 로이터 통신은 당국이 그의 가족과 측근들로부터 최소 900억 위안(약 16조 3,000억 원)의 자산을 압수했다고 보도했습니다. 이것이 사실이라면, 평생 공직 생활을 한 저우융캉이 미국 미디어의 황제 루퍼트 머독(Rupert Murdoch) 일가의 재산 135억 달러[약 15조 1,200억 원(2014년 미국 〈포브스〉 선정 기준)]보다 많은 돈을 챙긴 것입니다.

중국 공산당 기관지 〈인민일보〉 인터넷판은 2014년 12월 10일, 저우융캉의 행위를 반혁명 분자의 행동으로 간주했습니다. 중국 정부의 의중을 대변한다는 평가를 받는 〈인민일보〉가 저우융캉을 반혁명 분자로 규정하고, 공산당 초기의 배반의 역사를 구체적으로 들춰낸 것은 그에 대해 사형 또는 사형 유예 등 무거운 형벌이 취해질 가능성이 있음을 시사합니다. 저우융캉은 1949년 중국 공산당 정권 수립 후 비(非)정치적 이유로 기소되는 첫 정치국 상무위원이 됐습니다.

그에 대한 사법 처리는 집단지도 체제가 아니라 사실상 시진핑 주석 1인 지배 체제를 강화하는 전환점이 됐습니다. 중국 검찰은 2015년 4월 3일, 부패 혐의로 송치된 저우융캉을 정식 기소했습니다. 그의 주요 혐의는 뇌물 수수, 직권남용, 국가 기밀 누설의 3가지입니다. '세기의 재판'으로 기록될 그에 대한 재판은 톈진 시 제1중급인민법원에서 비공개로 열렸습니다. 지난 6월 11일, 1심 선고 공판에서 그의 부패와 비리 사건과 연관된 가족과 측근들의 이름이 거명됐습니다. 이날 법원은 "저우융캉이 우빙(吳兵), 딩쉐펑(丁雪峰), 원칭산(溫靑山), 저우하오(周灝), 장제민(蔣潔敏)의 이익을 도모하는 대가로 장제민으로부터 73만 1,100위안의 재물을 받았다"고 판시했습니다. 또 "장제민과 리춘청에게 저우빈(周濱), 저우펑(株鋒), 저우위안칭(周元青), 허옌(何燕), 차오융정(曹永正) 등의 경영 활동을 도와주라고 지시했다"고 했습니다. 저우융캉은 측근 역술인에게 국가 기밀을 누설했다는 불명예도 뒤집어썼습니다. 저우융캉과 측근들이 받은 뇌물은 1억 2,977만 2,113위안(약 232억 3,000만 원)에 달했죠. 저우융캉은 결국 무기징역과 정치적 권리 박탈, 개인 재산 몰수의 결정을 받았습니다. 그는 판결을 존중하고 항소하지 않겠다는 입장을 밝혔습니다.

　한편 2014년 6월, 쉬차이허우 전 부주석이 사법 당국의 조사를 받기 시작했습니다. 2000년 이후 14년간 인민해방군 내에서 적발된 부패 분자는 5명에 불과합니다. 그런데 군 부패의 몸통으로 불리는 쉬차이허우의 베이징 호화 주택에서 1톤 이상의 현금과 막대한 보물이 발견된 것으로 전해졌습니다. 2014년 11월 21일, 홍콩의 〈봉황주간〉(鳳凰週刊)은 쉬차이허우가 중국의 각지에 부동산을 보유하고 있으며, 상하이에서 4살 된 그의 손자 이름으로 된 부동산이 최소 4채나 발견됐다고 덧붙였습니다. 그의 개인 운전사도 뇌물을 중개하면서 막대한 재산을 모았습니다. 2014년 3월 15일, 부인과 함께 사정 당국에 끌려간 그는 6월 30일에 당적을 박탈당했습니다. 그리고 부하들의 승진 등을 대가로 막대한 뇌물을 받았다고 자백했습니다. '인민해방군 부패의 몸통'으로 불리며 공산당 당적과 군적, 상장(上將) 계급까지 박탈당한 쉬차이허우는 2015년 3월 15일, 방광암으로 사망했습니다.

속도를 더하는 반부패 투쟁

이처럼 군부가 부패의 온상이라는 오명을 쓰고 있습니다. 2015년 4월 27일까지 반부패 사정을 통해 낙마한 장차관급 이상의 '호랑이' 수는 102명에 이릅니다. 그중 군부 내 호랑이는 33명으로 3분의 1이나 됩니다. 인민해방군 기관지인 〈해방군보〉(解放軍報)(4월 27일자)는 기율 위반과 범법 혐의로 낙마한 군급(軍級, 장성급) 이상의 고위 간부 3명의 명단[잔궈차오(占國橋) 전 란저우(蘭州) 군구 연근부(聯勤部) 부장, 둥밍샹(董明祥) 전 베이징 군구 연근부 부장, 잔쥔(占俊) 전 후베이(湖北) 성 군구 부사령원(부사령관·중장)]을 발표했습니다. 군부가 군급 이상 부패 사범의 명단을 발표한 것은 (지난 1월 15일에 16명, 3월 2일에 14명에 이어) 이번이 3번째입니다.

군부 내 부패 사범 가운데 5명이 연근부와 관련 있습니다. 연근부의 전신은 군구의 후근부(后勤部)로, 사실상 군 자산을 총괄하는 부서입니다. 1999년에 중국이 3군의 연근부 일체화 작업을 하면서 후근부 명칭을 연근부로 통일했습니다. 주된 임무는 재물, 군수 조달, 의료 위생, 교통 운수, 기름, 병영 건설 등입니다. 연근부 수장이 부패 조사를 받은 곳은 광저우, 청두, 선양(瀋陽), 베이징, 란저우 등 5개 군구에 달합니다.

최근에 반부패 운동과 관련하여 유의미한 움직임이 있었습니다. 당 중앙기율검사위원회가 140여 곳의 최고 권력기관에 기율위 인원을 파견하여 상설 기구를 설치하기로 한 것입니다. 이는 성역 없는 부패 척결은 물론 등잔 밑 부패도 모두 때려잡겠다는 의지를 분명히 한 것이죠. 천원칭(陳文淸) 중앙기율검사위원회 부서기는 "140여 곳의 중앙 1급 당과 국가기관 중 아직 기율위의 상주 기구가 설치되지 않은 곳은

80여 곳이다. 여건이 성숙하는 대로 기율위 상주 기구의 설치를 하나씩 늘려 나갈 것이다"라고 밝혔습니다.

이에 앞서 2014년 12월 11일에는 시진핑 총서기의 비서실 격인 중앙 판공청을 비롯해 중앙조직부, 중앙선전부, 통일전선부, 국무원 판공청, 전국인민대표대회, 중국인민정치협상회의 등 7대 기구에 기율위 상주 기구를 설치하도록 결정됐습니다. 이미 기율위 상주 기구가 설치된 곳도 59곳에 이릅니다.

시진핑 체제의 반부패 투쟁은 더욱 속도를 낼 것으로 보입니다. 자신의 비서실 역할을 하는 중앙 판공청에까지 기율위의 상주를 허용한 것은 반부패에 대한 솔선수범의 의지를 보여 줍니다. 특히 중앙기율위원회를 책임지고 있는 당 서열 6위의 왕치산 서기의 정치 영향력이 더욱 커질 것으로 예상됩니다. 최고지도부인 7명의 정치국 상무위원들이 실제로 감찰 대상에 포함될지도 관심사입니다.

13

종교사무조례
시행 10년(2005-2015년)

●

종교사무조례에 담긴 정부의 의도

2015년 3월 1일에 중국 정부의 '종교사무조례'(국무원령 426호) 시행 10년째를 맞이했습니다.

〈법제일보〉(法制日報)는 신종교사무조례의 반포와 관련해 국가종교사무국 책임자와의 인터뷰를 통해 조례 반포의 입안 과정을 자세히 소개한 적이 있습니다. 다음은 종교사무국 관계자의 말입니다.

"20세기 1980년대부터 우리나라는 종교 방면의 입법을 탐색하고 실행하기 시작했다. 1994년, '종교활동장소 관리 조례'와 '중화인민공화국 경내 외국인 종교활동 관리 규정'을 반포했다. 정세의 발전과 수요에 근거해 1999년, 신종교사무조례의 조사, 연구 및 초안 작업에 착수했다. 몇 년간 국무원의 유관 부서에서 심도 있는 조사와 연구를 진행했다. 수차례에 걸쳐 종교계 인사와 신앙인 대표, 종교 법률 인권에 대한 전문 학자로부터 의견을 청취했다. 또한 전국인민대표대회와 전국정치협상회의, 각 성 자치구 직할시의 인민정부, 중앙 유관 부서의 의견을 수렴했다. 다른 국가들과 지역의 종교 관련 법률을 연구하고 참고했다. 조례의 입안은 여러 사람의 중지를 모으고 논증을 심화하고 협의를 반복하고 인식을 통일시켜 나가는 하나의 과정이었으며, 민주 입법의 정신을 충분히 구현한 것이다."

총 7장 48조항으로 구성된 종교사무조례는 총 10조항에 불과했던 종전의 '종교활동장소 관리 조례'(국무원령 145호)를 대체한 것입니다. 정부의 종교 관리 능력의 강화와 대만, 홍콩, 마카오 등 해외 종교계와의 사전 허가에 따른 교류 등을 폭넓게 규정하고 있습니다. 특히 국가기관에 개인 또는 단체 이름으로 정식 등록하지 않으면 종교 활동을 할 수 없도록 명시했을 뿐 아니라 종교 시설의 몰수, 불법 소득에 대한 벌금과 구속 등 각종 처벌 조항을 담고 있습니다. 종교 사무 관리를 소홀히 할 경우 행정처분과 형사책임을 져야 합니다. '종교활동장소 등기증'이 없는 종교 시설에 대한 재정 지원, 출판물 제작과 공급 등도 원천적으로 봉쇄됩니다.

조례 시행 전에는 전도자가 부족한 삼자교회는 가정교회 목회자들이나 해외 목회자들을 초청해 각종 수련회를 인도하기도 했습니다. 공안 당국도 이를 얼마든지 파악할 수 있음에도 대대적으로 단속하지는 않았습니다. 물론 해외에서 온 목회자들이 사역 현장에서 체포돼 소정의 벌금을 지불하고 추방되는 일은 간간이 있었습니다. 중국 국가종교사무국은 조례 발효 전후에 미등록 종교 모임을 근절하기 위해 4억 5,000만 위안(675억 원)의 예산을 따로 책정하기도 했습니다.

조례 발효 당시 세계 선교계는 종교사무조례가 '중국판 트로이의 목마'가 될 것으로 우려했습니다. 중국 전문가들은 이 조례가 공산당의 종교 통치라는 '중국형' 종교 자유 관리권의 확대, 그리고 내부 체제의 강화라는 두 마리 토끼를 한꺼번에 잡으려는 노림수라고 봤습니다. 중국 정부가 2008년 베이징 올림픽을 앞두고 당국에 비협조적인 가정교회와 복음주의권 삼자교회와 해외 교계 간 직접 교류와 연대를 끊어버리는 대신 법치국가로의 전환을 대내외에 과시하려는 다목적 카드라고 예상했습니다. 종교 단체, 종교 활동 장소, 종교인들의 합법적인 권익을 보호한다는 명분 아래 제정된 종합 행정 법규지만, 내용을 꼼꼼히 따져 보면 건전한 교회의 축소와 해외 선교계의 중국 내 활동의 제약을 노리고 있기 때문입니다. 실제로 1994년, '중화인민공화국 경내 외국인 종교활동 관리 규정'(국무원령 144호)과 '종교활동장소 관리 조례'가 공표된 후에 해외 선교사와 가정교회 지도자에 대한 체포와 처벌, 가정교회 활동에 대한 조사가 강화됐던 전력이 있습니다.

중국 정부가 종교사무조례로 얻으려 했던 것은 무엇일까요? 〈인민일보〉의 2004년 12월 19일자 보도를 보면 의도를 쉽게 읽을 수 있습니다. 〈인민일보〉는 "법에 의한 신앙의 자유 보호"라는 제목으로 다음과 같이 보도했습니다.

"중국 공산당 13기 3중전회 이후 중국은 종교 분야의 법제화를 대단히 중시해 왔다. 국무원은 '종교활동장소 관리 조례'와 '중화인민공화국 경내 외국인 종교활동 관리 규정'의 두 가지 종교 분야 행정 법규를 반포했고, 각 성 자치구는 지역성을 띤 종교 법규 혹은 행정 규정 55가지를 반포했다. 그러면서 종교 관리 업무는 지속적으로 제도화, 법제화의 길을 걸어왔다. 그러나 개혁이 심화되고 확대되면서 종교 분야에도 수많은 새로운 상황과 문제가 나타났고, 기존의 법규만으로는 상황의 발전 추세를 전면적으로 대처할 수 없게 됐다. 이 때문에 종합적인 행정 법규를 제정해 국가의 이익과 사회의 공익에 밀접하게 연관돼 있는 종교 업무에 대해 조정과 규범화의 작업을 할 필요가 생겼다."

"조례는 민주 입법의 원칙을 충분히 지켜 장기간의 연구 조사를 하고, 각 분야의 의견을 반복해서 듣고, 뜻을 모아 이익을 넓히려는 작업의 결과로 탄생했다. 조례는 특히 종교계 인사와 신앙인들의 의견을 모아 그들의 보편적인 요구와 생각을 반영했다."

"조례는 종교 분야의 종합적인 행정 법규로서 공민들의 종교 신앙의 자유를 보장하고, 종교 간 화해와 사회의 조화를 지키며, 종교 관리 업무를 규범화하는 것을 목적으로 한다. 종교 단체, 종교 활동 장소 및 신앙인의 종교 활동, 종교 교육기관 설립과 운영, 종교 서적 · 잡지 · 출판, 종교 단체의 재산 관리, 대외적인 교류 등의 다양한 권리를 법이라는 형식으로 한다. 그리하여 의법 행정, 법치 정부 건설이라는 시대의 요청에 걸맞도록 정부의 행정관리 분야를 규범화한 것이다."

"공민은 종교 신앙의 자유를 누릴 권리를 가짐과 동시에 법률 규정을 이행할 의무를 지닌다. 조례는 종교 신앙을 가진 공민과 종교 신앙을 갖지 않은 공민, 각기 다른 종교 신앙을 가진 공민이 서로 존중하고 화목하게 함께 살아가야 함을 규정한다. 종교 단체, 종교 활동 장소 및 종교 신앙을 가진 공민은 반드시 법률 법규 규정을 준수하고, 국가의 통일과 민족의 단결과 사회 안정을 지켜야 한다고 규정한다."

"또한 조례는 종교를 이용해 국가의 안전, 공공의 안전을 위해하는 불법적 범죄 활동에 대해서는 법에 따라 제재하도록 규정하고 있다. 이러한 규정은 연합국의 인권선언문이나 공약의 정신과 일치하는 것이다. 중국의 기본 정신을 근거로 종교 문제를 적절하게 처리하는 것은 한편으로 중국 공산당의 정치력과 지도력의 수준을 보여 주는 것이다. 오랫동안 중국 공산당은 종교 문제에 대한 기본 관점과 기본 정책을 형성하여, 종교계 인사와 수많은 신앙인들의 충심 어린 지지를 받아 실천 과정이 정확했음을 입증했다. 조례는 당의 종교 업무와 관련된 방침이나 정책을 제도화하고 법제화한 것이며, 수십 년 동안 종교 업무를 해 오면서 얻어 낸 것이다."

"조례가 반포돼 실시되면, 새로운 상황 가운데 종교 업무에 대한 당의 지도력을 강화하며 개진하고, 신세기에 맞는 종교 업무를 진행하는 기본 방침을 관철하는 데 유리하다. 각급 정부에서 종교 업무를 전면적으로 법에 따라 처리해 종교 업무의 법제화를 가속화하는 데 도움이 될 것이다. 각급 당 위원회, 정부 및 유관 사회단체는 모두 조례를 잘 학습하고 선전하고 관철하여 조례가 제대로 실행되도록 해야 할 것이다."

강화되는 종교 단속

조례 시행과 더불어 중국에서 활동하던 선교사들이 추방되기 시작
했습니다. 그동안 탄압 속에서도 굴하지 않던 가정교회는 물론 가정교
회와 교류하던 복음주의권 삼자교회에도 직격탄이 날아왔습니다. 중
국 정부는 허난 성 등지에서 가정교회 지도자들을 체포하고 교회의 문
을 닫게 할 뿐 아니라, 해외 선교사들을 대거 추방시키기 위한 '타이핑
5호'라는 비밀 작전을 수행했습니다. 중국 정부가 자국에서 활동하는
외국인 그리스도인들의 길들이기에 나설 것이라는 전문가들의 예측이
현실로 드러난 것입니다.

타이핑 5호로 인해 2개월간, 10년 이상 중국에서 활동해 온 선교사
100여 명이 불법 종교 활동을 했다는 이유로 강제 출국됐습니다. 추
방 대상도 미국, 한국, 싱가포르, 캐나다, 호주, 이스라엘 등지에서 온
시니어(senior)급 선교사들로 광범위했습니다. 특히 이들이 가정교회와
매우 밀접한 관계를 맺고 있었다는 점에서 얼마나 치밀하게 준비해 왔
는지를 알 수 있습니다. 타이핑 5호의 타깃에는 그때까지 무풍지대나
다름없었던 중국 내 한인 교회도 있습니다. 베이징의 대표적인 한인
교회가 문을 닫게 됐습니다. 이로 인해 중국 내 많은 사역자들이 몸을
낮추게 됐습니다.

중국 정부가 갖고 있는 선교사들에 대한 X파일은 언제든지 꺼내 들
수 있는 카드입니다. 조례 시행 10년에 앞서 수년 전부터 해외 선교사
들에 대한 치밀하고 조직적인 감시와 조사, 재입국 불허 또는 추방이
꾸준히 이어지고 있습니다. 아울러 저장 성, 허난 성 등지에서 교회 폐

쇄와 십자가 철거 등이 이뤄지고 있습니다. 크리스마스를 앞둔 2014년 12월 16일에도 허난 성 난러(南樂) 현에 있는 삼자교회가 강제 철거됐습니다. 이 교회는 담임 목사가 사회질서 교란으로 징역형을 받은 뒤 철거 표적이 됐습니다. 많은 그리스도인들로 인해 '중국 내 예루살렘'으로 불리는 원저우에서도 지난해 상반기에만 교회 6곳이 폐쇄됐습니다. 원저우 시 교육 당국은 초·중·고등학교와 유치원에 크리스마스 관련 행사를 금지하는 통지문을 보냈습니다.

왕쭤안 국가종교사무 국장은 2014년 12월 26일, 종교 정책 관련 회의에서 "불법 종교의 근절을 위해 정부 인정 종교 시설에 대한 기본 정보 입력, 데이터베이스 구축 등 모든 작업이 최장 2년 내에 완료될 것이다"라고 하면서 종교 시설의 온라인 공개 계획을 밝혔습니다. 공개할 정부 인정 종교 시설에는 불교와 도교만 포함되고, 기독교와 천주교 등 다른 종교는 포함되지 않았습니다. 왕쭤안 국장은 정보공개로 종교의 신자와 추종자의 이익을 보호하고, 공공 감독의 기능을 강화해 불법 종교의 활동을 막을 수 있다고 자신했습니다. 불법 종교는 물론 해외의 지원을 받는 종교 시설까지 대대적으로 통제하기 위한 사전 조치로 보입니다. 그는 앞서 베이징의 한 교회를 방문하여 "해외 세력이 기독교를 이용해 중국에 침투하는 활동을 단호히 엄단할 것이다. 교회는 공익사업을 적극적으로 전개해야 하고, 종교 단체는 단합하여 '중국의 꿈'의 실현을 위해 노력해야 한다"고 강조했습니다.

한편 중국 정부는 2015년 초부터 신장 위구르 자치구에서 이슬람교의 단속을 대폭 강화하고 있습니다. 〈중국신문망〉에 따르면, 신장 자치구 정부는 2014년 12월 30일, 테러 확산에 대응하기 위해 불법 종교 활동과 이슬람 복장 등에 대한 규제를 담은 '신장 위구르 자치구 종교사무조례'를 개정하고, 지난 1월 1일부터 정식으로 시행하고 있습니다. 당국이 신장 위구르 자치구의 종교 활동에 대한 조례를 바꾼 것은 1994년 이후 20년 만의 일입니다.

〈인민일보〉에 따르면, 이번 조례는 "그 어떤 조직이나 개인도 디지털 출판물, 인터넷, 이동통신, 이동식 저장 매체 등을 이용하여 국가 통일과 사회 안정을 해치고 민족 갈등을 선동하거나 민족 단결을 저해하는 내용을 청취·시청·보관·소지·제작·복제·전파할 수 없다"고 규정합니다. 조례 제37조는 "미성년자는 종교 활동에 참가해서는 안 된다"(未成年人不得參加宗教活動)고 밝힙니다. 미성년자에게 종교적 유인을 하거나 종교 행사에 참가하도록 압력하면 안 된다고 강조한 것입니다. 조례는 총 18개의 새 조항을 넣었고, 그중 10개는 법적 추궁이 따르는 내용입니다. 위법 행위에 대해 관련 설비를 몰수하고 네트워크를 차단할 수 있습니다. 위법 소득에 대해 5,000-3만 위안(89만-539만 원)의 벌금도 물릴 수 있습니다.

조례에 따르면, 신장 자치구에서는 어떤 조직이나 개인도 극단적인 종교 사상을 선양할 수 없고, 극단주의 종교 활동에도 참여할 수 없습니다. 특히 종교라는 이름으로 정상적인 생산이나 경영 활동을 간섭해서는 안 됩니다. 종교가 결혼식이나 장례식 등 민족 풍속이나 생활 습관을 간섭하는 것도 금지됩니다. 인터넷 사이트와 이동통신 등 최첨단 수단으로 극단주의 종교 사상을 확산하는 것도 엄격하게 규제됩니다.

이러한 규정은 이슬람교를 믿는 위구르인들의 종교 활동을 상당히 제약할 것입니다. 극단적 종교 사상의 기준이 애매하고, 그에 따른 자의적 해석이 얼마든지 가능하기 때문입니다. 사실상 이슬람교를 탄압하기 위한 근거로 활용될 수도 있습니다. 특히 히잡(hijab: 머리와 목을 감는 두건), 부르카(burka: 머리부터 발끝까지 전신을 가리는 복장) 등 이슬람 전통 복장을 단속할 가능성이 높습니다. 이미 신장 자치구의 일부 지역에서는 테러 방지라는 명분 아래 공공장소에서 부르카 등을 착용하는 것을 금지합니다. 라마단(이슬람 금식월) 활동도 위축될 수밖에 없을 것으로 예상됩니다.

부인할 수 없는 기독교의 영향력

그러나 중국 정부가 잊지 말아야 할 것이 있습니다. 기독교가 중국 경제성장의 동력이 될 수 있다는 점이죠.

종교 자유와 사업 재단(Religious Freedom and Business Foundation)의 창립자인 브라이언 J. 그림(Brian J. Grim) 대표는 2015년 1월 초, "The First Thing"이라는 제목의 기사에서 왕췬융(王群勇) 톈진 난카이(南開) 대학교 교수와 린신위 베이징 중국인민대학교 교수의 〈중국 경제 리뷰〉(China Economic Review) 2014년 12월호 논문을 인용하여 "기독교가 중국 경제의 성장 동력"이라고 주장했습니다. 왕췬융 교수와 린신위 교수는 "중국 내 여러 지역들의 자료를 분석한 결과, 기독교가 경제성장에 가장 중요한 영향을 미친 것으로 나타났다"고 밝혔습니다. 이들에 따르면 그리스도인들과 기독교 단체는 전체 종교 기관의 약 16.8%를 차지하고 있는데, 이는 5%대를 기록한 다른 종교보다 3배나 많은 수치입니다.

또한 두 교수는 기독교 교리가 경제에 선한 영향력을 끼친다고 주장했습니다. 기독교 윤리는 결과적으로 경제개발뿐 아니라 인류의 발전을 강조하는 동시에, 하나님과 다른 이들에 대한 책임을 강조하기 때문에 세속적인 관점이나 불법을 막을 수 있다는 논리입니다. 이 같은 조사 결과를 고려해 더 나은 종교 정책을 만들어야 한다고 제안했습니다.

그림 대표는 얼마 전 원저우 지역의 교회가 당국에 의해 파괴된 것을 예로 들면서, "지역 당국은 그리스도인들을 엄중하게 단속하고 있다. 그러나 이번 결과의 의미는, 기독교를 심각하게 핍박하는 정부 정책이 재고돼야 한다는 것이다"라고 역설했습니다. 그리고 "제한 정책은 중국 경제성장을 성공으로 이끄는 중요한 부분을 간과하는 것이다. 중국이 경제 규제를 철폐해 수익을 늘려 왔던 것처럼 종교 규제 철폐도 앞으로 10년간 중국의 경제 신화를 유지하는 하나의 방편이 될 수 있다"고 말했습니다.

이는 2014년, 중국의 주요 연구 기관에서 종교가 중국의 정체성에 큰 위협을 가하고 있다는 조사 결과를 내놓은 것과 매우 상반됩니다. 이 보고서는 "중국에서 종교의 '침투'가 사회주의적인 믿음과 함께 성장한 중국의 정체성에 위협을 가하고 있다"면서 서구 민주주의의 유입, 서구 문화의 헤게모니(주도권), 인터넷을 통한 정보의 보급과 종교의 유입을 국가 안전의 네 가지 위협으로 꼽았습니다. "적대적인 서구 세력은 중국에 다양한 방법으로, 넓은 범위를 대상으로 공개적이든 비공개적이든 교묘하게 종교를 주입시키고 있다. 그리고 서구 종교는 매우 선동적이고 기만적이다. 외국 종교의 유입 영향력은 이미 중국 사회의 모든 부분에 퍼져 있다"고 했습니다.

이 보고서에는 티베트, 신장 등에서 불교나 이슬람교를 믿는 사람들이 종교를 이용해 선동하는 분리주의자들에 의해 영향을 받아 사회적 긴장감을 불러일으킬 수 있다는, 어느 정도 의도된 전제가 깔려 있습니다. 기독교 같은 서구 종교의 중국에 대한 기여도 인정하지만, 서구 국가들이 종교와 인권을 이용해 중국 내에서 '화평연변'(和平演邊: 서구 국가들이 전쟁의 수단을 빌리지 않고 공산국가의 내부를 교란시켜서 평화적으로 정권을 무너뜨리려 한다는 의미다. 중국 지도부가 공산국가의 잇따른 붕괴를 우려하면서 한 말에서 비롯됐다)을 불러일으킬 것을 두려워하는 것입니다.

중국 정부는 이 같은 두려움을 비정부기구(NGO)에도 똑같이 적용하고 있습니다. 정부 당국은 대부분의 NGO가 종교를 중심으로 활동하고 있다고 여깁니다. 이들 단체가 중국 공산당의 집권을 방해하지 못하도록 모든 대비를 하고 있습니다. 이런 배경을 알면 지난해 저장성에서 일어난 기독교에 대한 탄압을 이해하는 것이 어렵지 않습니다.

여기서 2007년 10월-2008년 11월에 중국사회과학원 농촌연구소의 위젠룽(于建嶸) 교수가 참여해 진행된 국가 연구 프로젝트 '중국 가정교회의 현황과 미래'가 떠오릅니다. 이를 전후로 중국 사회와 기독교를 연구하는 학자들 중에 가정교회 문제의 '투어민'(脫敏: 금기를 깨고 공개적으로 다루자는 의견)을 주장하는 사람들이 늘어났습니다. 도시의 가정교회는 기독교가 국가에 반하지 않으며, 애국의 모체임을 각인시켜야 할 과제를 안고 있습니다. 중국 정부 또한 교회는 탄압할수록 더 불같이 일어난다는 역사적 사실을 인정해야 합니다. 정부는 교회를 체제 내에 편입시키려 할 때, 삼자회로 무조건 들어오라는 태도보다는 '제3지대'를 마련해 놓고 선택하게 하는 것이 더 현명할 것입니다. 중국 정부는 이미 종교국을 통해 등록을 진행하고 있습니다. 그러나 이 것만으로 가정교회의 우려를 말끔하게 씻기에는 한계가 있죠.

가정교회도 적잖은 문제를 안고 있습니다. 정부와의 갈등 해결의 문제 외에도 교회 내적으로는 세속화와 싸워야 하는 숙제가 있기 때문입니다. 농촌 중심의 리더십과 도시의 신세대 목회자 간의 조화, 국내외 정규 신학교 학위 소유자와 비학위 목회자 간의 파트너십 구축이 필요합니다. 교회가 점차 대형화되면서 단순한 설교자가 아니라 목회자를, 평신도 목회자가 아니라 보다 훈련된 전문 목회자를 요구하는 시대가 됐습니다. 가정이나 아파트 단지에서 은밀하게 집회를 하던 과거와 달리 오피스텔에서 보다 공개적으로 예배드리면서 예배 장소와 형식의 변화가 불가피해졌습니다.

중국 현실에 맞는 사역이 필요하다

종교가 사회주의에 순응해야 하는 종교 정책을 펼치고 있는 중국에서 종교는 단순한 사적 영역에 머물지 않는다는 것을 명심해야 합니다. 중국 역사는 종교에 의한 한 시대의 흥망성쇠가 있었음을 웅변하고 있습니다. 종교를 믿을 자유도 있지만 믿지 않을 자유가 있다는 점에서, 교회는 국내의 정치사회 변화에 대해 세심한 관찰과 배려를 해야 합니다.

사도행전 7-8장을 보면, 스데반 집사가 순교한 뒤 예루살렘 교회가 큰 핍박을 받자 그리스도인들은 유대와 사마리아 등지로 뿔뿔이 흩어집니다. 그러나 이들이 도리어 곳곳에서 복음을 전하게 됩니다. 절체절명의 위기 속에서 그리스도인의 믿음은 더 강해지고, 결국 반전에 성공함을 세계 교회사가 증명하고 있습니다.

중국 교회의 성장세는 누구도 막기 어려울 것입니다. 사회주의 시장경제가 심화되고 발전될수록 중국 인민의 종교심은 더욱 강화될 가능성이 농후합니다. 종교를 가질 수 없다는 내부 규칙이 있음에도 불구하고 공산당 당원 가운데 그리스도인들이 늘어나는 것이 그 좋은 예입니다.

2014년 6월, 한중 기독교 교류 세미나 참석차 내한한 장젠융(蔣堅永) 국가종교사무국 부국장의 말을 다시 음미해 볼까요.

"중국에서 기독교는 1840년 아편전쟁 이후 본격적으로 전해졌다. 서구 열강과의 불평등조약에 따라 선교사들을 통해 전파된 것이다. 한국 기독교의 발전과 역사적으로 분명한 차이가 있다. 중화인민공화국 성립 이전에 중국 기독교는 완전히 서구 선교 기관에 소속돼 있었다. 개혁·개방 이래 모든 종교가 성장하고 있지만, 그중에서도 기독교의 발전이 가장 빠르다. 중국 기독교는 독립·자주를 기본 원칙으로 삼는다. 이 원칙을 지키면서 다른 나라의 종교 단체와 평등하고 우호적인 왕래를 추진할 것이다."

현재 중국에서 '종교=아편'을 공개적으로 밝히는 정부 관계자를 만나기는 어렵습니다. 종교가 사회주의 체제와 충돌한다고 생각하지 않습니다. 종교는 인류 사회에서 빼놓을 수 없는 보편적 현상이자, 모든 인민이 자유롭게 누려야 할 정치적 권리라고 간주합니다. 문제는 외부에서 보는 것처럼 다양한 교회가 있다는 것을 아직까지 받아들이지 않는다는 점입니다. "정부에 등록하지 않은 곳이 있긴 하지만, 우리에게는 하나의 교회(정부에 등록한 교회)가 있을 뿐이다." 이것이 중국 정부 관계자의 일관된 소리입니다.

옹색하지만 어쩔 수 없는 인식이라는 것을 세계 선교계는 동의할 것입니다. 세계 선교계는 지금까지 열심히 해 왔듯이, 중국인과 중국 교회를 존중하면서 중국 현실에 맞는 사역을 이뤄 나갈 수 있도록 가족 같은 도우미가 돼 주기를 바랍니다. 제발 세계를 경영하시는 하나님의 꿈과 비전보다 앞서가지 말았으면 좋겠습니다.

14

중국 선교의 빗장을 연
서구 선교사들

●

　우리를 위해 순교의 첫 열매가 되신 최초의 선교사, 예수 그리스도! 그 사랑은 세계 곳곳에서 밀알처럼 썩어져 더욱 많은 열매를 맺고 있습니다. 지금은 공산화된 중국 땅, 그곳에서 최후까지 선교사의 본분을 잃지 않았던 초기 중국 선교사들의 행적을 따라가 보겠습니다.

　"중국인처럼 사고하고 살라."

　제임스 허드슨 테일러(James Hudson Taylor)의 말입니다. 그는 중국 후난 성 창사(長沙)에서 죽음을 맞이할 때까지 중국인처럼 살았던 선교사입니다. 그는 새로운 선교 패러다임을 제시했습니다. 1865년, 초교파 국제 선교 단체인 중국내지선교회를 창립하여, 믿음 선교(Faith Mission)와 더불어 해안선 선교 시대에서 내륙 선교 시대를 열었습니다.

중국을 사랑한 선교사들

　중국을 거쳐 간 선교사들을 통해 중국 선교의 역사를 돌아볼까요.

"하나님, 저를 어려움이 제일 많은 곳으로 보내 주시고, 가장 축복하기 어려운 사람들 사이에서 일하게 해 주소서."

이는 개신교 최초의 중국 선교사인 로버트 모리슨(Robert Morrison)의 기도문입니다. 그는 영국 런던 선교회가 중국에 파송한 첫 개신교 선교사로, 중국 이름은 마리쑨(馬禮遜)입니다. 그는 중국에서 25년간 사역하면서 10여 명의 개종자밖에 얻지 못했지만, 선교에 대한 열의는 누구보다 뜨거웠습니다. "중국에서 당신이 조금이라도 영향을 끼칠 수 있으리라고 생각합니까?"라며 그의 중국행을 비꼬는 주변의 소리에도 그는 "천만에요. 하나님은 하실 수 있습니다"라고 확고히 대답했습니다.

영국 노섬벌랜드의 모펫에서 태어난 모리슨은 12세에 시편에서 가장 긴 119편을 모두 외울 정도로 총명했습니다. 어릴 때부터 해외 선교의 비전을 가진 그의 꿈이 실현되기까지 적잖은 세월이 필요했습니다. 가족의 반대가 심했기 때문입니다. 1802년에 어머니가 세상을 뜬 후 그는 목회 수업을 받고, 2년 후 런던선교회 해외 선교사에 지원했습니다. 중국 선교를 위한 동역자를 구하기가 쉽지 않았지만 1807년 1월 31일, 그는 홀로 미국행 레미탠스호에 올라 7개월 만에 중국 마카오에 도착했습니다.

그는 2명의 가톨릭 개종자로부터 중국어를 배운 후, 선교 활동을 비밀스럽게 진행했습니다. 동인도회사가 자신들의 상업 활동에 지장을 초래할까 봐 염려해 늘 모리슨의 동태를 감시하며, 중국인을 복음화하는 어떤 일도 해서는 안 된다고 했기 때문입니다. 모리슨은 홀로 외로운 싸움을 해야 했습니다. 그러나 그는 중국 생활 18개월 만에 중국어 사전을 만들 정도로 중국어 실력이 탁월했습니다. 이 때문에 동인도회사는 그에게 번역직을 맡겼습니다. 그는 동인도회사와 우호적 관계를 맺는 것이 선교 사역을 위해 좋다고 판단하여 그들의 제의를 받아들였습니다.

이후 메리 모튼(Mary Morton)과 결혼한 모리슨은 광둥과 마카오를 오가면서 사역하느라, 가족과 오랫동안 떨어져 살아야 했습니다. 그는 성경 번역에 힘써서 1815년에 신약성경을 출간했습니다. 이후 17년 만에 조국을 방문한 그는 명사가 돼 있었습니다. 여기저기에서 강연 요청이 쏟아졌습니다. 그는 중국 선교에 관심 있는 사람들을 위해 중국어 강좌를 개설하고, 여성을 위한 특별 과정도 운영했습니다. 훗날 중국으로 떠난 최초의 여성 선교사 메리 앨더시(Mary Aldersey)가 이 과정을 거쳤습니다.

모리슨은 1826년에 광둥으로 돌아와 중국과 영국 간 갈등을 중재하는 일에 힘썼고 중국어 사전 3권, 중국어판 신구약성서인 《신천성서》 등을 남겼습니다. 그리고 1834년에 하나님 품에 안겼습니다. 격무에 시달린 것이 원인이었습니다. 그는 부름 받는 날까지 하나님을 위해 자신의 일생을 헌신한 사람이었습니다.

"성경을 사랑하거라. 하나님은 거짓말을 안 하신단다. 그분은 너희를 잘못된 길로 인도하지 않으시고, 실수하지도 않으신단다."

제임스 허드슨 테일러는 아버지로부터 늘 이런 말을 들었다고 합니다. 그러나 15세에 반즐리 은행의 하급 직원으로 일하면서 물질주의에 깊이 빠져 하나님을 멀리한 적도 있었습니다. 그러다 17세에 소책자를 통해 회심하게 되고, 중국 선교사로 떠날 것을 결심합니다. 그는 메드허스트(W. H. Medhurst)가 쓴 《중국의 현재와 미래》라는 책을 읽으면서 의료 선교의 중요성을 인식하고, 중국어 공부에 몰두합니다. 그리고 1853년, 중국에서 태평천국의 난이 터지자 의학 공부를 마치지도 못한 채 서둘러 중국으로 갔습니다. 그는 특정 교파의 후원을 받지 못한 터라 늘 궁핍한 생활을 했습니다. 의사자격증을 따지 못하고 목사 안수도 받지 못해 자립 기반이 전혀 없었습니다.

1855년 7월 27일, 그는 우등 민족의 품위를 떨어뜨린다는 선교사들의 우려에도 불구하고 변발을 하고 중국옷을 입기로 했습니다. 또 2명의 중국인 성경 공부 인도자를 세워 또 다른 중국인들을 양육하도록 도왔습니다. 1860년에 영국으로 돌아온 그는 의학 공부와 닝보 방언으로 된 신약성경 출판에 몰두했습니다. 또한 조지 뮐러(George Müller), 찰스 스펄전(Charles Spurgeon) 등과 교류하면서 각 선교회를 순회하고 중국 선교의 중요성을 역설했습니다.

그는 '매일 3만 3,000명의 중국인들이 소망 없이, 하나님 없이 죽어갈 것'이라는 생각에 또다시 중국으로 떠납니다. 그러나 그 과정에서 자녀와 소속 선교사들을 잃어야 하는 아픔을 겪었습니다. 그럼에도 불구하고 그는 절망하지 않았습니다. 결국 그가 세운 CIM은 1882년까지 중국의 모든 성과 몽골까지 선교사를 파송했습니다. 그의 선교 원리와 정책의 영향력은 컸습니다. '케임브리지 7인'은 물론 전 세계의 독립 선교회가 소속된 초교파선교단체(IFMA)와 복음주의선교협의회(EFMA)에 가입한 교회들이 모두 그의 뜻을 따랐습니다. CIM은 1964년에 OMF로 이름을 바꿨습니다.

여기서 CIM의 선교 원칙을 살펴볼까요. CIM은 전혀 다른 선교 운동을 주도했습니다. 종전의 전통적 선교 양식인, 교파 배경으로 안정된 선교비를 지원받는 것과는 전혀 달랐습니다. 교단이나 사람에게 물질 지원을 요청하지 않았고, 오직 믿음으로 하나님께 간구하고 의지하면서 사역을 감당했습니다. 목회자 선교사와 평신도 선교사 간의 갈등도 없었으며, 독신 여성들에게도 동등한 선교의 기회와 자격을 부여했습니다. 그래서 CIM의 선교 정신은 오늘날까지도 탁월한 원칙으로 꼽히고 있습니다.

한 알의 밀알이 되기까지

중국에서 순교한 또 다른 서구 선교사들에 대한 이야기입니다. 중국을 찾은 서구 선교사들은 테러의 타깃이 되곤 했습니다. 1902년, 중국 북부 지방을 강타한 콜레라를 선교사들이 퍼뜨렸다는 소문이 나돌자 2명의 선교사가 폭도들에게 피살되는 사건이 발생합니다. 1893년에 미국 장로교회가 파송한 엘리너 체스너트(Eleanor Chestnut) 박사는 사재를 털어 가며 의료 사역을 펼치던 중, 1905년에 4명의 선교사와 함께 살해됐습니다. 1927년 한 해 동안 해외 선교사의 50%가 중국을 떠난 뒤 다시 돌아오지 않았습니다.

이 같은 생명의 위험 속에서도 많은 여성들이 중국 선교사로 자원했습니다. 그중에는 무디 성경학교 출신으로 중국 장로교 선교사의 딸이었던 베티 스콧(Betty Scott)도 있습니다.

베티는 1931년에 중국으로 떠납니다. 이듬해에 무디 성경학교 1년 후배인 존 스탬(John Stam)을 만나 결혼을 약속하고, 각자 중국어를 배우면서 선교 사역을 준비합니다. 1934년, 베티와 존은 안후이 성에서 사역할 것을 요청받고, 그해 11월 말에 선교지로 이동합니다. 그러나 12월의 첫 주를 지내기도 전에 그들은 공산군의 습격을 받습니다. 존이 중무장한 병사들에게 감금된 채 쓴 편지의 내용을 보면, 당시의 긴박한 상황을 알 수 있습니다.

"그들은 우리(존과 베티와 아기 헬런)를 석방하는 대가로 2만 달러의 몸값을 요구하고 있습니다. 우리의 모든 가재도구와 소유물은 공산군에게 압류당했습니다. 우리는 살든 죽든, 하나님께 영광을 돌릴 뿐입니다."

편지를 쓴 다음 날 존 스탬 선교사 가족은 공산군과 함께 이웃 도시로 향했습니다. 목적지에 도착하자 선교사 가족은 겉옷이 벗겨진 채 시가지를 행진하며 놀림을 당했습니다. 그 뒤 사람들이 보는 가운데 선교사 부부는 공개 처형됐습니다. 불행 중 다행으로 중국인 성도들이 선교사 부부가 처형된 뒤 30시간 만에 빈집에 버려져 있는 헬런을 발견하고, 150km 떨어진 다른 선교사 가정에 아기를 피신시켰습니다.

존 스탬 선교사 부부의 순교 소식은 더 많은 그리스도인 청년들을 선교사로 헌신하게 했습니다. 순교 행렬은 거기서 그치지 않았습니다. 복음을 위해 기꺼이 한 알의 밀알이 돼 준 믿음의 선진들. 그들의 순교의 열매가 오늘날 이 땅 가운데 찬란히 빛나고 있는 것입니다.

1885년, 파란 눈의 선교사들이 중국식 복장과 변발을 하고 중국 전역을 순회하며 복음을 전파하기 시작했습니다. 매일 장거리를 걸어 다녀야 했기 때문에 발에는 심한 상처가 나기 일쑤였습니다. 케임브리지 7인이라고 불린 그들은 영국 학생복음주의 운동과 미국 부흥의 전도자인 D. L. 무디(Dwight L. Moody)의 케임브리지 대학교 전도 집회의 열매였습니다.

"복음화되지 않은 세계를 위해 나의 목숨을 포기하겠습니다."

케임브리지 7인 중 한 명인 C. T. 스터드(C. T. Studd) 선교사의 고백입니다. 그는 부와 명예를 버리고 중국, 미국, 인도, 중앙아프리카 등에서 선교사의 삶을 살았습니다. 미국 대학생 선교 자원 운동(SVM)에 깊은 영향을 미친 그는 복음주의 선교 단체 WEC(Worldwide Evangelization Crusade)의 전신인 HAM(Heart of Africa Mission)을 설립한 선교동원가이자 현장 선교사입니다. 그에게는 오직 "내 삶을 취하시어 감춘 당신을 드러내는 십자군이 되게 하소서"란 이유 한 가지뿐이었습니다.

스터드는 먼저 중국 선교의 사명을 깊이 인식했습니다. CIM 대표였던 허드슨 테일러를 만난 뒤 그는 CIM 협력 회원이 됐습니다. 이어 1885년 2월, 케임브리지 7인이라고 불리는 스탠리 P. 스미스(Stanley P. Smith), 몬태큐 H. P. 비우챔프(Montagu H. P. Beauchamp), 윌리엄 W. 캐슬스(William W. Cassels), 딕슨 E. 호스트(Dixon E. Hoste), 아서 T. 폴힐터너(Arthur T. Polhill-Turner), 세실 H. 폴힐터너(Cecil H. Polhill-Turner) 등 동료 선교사들과 함께 중국으로 떠났습니다. 이는 순교를 각오해야 하는 고난의 시간이었습니다.

스터드는 매일 새벽 2시면 어김없이 일어나 촛불을 밝히고 성경을 읽었습니다. 그리고 4시면 선교 여행길에 나섰습니다. 한 곳에 머물러 있어야 할 경우, 아침 식사 후 중국어로 기도하고 점심 식사 전까지 복음서를 3-4시간씩 읽었습니다. 협소한 잠자리, 바로 옆이 돼지우리인 헛간 같은 방, 벌레들이 득실거리는 불결한 여인숙도 불평의 대상이 되지 못했습니다.

그는 구세군 선교사인 프리실라 L. 스튜어트(Prisilla L. Stewart)와 결혼한 후, 아편중독자 요양소 사역에 힘썼습니다. 7년 동안 요양소에서 약 800명이 치료를 받고 그리스도를 영접했습니다. 그러나 예배당과 그의 집은 파괴되곤 했습니다. 심지어 생명의 위협도 받았습니다.

그는 10년의 사역을 끝내고 영국으로 돌아왔지만, 쉬지 않고 강연과 집회에 열중했습니다. 그러다 심한 과로와 영양부족에 시달렸습니다. 그러나 그에게 휴가란 임지의 변경을 의미할 뿐이었습니다. 그는 무디의 초청으로 미국에서 18개월간 머무르면서 대학생들을 중심으로 집회를 쉴 틈 없이 인도했습니다. 허버트 케인(Herbert Kane)은 "수천 명의 학생들이 그의 집회에 모여들었는데, 때로는 하루에 6차례나 집회를 가졌다. 그리고 이러한 부흥회를 통해 수백 명의 학생들이 해외 선교사로 자원했다"고 당시를 술회했습니다.

1900년에 이르러 스터드는 사역지를 인도로 옮겼습니다. 심한 천식을 앓았지만, 인도 북부의 우타카문드 유니언 교회에서 목회했습니다. 그러던 중 영국 리버풀에서 "식인종은 선교사를 원한다"는 벽보를 보고 아프리카로 떠났습니다. 1931년 7월, 콩고 이밤비에서 숨을 거두기까지 그는 '자기 부인'의 삶을 살았습니다. 그는 진흙 바닥에 대나무와 풀로 만든 초라한 오두막에서 거했습니다. 빛바랜 몇 장의 카키색 담요와 천막용 천으로 만든 베개가 그의 침구였습니다. 그는 '질병 박물관'이라고 표현할 만큼 많은 병에 허덕였지만, 그의 선교 열정에는 아무런 장애가 되지 않았습니다.

다음은 중국의 소수민족인 리수(傈僳)족을 위해 사역한 이소벨 쿤(Isobel Kuhn) 선교사가 하나님의 부르심을 받기 전, 방황의 시절에 드린 기도입니다.

"만일 하나님이 계시다면 살아 계심을 증명해 주세요. 만일 당신이 저에게 평안을 주신다면 저는 당신께 제 일생 전부를 드리겠습니다. 무엇을 하라고 요구하시든지 그대로 할 것이고, 어디로 가라고 하시든지 그곳으로 갈 것이며, 평생 동안 당신께 순종하겠습니다."

그녀는 1920년대에 연극계, 사교계, 학문계에서 두각을 나타냈습니다. 그러다 어머니의 기도와 비극적인 로맨스를 통해 하나님 안에서 진정한 평화를 되찾았습니다. 그녀는 허드슨 테일러와 CIM에 대한 글을 읽고 중국 윈난 성 리수족 선교의 비전을 깨닫게 됩니다. 무디 성경학교를 우수한 성적으로 졸업한 뒤 중국으로 떠났고, 그곳에서 존 쿤을 만나 결혼했습니다. 고난과 이별, 질병, 전쟁 등 최악의 상황도 그녀의 선교 열정을 막을 수 없었습니다. 제임스 O. 프레이저(James O. Frazer) 선교사에 이어 20여 년간 리수족을 위해 사역하다가 1948년, 중국에서 철수해야만 하는 상황에 놓였습니다. 이후 그녀는 태국 소수민족 선교를 이어 갑니다.

1900년, 중국에서 일어난 의화단운동으로 서구 선교사 189명이 죽음을 맞이했습니다. 그중 CIM 선교사가 58명이나 포함됐습니다. 이때 CIM 선교사들이 남긴 편지와 사진을 엮은 책 《순교한 선교사들의 마지막 편지》(로뎀북스)가 2014년에 출간됐습니다. 선교사들은 위험을 피해 산속 동굴이나 움막에 숨어 본국에 있는 이들에게 마지막 메시지를 남깁니다. 다음은 메이 R. 네이슨(May R. Nathan) 선교사의 편지입니다.

"편지를 쓰고 있는 지금은 안전하지만, 이런 상태가 얼마나 오래갈지는 아무도 모릅니다. 물론 도시에 있는 사람들이 우리가 여기 있다는 사실을 알기 때문에 또 다른 마을로 가야 할지도 모르겠습니다. 목요일에 도시에서 남자 2명이 찾아와 우리에게 시골로 피신을 가라고 했습니다. 5년 동안 그곳에 있던 여선교사들을 더 이상 보고 싶지 않다는 것이었습니다."

그녀는 "이 땅을 떠나기에는 아직 준비가 되지 않았고, 한 일도 너무 적다. 조금 더 기다렸다가 가겠다. 아무것도 그리스도의 사랑에서 우리를 떼어 놓을 수 없다"라고 고백했습니다.

"세 번의 짧은 기도를 드렸는데, 몰리의 기도가 채 끝나기도 전에 키타이리가 와서 '빨리 출발하세요'라고 말했습니다. 우리는 인적이 드물고 가파른 길로 오르락내리락하며 숨도 제대로 쉬지 못하고 걸어서 여기까지 도착했습니다."

이 편지를 끝으로 그녀의 메시지는 끊어졌고, 죽음의 소식이 전해졌습니다.

헌신의 열매

중국 언론이 널리 인정한 선교사도 있습니다. 2006년, 〈인민일보〉는 1840년 이래 중국에 큰 영향을 미친 외국인 50명을 선정했는데, 그중 티모시 리처드(Timothy Richard), 윌리엄 마틴(William Martin), 아더 스미스(Arthur Smith), 존 G. 켈(John G. Kerr) 등 4명의 선교사가 포함됐습니다. 중국의 의료 현대화에 기여한 존 G. 켈 선교사를 제외하면 모두 교육 선교에 힘쓴 분들입니다.

존 G. 켈 선교사는 선교사이자 외교관이었던 피터 파커(Peter Parker) 목사의 뒤를 이어 의료 선교를 성숙시켰습니다. 외과, 안과 의사였던 피터 파커 목사는 미국해외선교회(ABCFM)의 파송으로 광저우에서 안과 의원을 개원해 20년 동안 5만 명 이상의 환자를 치료했습니다. 존 G. 켈 선교사는 1885년에 그 안과 의원을 이어받아 종합병원인 박제의원으로 재탄생시킵니다. 또한 병원 내 의학교를 설립하여 중국인 제1세대 의사들을 길러 냈을 뿐 아니라 중국 최초의 정신병원도 설립했습니다.

티모시 리처드 선교사는 산시 대학교의 설립자입니다. 변법자강 운동을 일으키는 데 큰 영향을 끼쳤습니다. 윌리엄 마틴 선교사는 베이징 대학교의 전신인 경사(京师) 대학교의 학장을 지냈습니다. 아더 스미스 선교사는 미국의 지원 자금을 통해 미국 내 중국 유학생들을 도왔습니다. 그는 칭화(清華) 대학교의 전신인 칭화유미(留美) 예비학교와 베이징 협화의학교를 설립했습니다.

중국 선교사로 활동한 뒤 한국 교회의 발전에 기여한 분도 있습니다. 2015년 2월 9일(현지 시간), 미국 프린스턴에서 99세에 소천하신 새뮤얼 H. 마펫(S. H. Moffet. 한국 이름은 마삼락) 박사입니다. 그는 1890년에 한국 선교사로 내한하여 장신대학교(평양장로회신학교)를 설립하고 초대 총장을 지낸 새뮤얼 A. 마펫(한국 이름은 마포삼열) 선교사의 셋째 아들입니다. 그는 한경직 목사와도 가까이 지냈다고 합니다. 마포삼열 목사가 평안남도의 자작이란 동네에서 전도하다가 만난 가족이 한경직 목사의 조부와 부친입니다. 한경직 목사가 별세했을 때 그가 추도사를 낭독했습니다.

1916년에 평양에서 태어난 그는 미국 휘튼 대학교, 프린스턴 신학교를 거쳐 예일 대학교에서 교회사로 박사 학위(Ph.D.)를 취득합니다. 그리고 중국 선교사로 파송돼 1951년까지 난징 협화신학교의 교수로 활동합니다. 이후 장신대학교의 교회사 교수와 대학원장, 신학연구 선교센터 초대 소장 등을 역임했습니다. 연세대학교, 숭실대학교, 대한성서공회의 이사로도 활동했습니다.

한국 그리스도인의 입장에서 잊어서는 안 될 선교사가 있어 마지막으로 소개합니다. 1866년, 26세의 나이에 선교 사역을 위해 제너럴셔먼호를 타고 두 번째로 조선에 입국했다가, 평양 대동강에서 죽음을 당한 로버트 J. 토머스(Robert J. Thomas) 선교사입니다. 그는 원래 런던 선교회 하노버 교회에서 1863년 7월 21일에 상하이로 파송한 선교사입니다. 그는 중국에 오기 전부터 중국어 설교가 가능할 정도였습니다. 이듬해에 그는 상하이에서 아내와의 사별이라는 아픔을 겪게 됩니다.

토머스 선교사는 런던선교회 상하이 지부장인 윌리엄 뮤어헤드 (William Muirhead)와의 갈등 때문에 사역지를 산둥 성 옌타이(煙臺)로 옮겨야 했습니다. 그리고 그곳에서 조선인들이 성경에 대해 매우 무지하다는 소식을 접하게 됩니다. 이에 1865년 9월 4일, 천주교인 김자평, 최선일과 함께 한문 성경을 배포하려고 조선으로 건너갑니다. 그는 서해안 지방에서 2개월 반을 지내면서 조선어를 배우기도 했습니다.

이에 앞서 저장 성 닝보와 산둥 성 등지에서 활동하면서 조선 선교사들에게 '자립'(自立), '자치'(自治), '자전'(自傳)의 '삼자'(三自) 선교원칙을 심어 준 존 L. 네비우스(John L. Nevius) 선교사, 중국 만주에서 사역하면서 조선의 첫 개신교 세례자인 이응찬, 백홍준, 이성하, 김진기와 함께 최초의 한글 성경 번역에 힘쓰고 토착 선교 이론을 제시한 존 로스(John Ross) 선교사와 존 맥킨타이어(John McIntyre) 선교사, 중국에서 10년간 사역한 뒤 44세에 내한하여 배화학당을 세운 조세핀 P. 캠벨(Josephine P. Campbell) 선교사도 기억해야 할 분들입니다.

태국과 중국에서 사역한 칼 귀츨라프(Karl F. A. Gutzlaff) 선교사도 빼놓을 수 없습니다. 그는 조선에 온 첫 번째 개신교 선교사입니다. 우리나라에서 최단기간 체류하면서 최초의 우리말 주기도문 번역과 감자와 포도주 재배 교육, 의료 활동을 펼쳤습니다.

  수많은 선교사들이 미지의 땅 중국으로 떠났습니다. 그들이 추구했던 것은 명예도, 부귀영화도 아니었습니다. 중국의 잃어버린 하나님의 백성에 대한 거룩한 부담감을 갖고 있었을 뿐입니다. 순교하기까지 복음 전파에 열심이었던 그들의 불퇴전의 믿음을 한국 교회가 본받을 때, 하나님의 시간표에 따라 선교 중국의 꿈이 한국인, 중국인, 그리고 전 세계 그리스도인들의 동역으로 이뤄질 것입니다.

15

중국 교회의
정신적 지주들

•

1807년, 첫 개신교 선교사인 로버트 모리슨이 중국에서 사역하기 시작한 이래, 1842년에 난징조약이 체결되기 전까지 개신교 선교사는 24명, 세례 받은 성도는 20명에 불과했습니다. 제임스 허드슨 테일러가 중국내지선교회(CIM)를 설립한 1865년, 중국에서 사역하는 개신교 기관은 30개 정도였습니다. 당시 선교사 91명이 활동하던 7개 지역에는 중국인 2억 400만 명이 거주하고 있었습니다. 반면에 중국인 1억 9,700만 명이 거주하던 다른 지역에는 단 한 명의 외국인 선교사도 없었습니다.

외국인 선교사 수는 1900년 1,500명에서 1919년 6,636명으로 20년 간 4배 이상 증가했습니다. 선교사 국적은 영국과 미국이 주를 이뤘습니다. 1900년에 영국 선교사는 1,400명, 미국 선교사는 1,000명, 유럽 선교사는 100명 정도였습니다. 1900년에 중국인 성도는 8만 5,000명, 1906년에는 17만 8,251명, 1920년에는 36만 6,524명으로 20년 동안 성도가 4.3배나 증가했습니다. 중국인 목사는 1906년에 345명에서 1919년에

1,065명으로 3배나 늘어났습니다. 1910-1940년에는 중국 교회 안에 '기독교의 중국화', '중국 문화의 기독교화', '신학의 토착화', '경제적 자립'을 추진하는 움직임도 있었습니다.

1807년 이래 140여 년간 서구의 엄청난 인적 자원과 물적 자원이 투입됐지만, 중국을 복음화하기엔 역부족이었습니다. 설상가상으로 1949년, 중국 대륙이 공산화되면서 교회의 미래를 결코 기약할 수 없게 됐습니다. 그러나 하나님은 복음 앞에서 순교까지 불사하는 주님의 일꾼을 준비해 두셨습니다. 특히 중국 가정교회는 정부의 강압과 더불어 교회 내의 극단 내지 이단의 발흥으로 큰 어려움을 겪어 왔습니다. 한국 교회는 이에 대해 올바로 이해하고, 균형 잡힌 중국 선교를 위해 건강한 가정교회와의 연대를 시도해야 합니다. 오늘날 가정교회가 든든하게 서게 된 것은 걸출한 인물들이 있었기 때문입니다. 그들은 복음만을 전하려고 애쓰며, 온갖 위협에도 굴하지 않았습니다.

하나님이 준비하신 사람들

중국 정부의 압력에 맞서 20년간 옥살이를 하면서도 굴하지 않았던 왕밍따오(王明道) 목사는 원래 링컨 대통령 같은 정치가가 되기를 꿈꾸던 청년이었습니다. 그는 1920년, 자신의 죄를 철저히 고백하며 하나님의 사도로 살 것을 결심합니다. 그 후 스웨덴 선교사와 함께 사역하면서 〈영의 양식〉이라는 잡지를 발행하여 복음 전파에 힘썼습니다. 1925년에 가정교회를 개척한 데 이어 1937년에는 베이핑(北平) 기독교회당을 세웠는데, 그 교회는 1958년부터 소년 활동 중심으로 바뀌었습니다.

왕밍따오 목사는 그리스도인들의 고매한 인격을 중시하고, 서구 교회로부터의 물질적 후원을 거부하며 중국 교회의 자립화를 실천했습니다. 성경 중심의 신앙생활을 강조하는 동시에 자유주의신학을 반대했습니다. 그는 세계적인 화교 교회 지도자인 토머스 왕 목사를 양육하기도 했습니다. 중국 대륙이 공산화된 이후 중국기독교삼자애국운동위원회는 여러 차례 그에게 압력을 가하며 회유했지만, 그는 거절했습니다. 자립, 자양, 자전을 내세우는 삼자교회의 주장이 1942년에 일본인들과의 협상에 의해 만들어진 화북기독교연합촉진회의 정신과 매우 흡사하다고 판단한 것입니다.

1955년 8월, 설교를 마치고 강대상에서 내려오던 왕밍따오 목사는 긴급 체포돼 베이징 감옥에 구금됐습니다. 당시에 삼자회의 기관지 〈톈펑〉(天風)은 그 사건을 비중 있게 다뤘습니다. 1956년 9월, 그는 잠시 석방되었는데 석방 조건은 삼자회에 참여하는 것이었습니다. 그러나 그는 1차 구금 시 한순간의 잘못된 증언 때문에 출감하게 된 것이라며 하나님과 교회 앞에서 철저히 참회했습니다. 이 때문에 그는 삼자회의 고발로 다시 감옥에 투옥되었고, 그 후 20여 년간 감옥에 있었습니다. 왕밍따오 목사는 무기징역, 그의 아내 류징원(劉景文) 사모는 15년형을 선고받았지만 그들은 감옥에서도 찬송과 기도를 멈추지 않았습니다.

1980년 1월에 출감한 왕밍따오 목사는 오랜 감옥 생활과 고초로 두 눈이 모두 실명되었습니다. 그러나 그는 자신의 20여 년의 감옥 생활에 대해 "그리스도와 밀월기를 보냈다"고 간증했습니다.

가정교회의 신학 형성에서 가장 큰 영향을 끼친 인물로는 워치만 니 (Watchman Nee, 倪柝聲)를 꼽을 수 있습니다. 그는 특정 종파를 반대하고, 중생과 영적 성장을 강조했습니다.

푸저우의 기독교 가정에서 태어난 그는 17세에 푸저우 삼일(三一) 학교에서 공부하면서 신앙을 갖게 됐습니다. 1920년, 영국성공회 선교사였다가 탈퇴한 뒤 형제회 소속으로 푸저우에서 활동하던 M. E. 바버 (M. E. Barber. 중국 이름은 허셔우언)를 만나 침례를 받고, 그녀를 영적인 어머니라고 불렀습니다. 바버 선교사는 교회 건물을 짓지 말고 성도들의 집에 집회소를 세워서 평등하게 서로 영적 체험을 나누는 모임을 가질 것을 강조했습니다. 이에 따라 워치만 니는 1922년에 푸저우에서 지방교회를 시작했습니다. 자신의 영적 체험을 기록한《영에 속한 사람》 (생명의말씀사)이라는 책을 발행, 배포하고 7년 후 상하이에서 대규모 집회를 시작하면서 그의 영향력은 커져 갔습니다.

상하이 집회에는 중국내지회, 런던선교회, 장로회에 속한 중국 교회 지도자와 기존의 자립 교회 지도자들이 대거 참석했습니다. 이 집회의 영향으로 많은 사람이 자신의 종파에서 벗어나 지방 교회 형태인 집회소를 세웠습니다. 그중 워치만 니가 이끄는 상하이 집회소는 지방 교회 운동의 중심이 됐습니다.

1931년, 영국형제회의 대표단 8인이 상하이에 도착하여 선교 활동을 펼쳤는데, 워치만 니는 그들의 도움을 받게 됩니다. 이후 런던의 기독인교제센터의 책임자였던 T. A. 스파크(T. A. Spark)를 만나면서 적잖은 영향을 받습니다. 1940년부터 T. A. 스파크가 파송한 영국 선교사들이 상하이 집회소에서 평신도 훈련을 감당했습니다.

그러나 워치만 니는 중국 대륙이 공산화되면서 고난의 길을 걷게 됩니다. 1952년에 중국 정부에 의해 체포된 후 1956년에 상하이 고등법원에서 15년형을 선고받습니다. 1972년에 형기를 마치고 출소했지만, 병으로 곧 하나님 품에 안겼습니다.

워치만 니가 주도한 지방 교회 운동은 각 종파와 선교회에 속한 성도들을 규합시키고, 해외 선교 단체의 영향력을 약화시켰습니다. 그는 특정 교파를 반대하고, 각 지역에 설립된 집회소를 통해 복음 운동을 주도한 인물이었습니다.

쑹상졔(宋尙節)는 중국의 존 웨슬리(John Wesley) 또는 윌리엄 캐리(William Carrey)로 불리는 위대한 부흥사이자 선교사입니다. 그가 15년 동안 중국과 동남아시아 전역을 순회하며 선포한 경건주의 복음주의 신앙은 중국 사회와 교회에 큰 영향을 미쳤습니다.

그는 푸젠 성에서 쑹쉐롄(宋學連) 목사의 아들로 태어났습니다. 아버지의 영향으로 어릴 때부터 교회학교를 도우면서 '작은 목사'라고 불렸습니다. 중학교를 수석으로 졸업한 그는 난징의 진링 대학교에 진학할 계획이었으나, 당시 물리 교사의 추천으로 1919년에 미국으로 건너갑니다. 그리고 오하이오 웨슬리 대학교와 오하이오 주립대학교에서 수학하여 6년 만에 화학 박사 학위를 취득했습니다.

이후 뉴욕 협화신학원에 진학해 신학을 공부하던 그는 1927년에 놀라운 영적 체험을 하게 됩니다. 누가복음 23장을 읽다가 십자가상의 예수를 만난 것입니다. 뉴욕 협화신학원과 신학원장은 영적 세계를 목격한 그를 정신병자로 몰아붙여 정신병원에 입원시켰습니다. 그러나 쑹상졔는 정신병원에 입원해 있던 193일 동안 하나님의 은혜를 더 깊이 체험합니다. 그는 "당시는 하나님이 나를 위해 예비하신 특수 신학원이었다"라고 고백했습니다.

1927년 10월 4일에 귀국한 그는 자신이 공부한 학교가 '신신학'을 주장하는 곳임을 깨닫고는 후회했습니다. 그리고 미국에서 받은 박사 학위증과 각종 장학증서와 상장을 바다에 던져 버렸습니다. 그리고 평생을 전도자로 살겠다고 결심합니다.

전국을 순회하며 부흥회를 인도하던 그는 1931년, 지즈원(計志文)과 함께 베들레헴전도단을 조직했습니다. 그리고 그해 6월, 산둥 성 라이양(萊陽) 현에서 초기 한국인 중국 선교사인 이대영 목사의 집에 머무르며 부흥회를 열었습니다. 1934-1940년에는 대만을 비롯해 태국, 싱가포르, 말레이시아, 필리핀 등을 순회하며 부흥 집회를 인도했습니다. 그의 설교는 죄 회개와 성령 충만의 능력을 담고 있었습니다. 1944년, 그는 지병인 심장병으로 인해 43세의 나이로 하나님 품에 안깁니다.

양샤오탕(楊紹唐) 목사는 산시 성 취워(曲沃)에서 농부의 아들로 태어났으며, 훗날에 이름을 다윗으로 개명했습니다. 훙둥(洪洞)의 기독 중학교를 거쳐 1923년, 당시 최고의 신학교로 유명했던 산둥 성 화북신학원에 입학하여 체계적으로 신학을 공부했습니다. 1934년에는 모교인 화북신학원에서 교수로 일하면서 '영공단'(靈工團)을 조직하여 복음 전파의 기틀을 마련했습니다. 그해 겨울, 쑹상제 목사가 취워에서 전도인을 위한 수양회를 개최하자 양샤오탕은 영공단 회원들과 함께 참석하여 큰 은혜를 받습니다. 그 후 그들은 복음화 운동의 기수로 활동했습니다. 그러나 1936년, 중국 공산당의 발호로 영공단의 활동은 점차 쇠퇴기에 접어들고 1939년, 결국 일본군에 의해 강제로 해체됩니다.

이후 베이징으로 이주한 양샤오탕은 성경학교를 설립하여 교수로 활동했습니다. 그리고 베이징 기독도회당의 왕밍따오 목사, 쑹상제 목사 등과 교류하면서 복음 전파에 앞장섰습니다. 1948년에는 상하이 태동 신학원에서 근무하다가 난징 중화 신학원의 요청을 받고 전임 교수로 봉직했습니다. 그해 여름, 난징에서 열린 제2회 전국기독학생수련회에서는 주 강사로 활동했습니다. 이때 그가 전한 하나님의 말씀을 통해 300여 명의 청년들이 어떠한 위협과 핍박 속에서도 오직 그리스도의 증인으로 일생을 살겠다고 서원했습니다.

그러나 1949년, 중국 대륙이 공산화되면서 양샤오탕이 이끌던 난징 교회와 중화 신학원도 핍박을 피할 수 없었습니다. 그는 '반동사상가', '친제국주의자', '반정부주의자'란 죄명을 뒤집어쓰고 난징 교회 목사직을 박탈당했습니다. 그러나 그는 이에 굴하지 않고 상하이에서 은밀히 사역했습니다. 1958년에 노동개조소에 보내졌다가 1966년에 고향으로 돌아옵니다. 그러나 건강이 극도로 악화돼 하나님 품에 안기게 됩니다.

그는 "한 교회가 교파를 강조하게 되면 이미 성경의 진리에서 벗어난 것이다. 사람의 계명을 교회 안에서 교리화해서는 안 된다"고 주장했습니다. 그는 《교회 노선》, 《하나님의 일꾼》, 《교회와 일꾼》 등을 집필했습니다.

왕밍따오, 워치만 니, 쑹상졔, 양샤오탕은 오늘날 중국 가정교회가 있게 한 원동력입니다. 하나님은 이들 외에도 수많은 지도자들을 지속적으로 세우셨습니다. 위안상천(袁相枕)은 21년간 감옥에서 보냈는데, 그중 13년을 러시아 국경에서 멀지 않은 동북지방 헤이룽장 성의 노동개조소에서 지냈습니다. 그는 하나님 품에 안기기까지 설교하며, 매년 베이징에서 기독교로 개종하는 수백 명에게 세례를 줬습니다. 또 다른 가정교회 원로 지도자인 린셴까오(林獻羔), 셰모산(謝模善), 허난 성 가정교회의 운동과 부흥에 가장 직접적인 영향을 미친 리톈언(李天恩) 목사에 이르기까지 하나님은 그분의 백성을 인도할 사람들을 준비하고 계심을 알 수 있습니다.

하나님은 무명의 용사들을 그분의 병기로 삼기를 원하십니다. 이 때문에 오늘날 가정교회는 세계에서 가장 활력 있는 공동체가 되고 있는 것입니다.

16

가정교회 지도자들의
출소와 소천

•

가정교회 지도자들의 석방 소식이 들려서 기분이 좋다가도, 가정교회 원로 지도자들이 한두 명씩 돌아가시고 있어 안타까움을 더하고 있습니다.

무엇도 막을 수 없는 복음의 열정

중국 가정교회의 대표적인 지도자인 장룽량(張榮亮) 목사가 2011년 여름에 형기(7년 6개월) 만료를 7개월 앞두고 출소했습니다. 장룽량 목사는 출소 후 정저우에서 아내와 자녀들과 함께 지냈습니다. 오랫동안 당뇨병을 앓아 왔지만 비교적 건강한 상태였습니다. 누구보다 허난 성 가정교회의 목회자와 성도들이 그의 석방을 기뻐했습니다.

허난 성의 최대 가정교회 그룹인 팡청(方城) 연합을 이끌었던 장룽량 목사는 2004년 12월 1일, 출입국증명서 위조 혐의로 체포됩니다. 그리고 7년 6개월 형을 언도받아 노동 개조 등 갖은 고초를 겪습니다.

그는 2004년 이전에도 중국기독교삼자애국운동위원회에 가입하라는
정부의 압력에 단호히 맞서다가 다섯 차례나 체포, 구금되어 10여 년
간 감옥에서 지내야 했습니다. 공산당원이었던 그는 내부 밀고자에 의
해 그리스도인임이 드러나 체포됐고, 수없이 구타를 당했습니다. 그러
나 온갖 회유에도 기독교 신앙을 버리지 않았습니다.

1974년, 그는 '종교를 가장한 반혁명주의'라는 죄로 허난 성 노동개
조소에서 7년간 복역했습니다. 이때 또 다른 가정교회 그룹인 탕허
(唐河) 연합의 지도자 펑젠궈(馮建國)를 만나 서로 의지하며, 비밀리에
신앙생활을 이어 갔습니다. 특히 이들은 노동개조소 근처 축사와 과수
원에서 일하면서 주변 마을 주민들과도 은밀히 접촉하여 지역 가정교
회 운동이 일어나도록 힘썼습니다. 팡청 연합 내부에서는 정규교육을
제대로 받지 않았고 성경 지식 또한 부족하다는 이유로 장룽량 목사를
비판하기도 했습니다.

가정교회 지도자 중 21세기 들어 가장 먼저 돌아가신 분은 위안상천
목사입니다. 그는 2005년, 91세로 하나님 품에 안겼습니다.

위안상천 목사는 워치만 니, 왕밍따오, 린셴까오와 함께 중국 기독
교를 대표했던 분입니다. 그는 1949년에 중국 대륙이 공산화된 후 중
국기독교삼자애국운동위원회에 참여할 것을 거부했습니다. 그리하여
1958년 4월부터 1979년 12월까지 '반혁명'이라는 죄명으로 수감 생활
을 해야 했습니다. 그는 1933년, 왕밍따오 목사에게 세례를 받은 후 베
이징 성서학원에 진학했습니다. 목회자의 길을 걸으면서 한 번도 불의

에 굴복한 적이 없었습니다. 수감 생활 중 그와 동료 수감자들은 자신들의 손으로 감옥을 직접 지으라는 황당한 명령을 받기도 했습니다. 석방된 후에도 10년간 공민증 없이 보호관찰 대상자로 있었습니다.

그는 1980년부터 바이타스 교회를 인도하여 수많은 사람을 하나님 앞으로 이끌었습니다. 빌리 그레이엄(Billy Graham) 목사도 1994년에 중국을 방문했을 때 이 교회에서 말씀을 전했습니다. 위안상천 목사는 1995년에 백악관의 초청을 받았지만 기도한 뒤 거절했을 정도로 일생을 기도로 살았습니다. 1998년에는 300명의 성도에게 세례를 베풀었습니다. 그의 전기 《살아 있는 제사》가 1999년에 싱가포르에서 출간된 바 있습니다. 그는 량후이전(梁惠珍) 사모와의 사이에 6명의 자녀를 두었습니다.

2011년 7월 23일, 또 다른 원로 지도자 양신페이(楊心斐)가 노환으로 하나님 품에 안겼습니다. 언리(恩立)로 불리기도 한 그녀는 전도자이자 음악가로 활동했습니다.

그녀는 1928년 10월 24일, 푸젠 성 샤먼의 4대째 그리스도인 가정에서 태어났습니다. 그녀의 아버지는 목사였습니다. 그녀는 푸저우 음악전문학교를 거쳐 1953년에 상하이 음악학원을 졸업한 후 항저우 시 문화국에서 근무했습니다. 그러나 안정된 직장 생활을 포기하고 이듬해 고향으로 돌아와 복음을 전하기 시작했습니다.

1958년 7월 27일, 그녀는 중국삼자회에 가입하지 않는다는 이유로 투옥됐고, 16년간 감옥 생활과 강제 노동을 해야 했습니다. 마오쩌둥

초상화 앞에 무릎 꿇을 것을 강요받았지만 완강하게 거절해 머리카락을 모두 잘리는 수모를 겪기도 했습니다. 1974년 1월에 샤먼으로 돌아온 후, 그녀는 수많은 차세대 가정교회 지도자들을 양육했습니다. 매년 160명이 그녀를 통해 세례를 받았습니다. 2003년에는 《밤의 노래》(夜間的歌)라는 간증집을 출간했습니다.

그녀는 삼자회에 가입하지 않은 것을 당연시하며, 이렇게 말했습니다.

"이교도의 바람이 이미 교회 안으로 잠식해 들어왔습니다. 그러나 나의 위치와 신앙의 순결을 유지하기 위해 결코 삼자회에 가입할 수 없었습니다. 나는 나의 조국을 매우 사랑하며, 국가 법률을 위반한 적도 없습니다. 그러나 그들은 나를 비판했습니다. 가장 중요한 이유는, 내가 복음을 전한다는 것과 삼자회에 참가하지 않았다는 것입니다."

중화선교회 관계자에 따르면, 샤먼에서 전통 가정교회와 도시 교회 간의 리더십 계승과 협력이 다른 지역에 비해 원활했던 이유 중 하나는, 양신페이라는 여걸이 존재했기 때문입니다. 양신페이는 40여 개의 가정교회를 세웠고, 그녀가 인도하는 성경 공부 모임에는 1,000명이 넘는 그리스도인이 몰려들었습니다. 2003년, 미국 시카고에서 열린 전 세계 화인 중국복음대회에서 중국 대륙을 위해 대표 기도를 인도한 것이 외국에서의 마지막 일정이었습니다.

"주님, 중국 대륙의 잃어버린 영혼들을 위해 기도합니다. 수많은 사람들이 광야에 있어 구원을 받지 못했나이다. 아직 하나님의 기도 소리를 듣지 못했나이다. 우리의 국가가, 우리의 땅이, 우리의 잃어버린 영혼들이 어떤 희망도 없는 가운데 살아가고 있나이다. 주여, 당신의 사람들을 선발해 당신의 일을 할 수 있도록 하소서. 주여, 그들이 복음을 듣고 당신의 면전에서 회개하게 하소서."

2011년 6월 30일, 또 다른 가정교회의 산증인 셰모산 목사가 고향인 장쑤 성 양저우(揚州)에서 93세에 하나님 품에 안겼습니다. 셰모산 목사는 베이징 서우왕(守望) 교회 진톈밍(金天明) 목사의 목사 안수를 직접 인도했습니다. 지난 5월에는 우방궈 전국인민대표대회 상무위원장에게 종교의 자유를 촉구하는 청원서를 보내는 데 앞장섰습니다.

1918년에 태어난 그는 14세에 하나님을 믿은 후 평생 주님의 종으로 살아가는 것을 기쁨으로 생각했습니다. 1940년대에 화북 신학원을 졸업한 후 〈전도회간〉(布道會刊)의 편집장을 지내다가 1955년에 〈성고〉(聖膏)의 편집을 맡았습니다. 이 잡지는 훗날 중국삼자회의 공식 기관지 〈톈펑〉이 됐습니다.

셰모산 목사는 절친했던 중국삼자회 초대 주석 우야오종(吳耀宗) 목사로부터 삼자회에 동참할 것을 권유받았지만 단호히 거절합니다. 거부하면 체포될 것을 알면서도 사양했습니다. 결국 1956년 5월 28일 밤, 그는 공안원들에게 끌려갑니다. 삼자회에 가입하지 않았다는 이유로 감옥 생활과 강제 노동을 하다가 23년 만에 풀려났습니다.

그가 취조당하던 중 복음을 전한 이야기는 유명합니다. "마오쩌둥 주석이 천국에 갈 수 있느냐?"는 난감한 질문에 그는 "천국문은 열려 있다. 누구든지 들어가기를 원하면 들어갈 수 있다. … 지금은 은혜의 문이 열린 시대요, 구원받을 때라 모두 회개하고 그리스도의 은혜를 받으면 천국에 갈 수 있다"라고 답했습니다. 이에 취조하던 요원이 그를 내동댕이쳤습니다. "네가 이 기회에 전도하느냐"며 윽박질렀습니다. 그러자 그는 침착하게 "내가 말하려고 했던 게 아니라 당신들이 말하라고 시킨 것 아니냐. 그럼 내가 대답 안 해도 좋으냐"라고 맞받아쳤습니다. "내 몸은 이미 주께 바쳤으며 내 생명은 주의 제단에 올려 산 제물이 되었기에, 사나 죽으나 나는 주님의 것이다"라고 밝혔습니다. 그리고 그의 손목에는 쇠갈고리가 꽂혔습니다.

그는 133일간 손목에 수갑을 찼습니다. 수갑이 너무 꽉 조여 살갗을 뚫기까지 했습니다. 고문과 고통 속에서 자살까지 생각했던 그에게 "내 은혜가 네게 족하도다"(고후 12:9)라는 음성이 들려왔습니다. 이 음성은 세 번이나 이어졌습니다.

셰모산 목사는 다른 죄수에게 복음을 전했다는 이유로 형기가 2년 연장되기도 했습니다. 그 기간에 노동 개조로 악명 높은 칭하이 성 감옥에서 지냈습니다. 1978년에 형기가 공식 만료됐음에도 불구하고 그는 여전히 감옥에 있었습니다. 20년 이상 형기를 채운 60세 이상은 출소할 수 있다는 중국 최고지도자 덩샤오핑의 명령이 있은 후에야 비로소 상하이에 있는 가족에게로 돌아올 수 있었습니다.

그는 출옥 후 또다시 복음을 전했다는 이유로 1980년대와 1990년대에 두 차례 체포됐고, 각각 3개월간 구치소에서 지내야 했습니다. 해외 선교 단체는 수차례 그에게 중국을 떠날 것을 종용했습니다. 그때마다 그는 "누가 중국에서 이 일(복음 전도)을 계속할 것인가"라고 답했습니다. 끝내 그의 아내는 미국으로 떠났고, 그는 이혼을 해야만 했습니다.

2013년 8월 3일, 또 한 명의 원로가 88세에 주님 품에 안겼습니다. 새뮤얼 램(Samuel Lamb)으로 외국에 널리 알려진 린셴까오 목사입니다. 오픈도어 선교회가 발표한 성명에 따르면, 교회에서 예배를 마친 린셴까오 목사는 그의 사무실에 외국인 손님들을 초청해 자신의 삶에 대해 들려주었습니다. 더 핍박받을수록 더 성장한 거룩한 훈련이었다고 고백했습니다.

그는 마카오가 내려다보이는 산악 지역에서 태어났습니다. 침례교회 목사였던 아버지에 의해 신앙인으로 자랐습니다. 교회 박해가 대대적으로 시작되면서 그는 1955년부터 2년간 수감됐습니다. 중국 당국은 1958년, 그에게 두 번째 형을 집행했습니다. 그는 노동수용소에서 20년을 보냈습니다. 가혹한 핍박에도 불구하고 가르치는 것을 쉬지 않았습니다. 그의 가정교회는 삼자회 가입을 거부하면서 당국의 표적이 됐습니다. 중국 정부는 기독교 지도자들이 18세 이하의 청소년들에게 예수 그리스도의 재림에 대해 가르칠 수 없게 했습니다.

1979년, 린셴까오 목사는 광저우 마자단에서 가정교회를 다시 시작했습니다. 참석자들이 빠르게 늘어 더 큰 건물로 옮겨 갔습니다. 그의 교회는 여전히 당국에 등록돼 있지 않고, 당국은 이를 지켜보고 있는 상태입니다. 현재 매주 4번 드리는 예배의 참석자는 약 4,000명에 이릅니다. 린셴까오 목사는 오픈도어 선교회와 함께 사역하면서 기독교 서적 20만 권을 중국 그리스도인들에게 전달했습니다.

린셴까오 목사의 철학은 중국 당국과 중국 내외의 믿는 자들과 교회 참석자들에게 큰 도전을 주었습니다. 그는 "그리스도인들은 정부가 법제를 강화해 직접적으로 하나님을 대적하지 않는다면 정부를 따라야 한다. 그러나 하나님의 법이 인간의 법보다 우선이다"라고 가르쳤습니다. 그의 주된 설교 주제는 그리스도인들이 겪는 고통이었습니다. 그는 종종 이렇게 간증했습니다.

"나는 야곱의 승리와 야곱의 실패를 이해한다. 이를 통해 하나님 앞에서뿐 아니라 나를 핍박하는 사람들에 대해서도 불평은 도움이 되지 않는다는 사실을 깨달았다. 감옥에 있을 때 아내를 잃은 나는 아내의 장례식에도 갈 수 없었다. 하나님이 고통, 상실, 고문 등을 허락하신다는 것을 이해할 때까지, 이것은 화살과 같이 나를 찔렀다. 그러나 이 같은 일들을 통해 우리는 성장할 수 있었다."

아직 살아 있는 원로는 2009년에 한국을 처음 방문한 리텐언 목사입니다. 그는 1960년에 10년 형을 받았고, 1975년에는 사형선고를 받았지만 세 번이나 형 집행정지로 생명을 이어 간 가정교회의 산증인입니다. 허난 성 출신의 가정교회 지도자들이 그의 영향을 받았습니다.

17

6·4 톈안먼 사태가
지식인들의 복음화에 불을 댕기다

●

과거에 중국인들은 종교, 특히 기독교에 대해 매우 부정적이었습니다. 아편전쟁(1840-1842년) 이후 기독교에 대한 문호 개방이 '무력'으로 이뤄졌다는 시각이 폭넓게 퍼져 있기 때문입니다. 그러나 이 같은 태도는 2000년대 들어 옛말이 됐습니다. 설령 종교를 믿지 않더라도 이전처럼 적대적이거나 배타적이지는 않습니다. 중국 현지 사역자들에 따르면, 많은 공산당 당원들도 '종교는 오늘날 중국 사회에 실제적으로 유익하다'는 생각을 갖고 있습니다. 공개적으로 신앙을 고백하는 지식인들도 점차 늘고 있습니다. 경제 발전과 함께 사회주의 이념이 약화되면서 민주, 자유, 인권, 평등에 눈을 뜨고, 인생의 참의미를 찾는 지적 순례에 나서면서 복음을 받아들이고 있습니다.

민주화의 물결 속에 만난 그리스도

"조국을 등졌습니다. 가족과도 생이별했습니다. 외국 생활인지라 녹록지 않았습니다. 절망과 그리움에 몸부림쳤습니다. 그때 복음은 한 줄기 빛이자 희망의 끈이었습니다."

1989년, 6·4 톈안먼 민주화 운동에 앞장섰던 학생 지도자들의 이야기입니다. 시위 주동자로 지명수배 됐던 이들이 고통을 딛고 속속 그리스도인이 되고 있습니다. 부흥사, 이라크 전쟁 참전 군목 등 목회자가 되는가 하면 개인 기업과 NGO 등을 일구며 빛과 소금의 역할을 하고 있습니다. 이들은 한결같이 "기독교 신앙만이 개인의 인생뿐 아니라 자유민주주의를 추구하는 종착점이다"라고 강조합니다. 1989년에 지명수배자가 된 21명의 학생 지도자 중 4명이 목회자 또는 평신도 지도자가 됐습니다. 아직 그리스도인이 되지 않았지만 종교학 박사 학위를 받은 펑충더(封從德)와 왕단(王丹), 우얼카이시(吾爾開希) 등도 기독교의 영향을 깊이 받았습니다.

민주화 운동 당시 '중국의 잔 다르크'로 불린 차이링(柴玲)은 중국 정부의 학생 지명수배자 21명의 명단 중 세 번째에 올라 있었습니다. 그녀는 10개월간의 도피 생활 중에 숱한 체포 위기를 넘겼습니다. 그러다 배에 실린 나무 궤짝에 5일간 몸을 숨겨 1990년, 부활절 전야에 홍콩으로 탈주하는 데 성공했습니다. 이어 프랑스 파리를 거쳐 미국으로 갔습니다. 차이링은 그때의 심정을 "어릴 적 느꼈던 공포와 고독 그 자체였다"라고 술회했습니다.

베이징 대학교 캠퍼스 커플이자 민주화 운동의 동지였던 펑충더와도 망명 후에 헤어졌습니다. 설상가상으로 사랑하는 어머니와 할머니가 연이어 세상을 떠났지만, 마지막을 지켜볼 수 없었습니다. 그녀는 심적 고통 속에 죽음까지 생각했습니다. 그때 미국 화교 교회는 그녀의 버팀목이 됐다고 합니다.

그녀는 프린스턴 대학교에서 국제관계학 석사 학위를 받고, 하버드 대학교에서 경영학 석사 학위를 받았습니다. 미국 회사에서 일하던 중 로버트 A. 매긴 주니어를 만나 결혼했습니다. 현재는 세 아이의 어머니이자 인터넷 교육 업체 CEO로 활동하고 있습니다. 2010년 부활절(4월 4일)에 미국 보스턴의 한 교회에서 세례를 받고 공개적으로 신앙을 고백하는 그리스도인이 됐습니다.

차이링은 "대학 재학 중 한 선배로부터 촌부가 전해 준 성경과 예수 그리스도의 이야기를 듣고 깊은 감동을 받은 적이 있다. 훗날 기독교 신앙이 나의 삶을 사로잡을 줄 몰랐다"고 고백했습니다. 이어 "예수님은 나의 마음속 상처를 씻어 주셨고, 나는 오랫동안 갈망했던 평정을 찾았다. 특히 목사님이 나를 위해 성부, 성자, 성령의 이름으로 세례를 베푸실 때 하나님의 영이 내 마음에 충만해진 것을 느꼈다"고 간증했습니다. 그는 NGO 단체인 '모든 소녀를 허용하라'(AGA: All Girls Allowed)를 설립해 중국의 가난한 이들을 돕는가 하면, 여아 낙태 반대 운동에 앞장서고 있습니다.

1989년 당시 톈안먼 광장에 설립된 민주대학을 이끌던 베이징 대학교 출신의 장보리(張伯笠)와 슝옌(熊焱), 칭화 대학교 출신의 저우펑숴(周鋒鎖)는 복음전도자가 됐습니다. 장보리는 목숨을 건 탈출 과정에

서 복음을 접했습니다. 헤이룽장 성의 한 농가로 도피한 그를 그리스
도인이던 여주인이 극진히 보살펴 주고 기도해 주었습니다. 러시아로
탈출하기 위해 농가를 떠나던 장보리에게 그 여주인은 "문제가 생기면
하나님께 기도하세요. 예수님이 당신을 보호해 주실 것입니다. 매일
당신을 위해 기도하겠어요"라고 말했습니다.

1999년 12월 24일, 러시아에 도착한 장보리는 간증을 통해 당시를
이렇게 회상했습니다.

"농가를 떠나오던 중 눈보라가 심하게 몰아쳤습니다. 기도할 수밖에
없었습니다. 한 줄기 강한 빛이 임하더니 갑자기 아주 따뜻하게 느껴
졌어요. 눈을 똑바로 뜰 수 없었습니다. 그때 '장보리, 너는 죽지 않는
다. 너는 내 명령을 위해 달리게 될 것이다'라는 음성이 들려왔어요. 저
는 '하나님, 살려 주신다면 오직 당신을 위해 저를 사용하겠습니다. 그
리고 절대 이 약속을 어기지 않겠습니다'라고 외쳤습니다."

장보리는 러시아를 거쳐 2년여 동안 중국 내지를 떠돌던 끝에 1991년
에 홍콩에 도착하여 미국으로 망명했습니다. 〈중국의 봄〉(中國之春) 편
집장, 중국민주연합전선 부주석 등으로 활동하며 캘리포니아 주 타이
푸(臺福) 신학원에서 신학을 공부했습니다. 지금은 미국, 캐나다, 대만,
필리핀 등지를 순회하며 복음을 전하고 있습니다.

베이징 대학교 법률학 석사 출신인 슝옌은 1년 7개월 동안 감옥 생
활을 한 후, 1992년에 선전을 거쳐 미국으로 망명했습니다. 프린스턴
신학대학원과 세인트루이스 대학교에서 신학 및 철학 석사 학위를 취
득한 후 복음의 불을 밝히고 있습니다.

물리학도였던 저우펑쉬는 1년간 옥고를 치른 후 미국으로 갔습니다. 그리고 시카고 대학교에서 경영학을 전공하여 금융 전문가로 활동했습니다.

이 밖에 6·4 톈안먼 민주화 운동 때 70명의 지식인들이 당국에 보낸 공개 서안의 초고를 작성한 위안즈밍(遠志明), 그와 함께 사회주의 이데올로기를 신랄하게 비판했던 TV 다큐멘터리 〈허상〉(河殤)의 작가 셰쉬안쥔(謝選駿)도 목회자가 돼 미국을 기반으로 전 세계 화교권에서 복음을 선포하고 있습니다.

중국 교회의 미래를 기대하다

저는 2011년 8월, 6·4 톈안먼 민주화 운동의 정신적 지주였던 위안즈밍 목사를 만났습니다. 그는 중화권 부흥사로 왕성하게 활동하고 있습니다. 과거에 그는 무신론자였고, 철저한 마르크스주의자였습니다. 당성(黨性) 또한 남달랐습니다. 르포 작가 쑤샤오캉(蘇曉康), 왕루샹(王魯湘)과 함께 집필한 다큐멘터리 〈허상〉이 1988년 6월, 중국 국영방송 CCTV에 방영되기 전까지 말입니다.

〈허상〉에 대해 지식인들과 젊은이들은 열광한 반면, 중국 공산당과 정부 관계자들은 노발대발했습니다. '허'(河)는 황허문명, 즉 중화민족을 하고, '상'(殤)은 요사(夭死)를 뜻하는 '일찍 죽을 상' 자였기 때문입니다. 허상은 결국 황허문명으로 상징되는 중국 문명이 끝났다는 의미였습니다. 중국이 현대화를 이루기 위해서는 서구가 걸어간 길에서 찾아야 한다는 메시지였습니다. 이는 1989년 5-6월, 톈안먼 광장을 가득 메운 젊은이들의 시대정신이기도 했습니다.

위안즈밍은 70명의 지식인들이 당국에 보내는 공개 서안의 초고를 작성했습니다. 중국 정부는 6·4 톈안먼 사태 이후 책임을 물을 희생양을 필요로 했고, 그는 어김없이 타깃이 됐습니다. 이 때문에 중국 최고 학부의 하나인 중국 인민 대학교 철학과 박사 과정에 재학 중이던 그는 고국과 가족을 등져야만 했습니다. 천신만고 끝에 도착한 이국땅에서 그는 복음을 접했습니다. 중국 출신의 민주 인사 중 첫 번째로 그리스도인이 됐습니다. 예수 그리스도는 그에게 희망의 빛줄기이자 호흡과도 같았습니다.

그를 한국에서 만나 받은 첫인상은, 투사 같은 이미지를 전혀 찾아볼 수 없다는 것이었습니다. 대신 마음씨 좋은 이웃 형같이 느껴졌습니다. 그는 한국 교회에 대한 한없는 기대를 드러냈습니다. 미래의 중국과 중국 교회를 위한 한국의 역할론도 제시했습니다.

위안즈밍 목사는 먼저 "한국 교회의 성장과 선교적 열정이 존경스럽고 놀랍다"는 말로 한국 기독교의 생명력을 높게 평가했습니다. 그리고 한국 교회의 중국 선교에 대한 열정이 과거에 비해 식고 있다는 지적에 대해서는 "그렇다 할지라도 다른 나라들에 비해 (열정이) 뜨거울 것입니다. 만일 저하되고 있다고 (한국 성도들이) 느낀다면 오히려 좋은 것일 수도 있습니다. 이는 좋아지기 위해 더 분발하고 나아질 수 있다는 의미일 것입니다"라고 평가했습니다.

"지난 2,000년의 기독교 역사를 살펴보면 복음은 유럽과 미국, 아시아를 거쳐 중동, 이슬람권으로 향하고 있습니다. 그런 점에서 중국은 복음의 빚을 지고 있습니다. 한국 교회가 중국의 형제자매들이 그 빚을 청산하기 위해 전 세계로 나아갈 수 있도록 도와줘야 합니다. 중국의 선교적 열정은 한국 교회와는 큰 차이를 보이기 때문입니다."

중국 교회가 과거에 비해 성장했다고 해도 아직 갈 길이 멀다는 것입니다. 위안즈밍 목사는 "중국 교회, 특히 가정교회는 불완전한 자유 상태에 있습니다. 성도에 대한 양육 프로그램이 턱없이 부족하고, 목회자 또한 부족합니다"라고 밝혔습니다. 그는 중국 교회의 선교적 잠재력만큼은 매우 크다고 했습니다. 절대 기독교 인구(6,500만-1억 명)가 많기 때문에 훗날 선교사 파송 숫자 면에서 세계 1위가 되는 것은 시간문제라고 자신했습니다.

정부와 집회 장소를 놓고 대치 중인 베이징 서우왕 교회와 관련해 그 또한 주목하고 있다고 했습니다.

"중국의 기독교 발전에서 볼 때 (이번 마찰은) 필연적입니다. 가정교회는 원래 지하에 있었습니다. 교회가 부흥하면서 지상으로 드러난 것입니다. 신흥도시의 가정교회가 부흥하면서 성도들이 마음껏 예배드릴 장소가 필요해졌죠. 즉, 정부의 관리를 받지 않으면서도 합법적인 예배 처소가 요청됩니다. 언젠가는 수면 위에 올라올 문제였죠. 서우왕 교회가 이 문제를 해결하기 위한 선봉대가 된 것입니다. 선두에 서면 희생 또한 불가피합니다. 그런 가운데 하나님의 놀라운 섭리가 있을 것입니다."

그는 중국 교회를 위한 한국 교회와 해외 화교 교회의 3대 과제를
제시했습니다.

"첫째, 중국 교회를 적극적으로 격려해야 합니다. 중국 교회가 혼자가
아니라는 것을 느낄 수 있도록 정신적으로 지지해야 합니다. 둘째, 실질
적인 지지로 중국 교회의 신학 수준과 목양 훈련을 강화시켜야 합니다.
셋째, 해외에 나와 있는 중국 유학생들에게 복음을 전해야 합니다."

위안즈밍 목사는 자신과 같은 망명자나 유학생 가운데 훗날 목회자
가 된 경우가 많다면서, 이들이 복음을 받아들이면 중국 본토에 대한
선한 영향력이 커진다고 했습니다.

그가 제작한, 5,000년의 중국 문화와 기독교의 관계를 담은 〈선저
우〉(神州)와 핍박받는 가정교회의 이야기인 〈십자가〉, 사복음서 이야
기인 〈복음〉, 해외 화교들의 간증인 〈비안〉(彼岸) 등은 중국 내에도 광
범위하게 퍼져 나갔습니다. 실제로 이를 통해 복음을 받아들인 경우가
적지 않습니다. 위안즈밍 목사는 서구 선교사들이 중국에 복음을 들고
온 역사를 담은 다큐멘터리도 준비 중이라고 했습니다. 한국 선교사들
이 중국 교회의 발전에 기여한 내용도 담을 계획이라고 덧붙였습니다.

그는 향후 중국 지도자들이 기독교 사상에서 중국이 나아가야 할 길
을 찾게 될 것이라고 내다봤습니다.

"중국은 경제가 발전한 반면 민주를 보장하는 제도나 윤리, 도덕은
훨씬 미치지 못하고 있어요. 중국 지도부는 유가나 불가 사상보다 기
독교 사상이 사회의 불안 요소를 해결할 수 있다고 믿는다고 들었어
요. 이때가 기회입니다."

위안즈밍 목사는 기독교가 공산당과 정부의 대립 요소가 아니라 국가를 보다 건실하게 하는 밑거름이 될 수 있다는 믿음을 심어 줘야 한다고 강조했습니다. 그러면서 중국 교회에 필요한 것은 한국 교회의 선교 전략이나 부흥 전략이 아니라 기도, 헌신 등 복음에 대한 열심이라고 설명했습니다. 한국 그리스도인들이 새벽 4-5시에 일어나 새벽 기도를 드리는 열정을 중국 그리스도인들이 배워야 한다고 했습니다.

위안즈밍 목사는 마지막으로 한국과 중국의 관계를 증진시키는 데도 양국의 그리스도인들이 기여할 수 있다고 내다봤습니다. 이어 현재 많은 조선족이 하나님을 믿고 있기 때문에, 북한의 개방이 시간문제라는 점에서 이들이 북한으로 들어가 복음을 마음껏 전할 수 있는 가능성이 높아지고 있다고 했습니다.

《하나님의 비밀요원》(규장)의 저자 봅 푸(Bob Fu) 목사도 톈안먼 사태 때 학생회 임원으로서 시위를 주도한 대가로 몇 달간 반성문을 써야 했습니다. 그러면서 그는 자신의 삶에 대한 근본적인 물음에 직면하게 됩니다. 그리고 친구가 건네준 소책자를 통해 예수님을 영접한 뒤 캠퍼스 선교에 헌신합니다. 그러다 출석하던 삼자교회에 의구심을 갖게 되고, 가정교회에 다니게 됩니다. 그는 신학교 사역이 탄로 나 아내와 함께 투옥되고, 출소 후 직장에서 쫓겨납니다. 그리고 천신만고 끝에 미국으로 건너갑니다.

웨스트민스터 신학교를 졸업한 그는 현재 중국인권운동가이자 목회자이자 미드웨스트 대학교 교수로 살아가고 있습니다. 2007년에는 미국 남침례교단의 윤리와 종교 자유위원회가 수여하는 존 릴랜드 종교 자유상을 받기도 했습니다.

18

성장하는 중국 교회 –
2,300만 명 대 1억 3,000만 명

●

기독교에 대한 중국 정부의 우려

2011년, 중국에서 지하교회 활동을 해 오던 기독교 지도자 20여 명이 공개적으로 종교 자유를 요구하는 청원서를 제출했습니다. 중국에서 종교 및 예배의 자유를 요구하는 집단행동이 나온 것은 이번이 처음입니다.

가정교회 지도자 20여 명은 우방궈 전국인민대표대회 상무위원장에게 "종교의 자유를 보장해 달라"고 촉구하는 청원서를 보냈습니다. 그들은 베이징, 상하이, 쓰촨 성 청두, 산시 성 시안, 저장 성 원저우 등 각 지역의 기독교 지도자들입니다. 그들은 종교 자유와 관련한, 독소 조항을 뺀 새로운 법률을 제정해 달라고 건의했습니다. 이는 중국에서는 보기 드문 대담한 행동입니다.

중국 정부는 공식 등록이 되지 않은 '미등록 지하교회', 이른바 가정교회를 눈엣가시로 여기고 있습니다. 그럼에도 불구하고 위험을 무릅쓰고 공개적인 활동에 나서겠다는 의지를 분명히 한 것입니다. 그들은 청원서에서 최근에 집중 탄압을 받고 있는 서우왕 교회의 사태를 예로 들면서, 중국 당국이 전국에 걸쳐 지하교회 활동을 단속하고 있는 것에 항의했습니다. 베이징 공안은 서우왕 교회에 대해 매 주일마다 수십 명의 성도를 연행하며, 외부에서 공개적으로 예배드리는 것을 방해했습니다. 교회 지도자들도 연금 상태였습니다. 허난 성에서 한국인 목회자 일행이 가정교회에서 예배드리고 나오다가 현지 공안에 연행돼 하루 만에 풀려나기도 했습니다.

중국 헌법 36조는 "종교의 자유를 보장하고 있다"고 규정하면서도 "국가는 정상적인 종교 활동을 보호하고, 종교를 이용해 사회질서를 파괴하고 공민의 신체 건강을 손상시키며 국가 교육제도를 방해하는 것은 단호히 제압한다. 중국의 종교 단체와 종교 사무는 외국의 영향력을 받지 않는다"는 조항을 포함하고 있습니다.

사실 기독교는 가톨릭, 이슬람교, 불교, 도교와 함께 중국 정부가 공인한 5대 종교에 들어갑니다. 그러나 중국 당국은 중국인의 경우 '자치', '자양', '자전'이라는 삼자 원칙을 지키는 등록 교회에 한해 지정된 장소에서 이뤄지는 예배만 허용하고 있습니다. 외국인도 중국인에 대한 선교를 하지 않는 범위 안에서만 예배가 허용됩니다. 베이징 내 한국인 교회는 여권을 제시해야 예배 장소에 들어갈 수 있습니다.

문제는 중국 당국이 허용한 삼자교회보다 당국의 간섭을 받지 않는 소규모의 가정교회로 성도들이 폭증하고 있다는 것입니다. 일반적으로 한 가정교회의 성도는 50명 안팎입니다. 가정교회는 문화대혁명 때 홍위병들의 감시를 피해 하층민들을 중심으로 시작된 민초 운동이 배경이 됐습니다. 중국 정부가 관리하는 삼자교회보다 신앙의 순수성을 더 강조한다는 차이점이 있습니다.

중국 내 분석가들은 중국 당국이 가정교회를 탄압하는 이유로, 급증하는 그리스도인들이 중국 체제에 위협이 될 수 있다는 점을 듭니다. 실제로 중국의 그리스도인 수는 1949년 중국 정부 수립 당시에 약 70만 명에 불과했으나 2002년에는 1,600만 명으로 늘어났고, 최근에는 1억-1억 3,000만 명에 이르는 것으로 알려져 있습니다.

중국 당국이 가정교회의 단속에 박차를 가하는 것은, 2010-2011년에 중동과 아프리카에서 벌어진 재스민 혁명의 확산과 무관하지 않다는 해석도 있습니다. 불평등에 불만을 가진 사람들이 종교 활동을 위해 모이면 자연스럽게 정치적 자유를 요구하는 집단행동으로 연결될 수 있다고 우려한다는 것이죠.

그럼에도 막을 수 없는 복음의 전파

중국에서 기독교가 번창하는 것에 대해 크게 두 가지 해석이 나옵니다. 첫째, 지식인이나 중산층 이상의 성도가 늘어남에 따라, 소득수준의 증가에 비례해 기본적 권리인 종교 활동에 대한 욕구가 커지고 있습니다. 둘째, 경제가 발전하고 있지만 빈부, 소득 지역, 도농 간 격차가 커지면서 사회적 좌절감이 확산됨에 따라, 마음의 안식을 찾으려는 서민이 늘어나고 있습니다.

한국중국선교협의회(KCMA)는 2010년 10월 17일, 아시아 하베스트의 2010년 통계를 인용해 중국 그리스도인(가톨릭 교인 포함)은 1억

347만 945명으로 중국 인구(13억 5,583만 7,457명)의 7.63%에 달한
다고 밝혔습니다. 중국 대륙이 공산화된 1949년 당시, 기독교와 가톨릭
의 인구는 433만 8,900명에 불과했습니다. 51년 만에 23.84배나 증가
한 것입니다. 이 통계에 따르면 기독교 인구는 삼자교회가 2,870만
4,556명, 가정교회가 5,313만 9,279명으로 총 8,233만 5,876명에 달
합니다. 가톨릭 인구는 삼자교회가 737만 4,118명, 가정교회가 1,327만
4,886명으로 총 2,113만 5,070명으로 집계됐습니다.

　기독교 복음화율은 저장 성(18.54%), 허난 성(14.75%), 안후이 성
(14.27%), 푸젠 성(13.66%), 홍콩(12.72%), 상하이(11.22%), 헤이룽장 성
(9.75%), 네이멍구 자치구(9.15%), 산시 성(8.83%), 장쑤 성(8.72%) 순이
었습니다. 복음화율이 가장 낮은 곳은 티베트 자치구로 0.32%에 불과
했습니다. 광시좡(廣西壯)족 자치구, 쓰촨 성, 후난 성, 톈진 시, 닝샤후
이족 자치구 등의 복음화율도 2-3%에 지나지 않았습니다.

　'중국의 예루살렘'으로 불리면서 오순절 운동이 활발하게 일어났던
허난 성에 가장 많은 그리스도인(1,464만 4,464명)이 분포돼 있습니다.
저장 성(917만 359명), 안후이 성(916만 2,639명), 장쑤 성(666만 853명),
허베이 성(561만 705명), 푸젠 성(507만 7,618명), 산둥 성(504만 8,109명),
광둥 성(421만 6,782명), 헤이룽장 성(381만 7,131명), 산시 성(339만 7,113명)
이 그 뒤를 이었습니다.

　기독교의 경우, 푸젠 성과 장쑤 성에는 삼자교회가 가정교회보다 성
도 수가 더 많았습니다. 티베트 자치구에는 삼자교회 교인이 한 명도 없
는 반면, 가정교회 교인은 1,226명으로 집계됐습니다. 가톨릭의 경우, 티

베트 자치구에는 삼자교회 교세가 가정교회의 10배 이상이었습니다.

중국 내 기독교적 환경 변화 지수가 높아 지고 있습니다. 중국 공산 당원들의 종교에 대한 관심도 높아지고 있다는 보고서가 있습니다. 중국 공산당 내부 문건에 따르면, 공산당원 2,000여만 명이 기독교(가톨릭 포함), 불교 등을 믿고 있으며 그중 1,000만 명은 정기적으로 종교 활동을 하고 있습니다. 이는 중국 공산당이 그동안 당원들의 종교 조직 참여를 금지해 온 것과는 매우 상반되는 결과입니다.

2009년 4월 12일, 〈사우스차이나 모닝포스트〉에는 "그들이 하나님을 믿는다"(In God They Trust)는 제목의 4쪽 분량의 부활절 특집기사가 실렸습니다. 여러 차례의 표본조사 결과 개신교와 가톨릭을 포함한 그리스도인이 1억 2,500만 명을 넘어섰고, 이는 전체 중국 공산당원 7,400만 명을 크게 앞선다고 전했습니다. 베이징이나 상하이 등 대도시는 물론 공자의 고향인 산둥 성의 취푸(曲阜), 쓰촨 성의 시골 마을 등 중국 대륙 곳곳에서 수십 명에서 수천 명까지 모여 예배와 부흥회와 성경 공부를 하고 있다고 전했습니다. 지금 같은 분위기가 지속되면 머지않아 중국 공산당이 그리스도인 당원도 받아들일 것이라는 전망까지 덧붙였습니다.

중국 교회, 선교하는 교회로!

중국 기독교 인구에 대한 이런저런 소리가 있습니다. 결론적으로는 수의 많고 적음이 문제가 아니라, 얼마나 건강한 그리스도인인가에 달려 있다고 봅니다. 다양한 추측과 주장을 정리해 보면 다음과 같습니다.

　　중국사회과학원 세계종교연구소와 사회과학출판사가 2010년에 공
동으로 발간한 《종교청서》(宗敎藍皮書)에 따르면, 중국 인구의 1.7%인
2,305만 명이 그리스도인입니다. 이 조사에 참여한 뚜안치(段琦) 세계
종교연구소 연구원의 샘플 조사의 오차, 응답자 중 그리스도인임을 숨
긴 인원을 감안하면 2,305만 명에서 4,000만 명 사이가 될 것이라고
내다봤습니다.

　　이에 앞서 홍콩 건도 신학원의 차이사오치(蔡少琪) 교수는 중국 교
회의 상황을 알아 갈수록 숫자적으로는 비관적이라고 했습니다. 중국에
서 가장 많은 기독교 인구가 있는 허난 성이 10%에도 못 미치는데, 다
른 성과 대도시는 어떻겠느냐는 나름대로의 기준을 댄 것입니다. 그리고
2005년 논문에서 그 결과를 2,000만 명 정도로 본다고 밝혔습니다.

　　2010년, 미국 퍼듀 대학교의 양펑강(楊風崗) 교수는 2007년에 실시
한 '중국 주민의 정신문화생활조사 연구 프로젝트'에 근거하여 중국
에서 스스로 그리스도인(가톨릭 교인 300만 명 포함)이라고 밝힌 숫자가
2007년 5월에 3,300만 명이었다고 했습니다. 중국사회과학원 농촌발
전연구소의 위젠룽 교수는 2008년 10월과 12월에 베이징 대학교에
서 열린 강좌에서 삼자교회 성도는 1,800만-3000만 명, 가정교회 성
도는 4,500만-6,000만 명인데 이를 합치면 약 6,000만-7,000만 명이
라고 했습니다. 미간행 원고에서는 삼자교회 성도는 2,500만-3,000만
명, 가정교회 성도는 6,000만-7,000만 명으로 합하면 1억 명에 이른다
고 했습니다.

　　세계와 중국 연구소의 리판(李凡) 소장은 중국 국무원 발전연구중심

민족연구소가 주최한 콘퍼런스에서 기독교 인구가 약 1억 명일 것이라고 했습니다. 이후 그는 "가정교회 통계에 따르면, 인구 1억 명인 허난 성의 한 지역에서만 1,500만 명의 가정교회 성도와 200만 명의 삼자교회 성도가 있다. 허난 성 총인구의 17%를 점하는 수치이다"라고 설명했습니다. 저장 성 원저우의 경우, 그리스도인이 그 지역 인구의 약 20%에 이른다고 했습니다. 그리고 "지금의 기독교 인구는 중국 인구의 7%인데, 이 추세로 성장한다면 20%에 이르고, 지금보다 두 배 많은 약 3억 명으로 증가하는 것도 가능하다"고 전망했습니다.

중국 교회는 연 10% 내외의 성장세를 보이고 있습니다. 이 추세대로라면 2025년에는 가톨릭을 포함한 그리스도인이 1억 6,000여만 명, 2030년에는 2억 4,700만 명이 될 것이고, 중국이 세계 최대의 기독교 국가가 될 것이라는 전망이 있습니다. 중국 선교 전문가들은 성장 둔화를 감안한다고 해도 그리스도인이 2020년에는 전체 인구의 13-17%인 1억 6,000만-2억 5,000만 명에 이를 것으로 예측합니다. 2025년을 분수령으로 중국 교회가 '선교하는 교회'로 등장할 가능성이 있는 것입니다.

삼자교회는
관제교회일까?

●

중국 정부와 교회

현재 중국 정부는 삼자교회에 대해서는 '지도와 감독', 가정교회에 대해서는 '단속과 탄압'의 기조를 유지하고 있습니다. 중국 기독교는 지역별로 현지 상황과 정부의 세부 정책에 따라 삼자교회와 가정교회가 공존하는 곳, 서로 경원하는 곳, 완전히 다른 길을 걷고 있는 곳으로 나눌 수 있습니다. 이 때문에 하나의 잣대로 중국 교회를 진단할 때 혼선이 생길 수 있다는 점을 유의해야 합니다. 삼자란 자치, 자양, 자전을 뜻하는 것으로 외세를 배격하여 스스로 통치하고, 스스로 양육하고, 스스로 전도하자는 것이죠.

삼자교회는 중국 정부의 통일전선에 의해 당의 일원화된 지도를 받는 전국적인 형태로 세워졌습니다. 이를 좀 더 자세하게 설명하면 1949년 9월, 베이징에서 중국인민정치협상회의가 개최됐습니다. 이때 종교계 인사 8명이 참여하여 종교 정책에 관해 토론을 벌였습니다. 회의 결과로 나온 공동강령은 종교의 자유를 인정하는 동시에 이를 남용해서는 안 된다는 것, 종교 내면에 숨겨진 부패와 악습과 제국주의의 요소를 완전히 뿌리 뽑아야 한다는 것이었습니다. 그래서 이를 위해 공산당과 적극적으로 협력할 것을 결의했습니다.

1950년 초, 저우언라이(周恩來) 총리와의 좌담회를 마치고 돌아온 중국기독교대표단(상하이, 베이징, 톈진 등에서 온 대표단)은 여덟 차례에 걸친 수정 끝에 40여 명의 기독교 지도자들의 서명을 받아 문건을 발표했습니다. 우야오종이 기초한 "신중국 건설에 있어서 중국 기독교의 노력의 길"이라는 이 문건은, 다음과 같은 두 가지 방침을 선언합니다.

"첫째, 중국 교회와 단체는 반드시 최대한의 노력과 유효한 방법을 통해 신도들에게 제국주의의 죄악상을 알리고, 제국주의와 그들의 음모를 경계시켜야 한다. 동시에 전쟁을 반대하고 평화를 추구하며, 정부의 토지개혁 정책을 철저히 숙지하도록 교육한다. 둘째, 중국 교회와 단체는 반드시 유효한 방법으로 일반 신도들에게 애국 민주 정신과 자존의 심리를 배양시켜 준다. 중국 기독교가 제창한 삼자 애국 운동의 원리를 성취해야 한다."

국가는 공식적으로 종교의 자유를 인정하고 종교 집단을 제도권 안에 공인해 주면서, 교회로 하여금 중국 공산당의 정당성을 인정하고 사회주의 노선을 적극 선전하는 이데올로기적 도구로서 활동하도록 유도한 것입니다.

중국 기독교는 한국전쟁 기간에 항미원조(抗美援朝: 미국에 대항하고 북한을 지원하는 것)의 지지 활동을 수행했습니다. 또한 1950년 12월, 미국의 경제 지원을 받는 문화교육구제기관과 종교 단체에 대한 처리 방법을 밝히고 미국과의 관계를 끊는 한편, 중국 내 외국인 선교사의 여행 및 선교 문제에 대한 지시를 발표했습니다. 모든 외국인 선교사의 중국 내 여행과 선교가 불허됐습니다. 중국 공산당은 1951년 3월, '종교혁신운동의 적극적 추진에 대한 지침'을 공표하고, 기독교와 가톨릭의 자립혁신운동은 하나의 중요한 정치의식을 가진 군중이라고 했습니다.

중국 기독교 인사들은 1951년 4월, 베이징에서 정무원 종교사무처가 미국의 지원을 받은 기관을 처리한 회의를 개최했습니다. 이 회의에 전국의 기독교 종파와 단체에 속한 대표가 참석했습니다. 이때 기독교 인사들은 삼자 선언의 임무와 기본 방침을 재확인하고, 미국 제국주의에 대한 반대와 애국정신을 재확인했습니다. 아울러 제국주의가 기독교를 이용해 중국을 침략하려고 하는 음모에 대해 공소대회를 열기로 결의했습니다. 이를 계기로 전국기독교협진회는 천인공소대회와 만인공소대회를 열었습니다. 1952년, 공소대회가 전국에서 169차례나 열렸습니다.

이어 1952년, 화동 지역의 신학원을 합병하여 딩광쉰 주교를 원장으로 하는 난징 진링 협화신학원을 설립했습니다. 이듬해 4월에는 화북 지역의 7개 신학원을 통해 옌징 협화신학원을 설립했습니다. 그 후 중국기독교 항미원조 삼자혁신운동 준비위원회가 베이징에서 중국기독교전국회의를 개최했습니다. 이 회의에서 우야오종은 중국 교회의 7대 방침을 발표했습니다. 294명의 대표들은 '전국 동포에게 고함'을 채택하고, 삼자 혁신 운동이란 이름을 삼자 애국 운동으로 바꾸고, 중국 기독교 삼자 애국 운동으로 확정했습니다. 이 정신에 따라 1954년 7월, 139명의 위원으로 구성된 '중국기독교삼자애국운동위원회'(중국 삼자회)가 설립됐습니다.

1922년, 각 교파와 기독교 기구의 대표들로 설립된 중화기독교협진회는 삼자회로 인해 전국 교회를 연결하던 기능을 상실했고, 결국 1955년에 문을 닫게 됐습니다. 삼자교회는 1958년부터 전개된 인민공사 운동, 대약진운동의 실패와 당권을 둘러싼 중국 공산당 내 권력투쟁 등으로 인해 정부의 강력한 관리와 통제를 받았습니다.

1961년에는 교회 주일학교가 금지됐습니다. 제국주의 사상으로 아동을 해치고 문화의 침략 도구가 된다는 이유였습니다. 교회의 각 부서 활동도 폐지됐습니다. 교역자와 성도 노동 개조와 정치 학습 등으로 정상적인 종교 활동이 점차 어렵게 됐습니다. 문화대혁명을 거치면서 삼자 애국 운동에 동참한 삼자교회 소속의 목회자들조차 6개월간 정치 학습을 받아야 했습니다. 자신들이 착취계급에 속한다는 것을 자인하고, 공장 농장 등에서 노동 개조를 받아야 했습니다. 예배당은 파괴되고 성경은 불태워졌습니다.

그러던 중 개혁·개방 정책이 시행되면서 삼자교회는 성장하기 시작했습니다. 특히 1985년에 애덕기금회(愛德基金會: Amity Foundation)를 설립하면서 해외 교류를 통해 신학교 확충, 신학 서적 보급, 교회 지도자 양성 등 삼자교회의 긍정적인 면을 대외에 천명했습니다.

교회 리더십의 세대교체

중국 교회에도 리더십 교체가 더 이상 피할 수 없는 과제가 됐습니다. 중국 정부가 공인한 기독교 인민 단체인 중국삼자회와 '중국기독교협회'(기협)는 2002년에 베이징에서 제7차 중국기독교전국대표회의를 열었습니다. 지젠훙(季劍虹) 장로를 삼자회 주석에, 차오성제(曹聖潔) 목사를 기협 회장에 임명하는 등 대폭적인 인사 개편에 나섰습니다. 이 대회는 중국 교회가 전체적으로 젊어지고 있다는 것을 보여 주었죠. 참석자의 평균연령은 49.6세로 지난 대회에 비해 3세가 낮아졌고, 여성의 참여도 늘어났습니다. 전체 참석자의 23%가량이 여성이었으며, 이는 지난 대회에 비해 1.1%가 늘어난 것입니다. 노목회자들의 은퇴는 가시화되고, 40-50대 소장파의 등장은 필연이 됐습니다. 베이징 교회의 주임 목사는 모두 60대 이하로 바뀌었습니다.

물론 잡음 또한 있었습니다. 중국기독교협회와 성급기독교협회가 지방화를 추진하면서 인사와 교회 운영 등을 둘러싼 중앙과 지방의 갈등, 지방 삼자교회 지도자들의 개인주의와 배금주의의 대두 등이 불거져 나왔습니다.

중국기독교전국대표대회는 5년마다 한 차례 열립니다. 중국 각 지역의 삼자교회를 대표하는 지도자들이 모여서 지도부를 새롭게 구성할 뿐 아니라, 향후 삼자교회 발전의 바로미터가 될 주요 내용을 결정합니다. 1954년 7월, 첫 대회가 열린 이래 지금까지 9차례의 전국 규모 회의를 주재하는 등 삼자교회를 실제로 영도하는 기관으로 자리 잡았습니다.

삼자교회를 이끄는 지도자들은 2008년 전후로 더욱 젊은 세대로 교체됐습니다. 당시 베이징에서 폐막된 제8차 중국기독교전국대표대회에서 70대 중반의 지젠훙 삼자회 주석과 차오성제 기협 회장이 물러나고, 64세의 푸셴웨이(傳先偉)와 46세의 가오펑(高峰)이 각각 주석과 회장에 선출됐습니다. 이때 딩광쉰 주교는 삼자회 명예 주석과 기협 명예 회장에 재추대됐습니다. 이 대회에서 선출된 삼자회와 기협의 최고 리더십 16명의 평균연령은 55세로, 지난 대회에 비해 10세나 낮춰졌습니다. 최연소자는 43세에 기독교협회 부회장에 선출된 탕웨이민(唐衛民) 목사입니다. 전국 30개의 성, 시, 자치구 등을 대표해 참석한 지도자 277명의 평균연령도 50세에 불과했습니다. 전체 참석자 중 27%가 여성으로 지난 대회에 비해 0.1% 높아졌습니다. 소수민족 대표와 평신도 대표도 각각 28명 참석했습니다.

2013년 9월, 베이징에서 제9차 중국기독교전국대표대회가 열렸습니다. 삼자회 주석인 푸셴웨이 장로는 업무 보고를 통해 2012년까지 5년 동안 새로 짓거나 증축한 교회는 5,195곳이고, 세례를 받은 중국인은 240만 명이라고 밝혔습니다. 그는 "지난 5년간 목사 1,057명, 부목사 482명, 장로 1,443명이 새로 배출됐다. 신학원도 3곳이 늘어 중국에 21개의 신학원이 있다"고 말했습니다. 신학교 교수는 292명이고, 그중 130명은 석사와 박사 학위 소지자입니다. 5년간 졸업생은 4,369명이고, 재학생은 3,702명, 유학 중인 신학교 졸업생은 42명입니다. 제8차 대회에서 최연소 기독교협회 부회장에 올랐던 탕웨이민 목사는 제9차 대회에서도 또다시 부회장에 선출됐습니다.

중국의 시대 상황을 융합하는 신학으로

성경은 온 천하에 다니며 복음을 전파할 것을 명령하지만, 삼자교회 규정에 따르면 거주하는 성(省)을 벗어나 전도할 수 없습니다. 전도자는 반드시 종교사무국에서 설교증을 발급받아야 합니다. 그러나 삼자교회는 이런 태생적인 한계에도 불구하고 계속해서 지속적인 성장세를 보일 것입니다.

중국 정부의 2005년 공식 통계에 따르면, 삼자교회 성도는 1,600만 명으로 늘어났고, 일시에 5,000명을 수용할 수 있는 대형 교회[2005년 5월에 새롭게 건축된 저장 성 항저우 시의 기독교 충이탕(崇一堂)으로, 삼자교회 가운데 최대 규모임]가 등장했습니다. 충이탕은 원래 1866년 11월, 제임스 허드슨 테일러에 의해 항저우 시 칭타이(清泰)가에 처음 세워졌습니다. 그러다 1958년, 대약진운동과 인민 공사화 등으로 인해 주변 토지와 교회당이 병원과 일반 민가로 사용됐습니다.

한국 교회는 삼자교회에 대한 분명한 인식을 가져야 합니다. 삼자교회 내에는 '불변과 변화'의 원칙이 있습니다. 공산당과 국가의 정치 노선과 정책에 직접 영향을 받습니다. 사회주의 현실과 통치를 비난하는 행위나 사회주의 건설과 현대화 사업에 참여하지 않거나 저해하는 행위는 모두 하나님의 긴 창조 역사를 역행하고 거부하는 것으로 취급됩니다. 기독교와 기독교 신학에 부여한 통일전선(統一戰線)적 사명과 임무의 변화에 따라 변화할 수도, 변화하지 않을 수도 있습니다. 즉, '새장 속의 신학'인 셈입니다. 독립·자주적이고 자립하는 교회 원칙에 따라 중국 문화와 성경 진리가 융합된, 고유의 사회주의 시장경제에 맞는 신학을 만들어 나가야 합니다.

한국 교회 입장에서 삼자교회를 관변교회라면서 무조건 무시해서는 안 됩니다. 그 가운데에도 복음주의자들이 있기 때문입니다. 한국 교회는 내부자적 관점을 갖고 삼자교회가 형성되고 발전하게 된 시대적 상황을 이해해야 합니다. 또한 "가이사의 것은 가이사에게", "하나님의 것은 하나님께" 돌려드리는 삼자교회가 될 수 있도록 적극적으로 돕는 자세가 필요합니다.

삼자교회도
신학이 있나?

삼자교회의 신학

중국 교회의 신학은 공산당과 국가가 설정한 정치적 입장에 충실하면서, 현실에서 제기된 문제를 신학적으로 답하는 실천적 의미가 강합니다. 따라서 기존 교회의 신학 사상은 성서를 통해 사회주의 정권과 당 노선에 위협적인 주장을 펴고, 삼자 애국 운동에도 도전적인 요소라고 파악합니다.

그러면 딩광쉰, 선이판(沈以藩), 루오관종(羅冠宗) 천저민(陳澤民), 왕웨이판(汪維藩)등 삼자신학자들의 주장을 소개하겠습니다. 이들의 관점은《진링 신학지》,《톈펑》,《중국 신학과 그 문화 연원》등에 잘 나와 있습니다. 삼자교회의 성경관부터 살펴보겠습니다.

첫째, 삼자교회는 서구 선교사들이 성경을 중요하게 여겼지만, 교회를 세우는 것이나 인류 사회의 건설에 대해서는 중시하지 않았다고 비판합니다. 성경 전체가 중요하지만, 실제적으로는 성경의 특정 부분이 특정 상황에서 중요한 역할을 한다고 주장합니다. 이 때문에 중국 선교 전문가들은 "삼자교회는 성경이 하나님의 말씀이며, 죄인을 구원하는 생명과 진리임을 부인한다. 성경을 단지 사회주의 건설에 동참하도록 촉구하는 선전물로 전락시켰다"고 지적합니다.

둘째, 삼자교회 신학자들의 신론은 사변적이고 형이상학적인 전개를 펴기보다는 사회주의 통치의 현실 속에서 하나님의 사랑과 주재하심을 체험해 얻은 신에 대한 이해입니다. 현실을 바탕으로 하나님이 인간을 끝까지 사랑하고 책임져 주심으로써 현실의 삶은 의미 있고, 하나님의 사랑이 끝까지 삶을 이끌 것이라는 믿음을 주면서 현세를 긍정적으로 보고 있습니다. 특징적인 것은, '하나님의 공의도 하나님의 사랑'이라면서 하나님의 공의가 어떻게 역사 속에서 나타나는지에 대해서는 언급을 회피한다는 것입니다. 그래서 이론적 제한을 받고 있습니다. 하나님이 역사의 주재자시라는 것에 대해서도 단지 모호한 언급만 되풀이할 뿐, 어떻게 어떤 이유에서 하나님이 역사의 주재자가 되시는지를 밝히지 않습니다.

셋째, 기독론 사상은 우주적 그리스도, 성육신, 질고와 고난의 주로 나타납니다. 그리스도의 인성과 신성에 대한 논의를 회피하고, 우주적 그리스도에서 신학 사상의 해방을 추구합니다. 그리스도가 우주를 주재하고 총괄하고 사랑하고 있다고 하면서도 그리스도는 우주 역사, 인간 사회와 대립적인 존재가 아니라고 합니다. 그리스도를 성육신 된 존재로 간주하는 것은, 새로운 사회주의 현실에서 인간과 인간이 이룩한 업적과 노력을 긍정하고, 인간에게서 희망적 요소를 발견하며 현실, 물질, 사회, 국가, 민족과 세계를 경시하거나 이탈하려는 관점을 그리스도의 성육신으로 극복해 나가려 했던 것으로 분석합니다. 즉, 기존의 전통 중국 교회의 현세, 인간, 세계 경시적 경향과 이원론적 관점에서 제기한 신학적 문제들을 성육신으로 대답하고 있는 셈입니다.

삼자교회의 토착화 신학의 권위자인 왕웨이판은 고난 문제가 심각하다고 인식하고, 질고와 고난의 주로서의 그리스도론을 제시했습니다. 그러나 고난을 정면으로 다루고 해석하기보다는 그리스도가 우리의 질고와 고난을 짊어지시고 함께 고난에 동참하고 계심을 강조하는 데 그치고 있습니다. 따라서 삼자 신학의 기독론은 현세에 대한 긍정입니다. 형제 사랑을 만인 사랑으로 확대하고, 예수의 형상이 성도들과 사회와 국가 인민을 위해 공헌하도록 고무시킵니다.

넷째, 삼자교회 신학자들은 인간의 하나님 형상, 원죄, 인간의 본성, 비그리스도인의 도덕성 등을 중심으로 인간론에 접근하고 있습니다. 그들은 인간의 타락, 죄, 그리스도인과 비그리스도인의 차이를 극소화시킵니다. 모든 인간은 하나님의 형상과 그리스도의 은혜를 지녔으며, 그리스도인과 비그리스도인은 절대적인 차이가 없다고 강조합니다. 사람을 부정적으로 생각하거나 사람들 사이에 갈등이 존재한다고 파악하지 않고 다 같이 존중함으로써 사회주의 중국을 이룩하려는 의도가 숨겨져 있습니다.

인간론을 좀 더 살펴보겠습니다. 삼자교회는 아담의 범죄가 모든 사람을 죄인으로 만들기는 했지만 인간의 본성이 완전히 손상되지는 않았다는 사실을 강조합니다. 이는 중국 문화의 인성론과 맥을 같이 합니다. 그러나 인간의 죄성을 부인하는 것은, 구원의 필요성을 배척하는 동시에 인본주의를 고양시키는 잘못된 사고입니다. 이 입장을 따르게 되면, 하나님은 단지 인간을 위해 존재하고 인간을 섬기는 종에 불과합니다.

다섯째, 삼자교회 신학자들은 현세와 역사에 대한 이해, 성과 속의 문제, 창조와 구속의 관계, 천년왕국설 등을 중심으로 현세와 종말론을 전개하고 있습니다. 인간의 역사를 세속의 역사와 구원의 역사로 분리시키고, 세속의 역사를 무의미하고 가치 없는 것으로 보는 관점을 배격합니다. 인간의 역사란 통일체이며, 오메가 포인트로 향하는 과정이라고 여깁니다.

삼자교회의 종말론은 후천년설입니다. 즉, 세상은 점점 더 좋아질 것이고, 그것에 적극적으로 대응해야 한다는 것입니다. 또한 사회주의는 하나님의 공의가 실천되는 사회를 모색하는 것으로 성경 정신에 부합하므로, 그리스도인들은 사회주의를 옹호할 뿐 아니라 사회주의 건설에도 자발적으로 참여해야 한다고 주장합니다. 이에 대해 중국 선교 전문가들은 결국 인본주의적 낙원인 사회주의 건설을 위해 종교를 이용하는 논리에 불과하다고 지적합니다.

삼자교회 신학자인 딩광쉰은 인류 역사를 하나님의 사랑을 동력과 근원으로 한 '긴 창조의 역사'로 보고 있습니다. 종말과 관련하여, 선이판 전 중국기독교협회 부회장은 현세와 내세 사이에 일정한 연속이 있다고 주장했습니다. 하나님이 종말을 실현하기 위해 태초와 태초 이래의 역사 과정을 모두 부정하고, 현세를 파멸시킬 것에 대해 의구심을 나타냈습니다. 현세와 역사에 대한 긍정적 견해와 역사적 사건들이 하나님의 뜻을 이룬다는 생각은 통치의 현실과 사회주의 건설에 적극적인 자세를 갖게 하나, 사회주의 통치의 악을 간과하게 합니다.

삼자교회 신학자들은 새로운 시대에 맞는 중국 특색의 신학을 만드는 데 많은 관심을 보였습니다. 군중 운동을 통해 현세와 인간 본성의 문제, 신앙과 신령한 것을 토의한 것이 1950년대 이래의 신학이었다면, 1980년대부터는 믿음과 행위, 영성과 윤리, 역사의 종말과 현실의 역사 등을 진지하게 다루기 시작한 것입니다. 이러한 움직임은 1990년대 들어 루오관종의 '신학 사상과 사회주의 사회와의 상호 적응', 한원자오(韓文藻)의 '신학 사상의 활성화와 창조'로 발전됐고, 삼자교회 신학의 정수라 할 수 있는《딩광쉰 문집》에까지 이르게 됐습니다. 이들은 한결같이 해외 기독교와의 빈번한 교류, 해외 신학 사상과의 접촉을 통해 '중체서용'의 중국 특색적 신학 이론을 주장했습니다.

특히 1998년 신학 사상 건설 운동을 공개적으로 반대했던 난징 진링 협화신학원의 지타이(季泰) 교수 등 삼자 내 복음주의자들이 대거 축출되고, '이신칭의'(以信稱義)가 '이애칭의'(以愛稱義)로 바뀌는 등 신신학 흐름이 깊이 스며들게 된 것은 안타까운 일입니다. 딩광쉰은 '하나님은 사랑이시다'는 믿음과 중국 사회주의 노선에 대한 신념은 같다고 주장했습니다. 그는 "사회주의는 대규모의 사랑이며 사회제도를 위해 형성된 사랑이다. 다른 제도하의 사회에서 고난 받은 사람들은 하나님이 사랑이시라는 것을 이해하기 어렵다"고 했습니다.

사랑으로 통치하는 천국을 만들어 하나님 나라를 대신하자고까지 했죠. 복음주의권에서는 결국 이것은 정치 신학적 의미에서의 사랑이지 기독교의 사랑이 아니라고 지적합니다. 이 논리가 확대되면 이렇게 될 수 있죠.

"1998년에 발생한 창장(長江) 유역의 홍수로 인해 적잖은 인민해방 군인이 사망했습니다. 고귀한 희생자들이 어떻게 지옥으로 갈 수 있습 니까. 공자, 맹자(孟子), 인민해방군 모범 전사의 상징인 레이펑(雷鋒) 등은 인민을 위해 살았는데 어떻게 지옥에 갈 수 있습니까. 사랑으로 이들은 천국에 갈 수 있습니다."

반면에 가정교회의 신학은 인간을 영·혼·육으로 나눈 후 어떤 것 이 영에 속하고 어떤 것이 혼에 속하는지를 구분합니다. 영으로 혼을 무찌르라고 주장하는 워치만 니의 삼원론적 인간론을 받아들이고 있 습니다. 사역자와 성령 인도의 체험, 고전적 세대주의에 따른 말세론 등을 강조하는 가정교회는 학력 수준이 낮은 농촌의 노년층에 기반을 두었습니다. 그러다 1990년대 들어 지식인들이 참여하는 도시 가정교 회가 늘어 감에 따라 신학화가 이뤄지고 있습니다.

선교 전문가들은 "가정교회가 신학적인 한계성을 갖고 있지만, 보 수적이며 성경을 사랑하고 기도와 경건을 강조하는 등 복음의 순수성 을 유지하고 있는 긍정적인 면이 많다"고 조언합니다. 그러면서도 "가 정교회의 건전한 신학 조성을 위해 한국 교회의 보다 체계적인 지원과 함께 건강한 신학으로 무장한 목회자들을 양성하고, 기존 사역자들을 재교육하는 것이 시급하다"고 강조합니다.

신학이 체제의 도구가 되지 않기를!

중국 정부가 삼자교회 신학의 확립을 통해 사회주의 사회에 부합되는 중국 특색적 기독교 문화의 건설을 주도하기를 바랍니다. 2005년 2월 22일, 제7차 중국기독교전국대표회의 제2차 회의에서 "신학사상 건설 공작을 진일보 개진하기 위한 구상"이라는 주제 토론을 통해 이 점을 재차 강조했습니다. 이와 함께 제5차 전국기독교협회의 공동 개최를 통해 '기독교양회 출국 유학생 및 진수생 선출 파견 실시방법'을 상정, 통과시켰습니다. 이는 삼자기독교계가 학교의 운영 및 외국의 기존 교파를 중심으로 한 신학 교류에서의 한계를 성직자 혹은 신학생들의 해외 유학과 진수 과정을 통해 극복하려는 의지를 보여 준 결과입니다.

또 이 회의에서 매년 3분기에 해외에 파견할 유학생들의 시험을 공고하고 베이징 엔징 신학원, 상하이 화둥 신학원, 난징 진링 협화신학원 등 전국 18개의 주요 신학원과 각급 종교 활동 장소에 이를 공표할 것을 결의했습니다(현재 중국 정부가 공인한 신학원은 21개입니다). 매년 삼자교회의 이름으로 해외에서 신학을 공부할 유학생들을 선발함으로써, 그들이 과거 제도권 내에서 금지됐던 서구의 정통 신학을 스스로 배워 오게 하는 것입니다. 즉, 삼자신학을 수립하겠다는 의지를 대외에 보여 주는 것입니다.

한국 교회는 중국 교회에 바른 토착화를 이루는 목회와 선교를 위해 기도해야 합니다. 동시에 중국 교회와 서로 교제하는 모습도 잃어버리지 않아야 합니다. 바울과 초대교회의 사역자들이 이방인 지역으로 가서 스스로 교회를 세우는 일에 주도적으로 관여하고, 장로를 안수하여 임명하고, 그들을 가르치며, 그들의 사역에 구체적으로 관여했던 사실을 기억하면서 말입니다. 또한 신학을 하나의 정치체제를 지지하는 도구로 만들거나 이데올로기화시킨 것 역시 우리가 함께 짊어지고 회개해야 합니다. 중국 내의 바른 신학을 위해 함께 고민하고 기도해야 합니다.

가정교회도
분파가 있다

●

가정교회의 여러 분파

중국 가정교회는 정통근본주의(복음주의) 계열(基要派)과 오순절 계열(靈恩派)로 나눌 수 있습니다. 이를 취재하고 분석한 바에 따라 좀 더 자세히 살펴보면 지역과 지도자에 따라 그 특성이 분명히 나뉩니다.

먼저 서구에 의해 세워진 분파로 '중화기독교협진회'와 '중화기독교회'를 꼽을 수 있습니다. 1922년, 상하이에서 최초의 교회 연합 기관으로 조직된 중화기독교협진회는 훗날 정치 참여 문제가 불거져 복음주의 진영이 대거 탈퇴했고, 중국 정부의 삼자 정책을 추종했습니다. 한편 중화기독교회는 1927년, 16개의 장로회와 개혁파의 선교 단체들이 함께 설립한 이래 베이징, 톈진, 칭다오(靑島) 등에서 성장했습니다. 이들은 자립, 자양, 자전을 강조하고 토착화 운동에 앞장섰습니다. 그러나 전국적으로 통일된 교회를 형성하기 위한 안목, 성경과 부합하는 토착 신학을 발전시킬 역량은 부족했습니다.

중국인 주도로 형성된 분파로는 '중화기독교자립회', '중국예수교자립회', '참예수교회', '예수가정', '지방교회', '기독도회당'(基督道會堂) 등이 있습니다. 외국 교회와 선교 단체와의 우호 관계 유지를 주장한 중화기독교자립회는 1901년, 산둥 성 칭다오 장로회의 류셔우산(劉壽山)에 의해 시작됐고 1915년, 산둥 중화기독교회로 발전했습니다. 반면에 1906년, 위궈전(兪國楨) 등 13명이 상하이에 설립한 중국예수교자립회는 외국과의 관계를 끊을 것을 주장했습니다. 허난 성, 쓰촨 성, 푸젠 성, 광둥 성, 장쑤 성 등에 교회를 세웠으며 1924년에는 전국 300여 개의 교회로 급성장해 전국 교회의 성도 수가 2만여 명에 달했습니다.

1917년, 웨이오언보(魏恩波)가 베이징에 설립한 참예수교회는 안식교의 영향을 받아 신유, 귀신 추방 등 초자연적 체험을 중시했는데 이때문에 점차 선교사들로부터 외면을 받았습니다. 예수가정은 1921년, 징뎬잉(敬奠瀛)에 의해 산둥 성 타이안 마좡에서 시작됐습니다. 성령충만과 방언, 휴거 등 신비적인 경험을 강조했습니다. 지방교회는 집회소, 샤우췬(小群) 파로 불리며 1922년, 워치만 니에 의해 푸저우에서 시작됐습니다. '샤우췬'은 마가복음 3장 32절에 나오는 '적은 무리'에 근거하여 명명한 것이며, 자신들만이 참교회라고 주장했습니다. 기독도회당은 자립, 바른 신학, 성경 원칙을 내세우며 정교분리와 토착화를 주장했습니다.

현재 가정교회의 지도자들은 체계적인 신학 교육을 받고 싶어 합니다. 지금까지 수많은 선교사가 거쳐 가며 산발적으로 교육했기 때문에 어떤 사역자는 들은 것은 많지만 신학 체계가 불완전합니다. 이렇듯

흔들리는 신학관은 가정교회를 분열과 대립으로 치닫게 합니다.

가정교회는 사도행전 2장 37-42절을 근거로 중생과 중생 이후의 교회 생활을 강조합니다. 정부의 압력과 핍박을 견디지 못하면, 교회가 와해되고 분쟁에 휩싸일 가능성이 있기 때문입니다. '성령의 감동에 의해 참으로 회개한 체험이 있는가', '하나님의 말씀이 그의 삶 가운데 직접적인 도움을 주는가' 등을 통해 중생을 확인합니다.

중국에서 가장 영향을 끼치는 신학관 중 하나는 워치만 니의 '삼원론적 인간관'입니다. 삼원론에 따르면, 인간이 범죄할 때 그의 영은 죽지만 혼(이성, 감정, 의지)은 여전히 삽니다. 워치만 니는 혼은 아직 구원받지 못했고, 인간이 영으로 혼을 다스리고 다시 혼이 육을 다스리게 될 때 비로소 구원의 유익을 얻는다고 주장했습니다. 그의 말에 따르면, 기독교의 본질은 신조나 전통, 예전이나 제도가 아니라 일종의 영적 실재입니다. 영적 실재는 성령의 계시에 의해 사람의 영에 만들어지며, 사람은 직접 하나님과의 접촉을 통해 '생명상의 교류'를 할 수 있습니다. 거듭나고 구원받는 것은 바로 이런 영적 실재의 시작을 의미합니다. 성화를 추구하는 것은 영적 실재를 자라게 하는 것입니다.

그는 지나치게 영해적인 삼원론에 집착하여 비성경적 모순을 드러냈습니다. 지방교회의 성경해석학과 실천은 상당한 문제점을 안고 있습니다. 많은 가정교회의 성도가 성경 묵상에 가치를 두지 않는 이유가 여기에 있습니다. 삼원론적 인간관은 결혼과 문화에 대해서도 부정적인 영향을 끼쳤습니다. 독신 교역자가 결혼하고 싶어 하는 것을 연약함, 곧 육신을 좇는 일이라고 취급했습니다. 남녀 사역자가 결혼하려고 하면 교회로부터 처벌을 받거나 심지어 제명됐습니다. 결혼과 결혼으로 인한 성관계를 육에 속한 것으로 여기고, 결혼하지 않는 것이 가장 좋다고 했습니다.

가정교회가 안고 있는 문제들

과거에 가정교회 지도자들은 개인적 도제식 신학 교육, 심령부흥회식 또는 성경공부식 훈련 모임, 해외 선교 방송을 통한 지도자 교육, 장·단기 신학 훈련 과정 등을 통해 양성됐습니다. 현재 신학 훈련은 단기·장기·집중·연장 교육 등 매우 다양하게 이뤄지고 있습니다. 10대부터 60대에 이르기까지 그 대상도 광범위합니다. 그러나 중국은 보안 문제 등으로 대규모로 진행하기가 어렵습니다.

1999년, 중국 현지에 설립된 신학원에서 실시하는 TEE(신학 연장 교육) 과정에서 배출된 졸업생들이 곳곳에서 선교 사역을 감당하고 있습니다. 장소를 이동하면서 진행되는 이동 신학교는 특정 교파의 설립에 치중하지 않습니다. 또 중국 교회 지도자와 세계 선교사를 양성하는 데 초점이 맞춰져 있습니다. 성령론, 제자 훈련과 전도, 선교학 등이 주종을 이루며 난해한 교리에 대해서는 견해차를 인정합니다. 중국 교회가 자립 가능할 때 이동 신학교는 중국 지도자들에게 완전히 양도될 것입니다.

한편 가정교회는 이슬람권 및 자국 내의 타민족 선교에 대해서도 남다른 관심을 보여 왔습니다. 최근 세계 선교계가 주목하고 있는 '백 투 예루살렘(Back to Jerusalem) 운동'(실크로드 국가를 거쳐 예루살렘까지 복음을 전하자는 선교 운동)도 이미 60여 년 전부터 중국의 그리스도인들이 준비해 오던 것입니다. 그러나 한국 교회가 장기적인 전략 없이 백 투 예루살렘 운동에 합류할 경우, 중국 교회를 어렵게 할 수 있다는 지적도 있습니다. 현재 대부분의 가정교회 지도자들이 이 운동을 대세로 받아들이고 있는지를 따져 봐야 합니다. 이견이 적지 않습니다. 많은 가정교회가 이 운동보다는 우선 더 많은 지도자를 훈련하고 배출해야 한다고 주장합니다. 또한 백 투 예루살렘 운동이 주창한 선교사 10만 명의 파송보다는 국내의 타민족 선교에 더 힘써야 한다는 목소리가 높습니다.

중국에는 55개의 소수민족이 있습니다. 실제 고유문화를 가진 소수민족은 410개에 달합니다. 중화복음회 같은 단체는 자국 내의 타 문화권 선교를 위해 전도자 부부를 소수민족 지역에 거주시키는 '이민 선교'를 하고 있습니다. 네이멍구 자치구, 칭하이 성, 윈난 성, 간쑤 성, 꾸이저우(貴州) 성, 장시(江西) 성, 신장 위구르 자치구 등으로 전도 팀을 파송하여 활발히 사역하고 있습니다. 재정적으로는 교회가 초기 3년만 지원하고, 그 후부터는 사역자들이 자비량으로 활동합니다.

그러면 한국 교회가 가정교회에서 배울 점은 무엇일까요? 우선 많은 교회가 조직과 형식에 얽매이지 않고, 모든 일을 기도와 대화를 통해 결정한다는 것입니다. 열악한 환경 속에서도 말씀을 간절히 사모하고, 열정적으로 복음을 전하면서 세계 선교의 비전을 갖고 있습니다. 서부 지역을 향한 이민 선교가 그 대표적인 예입니다. 또한 사역자들이 매우 검소합니다. 전적으로 하나님의 공급하심을 믿고, 엘리야처럼 행동하려고 애씁니다. 주를 위한 고난과 순교를 당연시합니다. 신앙적 기초가 튼튼한 그리스도인 가정들은 복음사역자들을 적극적으로 도우려고 합니다.

그러나 가정교회가 안고 있는 문제도 많습니다. 각 분파의 색깔이 강하다 보니 오히려 다른 분파에 대해 매우 경직된 태도를 보이고 있습니다.

1982년, 허난 성 내의 일부 교회가 생존과 발전을 꾀하기 위해 퇀뚜이(團隊)를 조직한 이래 안후이 성 등지에도 각종 단체가 설립됐습니다. 이 단체들은 '파송, 교회 개척, 훈련, 재파송' 등의 방법으로 하나님 나라를 확장시켰습니다. 그러나 단체가 성장함에 따라 권력 집중 현상이 드러났습니다. 그토록 반대했던 삼자교회와 같은 피라미드식 조직이 형성됐습니다. 또 어떤 단체는 책임자가 지역 교회를 돕는 것이 아니라 오히려 통제하려고 했습니다. 더 나아가 비그리스도인들을 전도하는 것이 아니라 다른 단체나 교리가 다른 교회들을 예속시키려고 하면서 지역 쟁탈전의 혼란을 부채질했습니다. 가정교회는 해외 교회와 동역하고 싶지만 교파 이식 문제와 신학적인 문제로 매우 불편한 심기를 드러내고 있습니다.

가정교회 지도자들은 해외 사역자들이 갖춰야 할 자세로 다음과 같은 점을 강조한 적이 있습니다. 첫째, 중국인과 중국 교회의 정서를 이해해야 하고, 삼자교회와 가정교회의 각 분파에 대해 제대로 알아야 합니다. 둘째, 이성과 감정의 균형을 유지하면서 생명력 있는 영성을 갖춰야 합니다. 셋째, 체계적으로 성경을 가르치고 신학 훈련을 담당할 수 있어야 합니다. 넷째, 자국의 교단을 세우는 것이 아니라 중국 교회를 세워야 합니다. 즉, 가정교회는 동등한 관계 속에서 협력하기를 기대하고 있는 것입니다.

가정교회와 관련하여 꼭 다뤄야 할 문제가 있습니다. 한국 교회가 많이 헷갈려 하는 부분입니다. 과거 가정교회 지도자들은 주로 1910-1930년대 출생자였습니다. 반면에 전국 네트워크를 갖고 있는 지도자들은 주로 1940-1950년대 출생자입니다. 최근에 '핫'한 신흥도시 가정교회의 지도자들은 주로 1960년대 이후 출생자입니다.

가정교회 중 외부에 널리 알려진 5대 그룹이 있는데, 이들은 전국적인 규모를 갖고 있었습니다. 하지만 지금은 그 개념이 희미해졌습니다. 현재는 많은 보수적인 가정교회들도 대그룹을 이루고 있다는 것을 잊어서는 안 됩니다. 전국적 규모를 갖고 있는 그룹은 팡청퇀뚜이(方城團隊), 중화푸인퇀치(中華福音團契 또는 唐河团契, 현 中華福音教會總會), 원저우취후이퇀뚜이(溫州區會團隊), 잉상퇀뚜이(穎上團隊), 리신퇀뚜이(利辛團隊)입니다. 쉬저우화이하이푸인퇀치(徐州淮海福音團契)와 지금은 존재가 미미해진 중생파를 포함하면, 전국적인 규모는 7개 그룹이라고 할 수 있습니다. 이들 그룹의 상당수는 제임스 허드슨 테일러 등 CIM 선교사들이 사역했던 허난 성, 저장 성, 안후이 성, 장쑤 성 등을 기반으로 하고 있습니다. 장룽량, 펑젠궈, 선이핑(申義平), 먀오즈퉁(繆志彤), 천바오츠(陳寶池) 등이 대표적인 지도자입니다.

특히 팡청퇀뚜이와 중화푸인퇀치는 예배와 기도 형식에 있어 오순절주의 색채가 짙습니다. 이는 오순절주의 목회자인 데니스 발콤(Dennis Balcombe) 목사의 영향을 깊이 받았기 때문입니다. 가정교회가 신학적으로 문제가 있는 것은 이런 배경이 있어서죠. 물론 다 그렇다는 것은 아닙니다. 중국의 특수한 상황 속에서 가정교회가 이뤄지다 보니 잘못된 가르침에 노출되기가 쉽습니다. 이 때문에 가정교회의 건강한 목회와 신학 정착을 위해 더 많은 중보 기도가 필요합니다.

오해와 착각이 있을 수 있기에 노파심에서 위 그룹에 대해 좀 더 언급하겠습니다. 중생파, 중화푸인퇀치, 팡청퇀뚜이는 '백 투 예루살렘 운동' 등에 밀접하게 관계되면서 적잖은 문제가 드러났습니다. 원저우 취후이퇀뚜이와 리신퇀뚜이도 분쟁, 타락 등으로 인해 해체 또는 와해 수순을 밟아야만 했습니다. 그중 한 갈래가 잉샹퇀뚜이입니다. 이들 그룹의 배경은 오순절주의라는 것을 잊지 마십시오. 아울러 아직 많은 분들이 5대 가정교회 그룹과 자신이 연관돼 있다고 주장하며 과시하는데, 조심하시기 바랍니다.

전통적인 가정교회 그룹 외에 중국 정부의 주요 사찰 대상인 곳은 신흥도시 가정교회입니다. 그 중심 교회로는 베이징 서우왕 교회, 상하이 완팡(萬邦) 선교교회, 청두 치우위즈푸(秋雨之福) 교회 등을 들 수 있습니다. 진톈밍, 왕이(王怡), 진밍르(金明日), 리성펑(李聖風), 장푸헝(張付恒), 자오샤오(趙曉), 추이첸(崔權), 황레이(黃磊) 등이 주요 지도자입니다.

특히 주목해야 할 목회자는 세계복음주의(개혁주의)권과 중국 가정교회 내에서 좋은 관계를 유지하고 있는 40-50대 리더십입니다. 그중 위푸(餘噗), 팡즈장(方之江), 리이삭(李以撒), 황춘핑(黃春平) 등이 눈에 띕니다. 샤먼이청(厦門溢城) 교회를 담임하고 있는 위푸 목사는 가정교회의 원로 지도자였던 양신페이의 영향을 받았으며, 현재 목회를 잘 하고 있습니다. 그는 한국과 미국 등지에서 열리는 주요 모임의 강사로 초빙될 만큼 해외에 널리 알려져 있습니다. 상하이 성밍즈거(生命之歌) 교회를 이끌고 있는 팡즈장은 학생 단체 사역을 교회로 발전시킨 탁월한 지도자입니다. 리이삭은 순교자의 후손으로 신광(新光) 교회를 담임하고 있습니다. 청쟈오(城交) 교회를 이끌고 있는 황춘펑은 원저우 총회의 최고 리더 그룹에 속해 있으면서 신학 훈련의 기초를 닦는 등 가정교회 발전에 크게 기여했습니다.

또 잊지 말아야 할 게 있습니다. 외부에 알려진 가정교회 그룹이나 리더들은 오순절주의의 영향을 강하게 받았고, 대외적으로 인정받으려는 성향이 있다는 것입니다. 아울러 신흥도시 가정교회는 한국 교회 등 외부의 영향을 받았고, 전통 가정교회의 전통과 신앙을 계승했다고 보기 어려운 점이 있어 전체 가정교회를 대표한다고 볼 수 없다는 것입니다.

중국은 모든 방면에서 엄청난 변화를 겪고 있습니다.
그 변화 이면에는 어두운 현실도 있습니다.
이제는 중국과 한국이 세계가 함께 화해의 역사를 만들어야 합니다.
함께 살아가는 현실을 만들어야 합니다.
함께 선교 중국의 시대를 열어야 합니다.

3부

중국이 무섭게
변하고 있다

22

신주류 신흥도시 교회를
주목하라

•

떠오르는 도시 교회

중국 내 도시 교회가 기존의 가정교회를 대체하는 세력으로 급부상하고 있습니다. 이들 교회는 가정이나 아파트에서 은밀하게 예배드리던 방식에서 탈피하여, 상가 건물을 임대해 모임을 갖고 자체 홈페이지를 운영합니다. 그리스도인 법조인을 통해 정부의 압력에 맞서고 있고, 심지어 정부 내의 종교 담당 부서를 법원에 고소하기까지 합니다.

그동안 중국 가정교회는 '삼다'(三多) 현상이 뚜렷했습니다. 즉, 노인과 저학력자와 여성 성도가 많았습니다. 그러나 최근 들어 베이징, 상하이, 항저우, 난징, 청두, 광저우, 원저우 등지에서 새로운 엘리트형 도시 교회가 부흥하면서 기존의 가정교회를 대체하고 있습니다. 이들 교회는 가정교회나 삼자교회와는 매우 다른 유형으로, '공개된 비밀 독립 교회'로 간주할 수 있습니다. 베이징에만 2,000여 개의 도시 교회가 있고, 베이징 목회자들의 연합 기도 모임이 있습니다. 매년 두 차례 전국 도시 교회 목회자 모임이 열릴 정도로 왕성하게 활동하고 있습니다.

특히 도시 교회의 부흥은, 중국 사회와 기독교를 연구하는 학자들을 중심으로 정부가 가정교회의 존재를 인정해야 한다는 목소리를 높이게 한 계기가 됐습니다. 국무원발전연구센터, 중국사회과학원, 베이징대학교 중국종교 및 사회연구 센터 등이 가정교회 공개화에 대한 담론을 형성하고 있습니다.

중국 A지역에서 사역 중인 김모세 선교사는 "도시 교회는 기존의 가정교회처럼 삼자교회에 대해 강한 비판 의식이 없는 대신, 고난 중에 형성된 가정교회의 전통을 자랑스러워한다. 특히 고등교육을 받은 젊은 층이 회중을 이루고 있고, 정규 신학 교육을 받은 사역자들이 높은 사회참여 의식을 갖고 다양한 목회 모델을 만들어 가고 있다"고 밝혔습니다.

한 조사에 따르면, 베이징의 46개 도시 교회 중 35세 이하의 성도가 64%, 고등교육을 받은 젊은 층이 76%에 달했습니다. 46개 교회를 담당하는 목회자 49명의 평균연령은 38세이고, 그중 75%가 신학 교육을 받았습니다. 특히 도시 교회의 목회자들은 영적이고 내세적인 신앙을 강조하면서도 소외 계층의 권익 향상 등을 위한 사회참여에도 적극적입니다.

이 조사를 진행한 중국사회과학원 연구원 출신인 류퉁수(劉同蘇) 목사에 따르면, 신흥도시 가정교회는 6개의 특징을 갖고 있습니다. 첫째, 전통 가정교회처럼 삼자교회를 심하게 비판하지는 않지만, 정권과 유착된 삼자교회의 처신에 대해서는 여전히 비판적입니다. 둘째, 높은 교육을 받은 젊은 지성인들로 교회가 구성돼 있습니다. 셋째, 정규 신학 교육을 받은 목회자들이 있습니다. 넷째, 자체 조직과 예배 형태, 장·단기적인 목회 계획을 갖고 있습니다. 다섯째, 국가와 사회 문제에 대한 책임 의식이 있습니다. 여섯째, '십자가의 길'에서 '세속화의 길'로 빨리 진입하고 있습니다.

C지역의 조선족 사역자 김아모스 목사는 "도시 가정교회는 은밀한 집회 스타일에서 공개 모임으로 발전하고 있으며, 단순한 설교자가 아니라 전문적인 목양자 시스템을 갖추고 있다. 개별 교회의 문서 사역이 활발할 뿐 아니라 NGO 활동에도 적극 참여한다"고 말했습니다. 중국사회과학원의 판야펑(范亚峰) 박사에 따르면, 2008년 5월 쓰촨 성 대지진 때 민간 자원봉사자 100만 명 중 그리스도인이 63만 명이나 포함됐습니다. 또 전체 재난후원금 1,000억 위안 중 그리스도인의 기부액은 115억 위안에 달했습니다.

현재 원저우 교회는 전통 가정교회의 시스템을 갖추고 있으면서도 11개 지역을 나눠 역동적으로 활동하고 있습니다. 이들 교회는 중앙집권적 네트워크를 갖고 있으면서도 예배당과 행정은 자치적으로 운영합니다. 신학 교육과 주일학교 사역은 공동으로 진행합니다. 대만, 홍콩, 싱가포르, 한국 등지에서 온 사역자들이 신학 교육의 도우미가 되고 있습니다. 여름방학과 겨울방학을 이용하여 연합 주일학교 사역도 하고 있습니다.

김아모스 목사는 "도시 교회는 아직 넘어야 할 산이 많다. 이 때문에 한국 교회의 목회와 선교 경험 등을 배우고 싶어 한다. 한국 교회가 일방적으로 베푼다는 의식을 버리고, 중국 사역자들을 진정한 파트너로

인정한다면, 중국 교회가 선교하는 교회로 거듭날 수 있도록 도울 수
있다"고 강조했습니다.

중국 정부와의 긴장 관계

한때 중국 정부의 가정교회에 대한 태도 변화가 감지되는 듯했습니
다. 정부 관계자가 도시형 가정교회를 이끌고 있는 진밍르 목사 등과
비밀 회동을 가졌습니다. 이는 중앙정부 차원에서 가정교회를 대화 상
대로 인정한 첫 케이스입니다. 외부에서는 이를 향후 비공인 교회 관
리 정책의 변화 가능성을 보여 주는 것으로 판단했습니다.

이 회동에 참석한 진밍르 목사는 베이징 대학교와 옌징 신학교를 거
쳐 미국 풀러 신학교에서 신학을 공부한 대표적인 조선족 사역자입니
다. 그는 베이징에 시안(錫安) 교회를 개척하고 성도를 600여 명으로
성장시켜서, 도시형 가정교회의 리더로 주목받았습니다. 회동 이후에
"정부가 종교에 대해 좀 더 열린 태도를 보여 주었다"면서 비공인 교회
에 대한 정책 변화가 올 것을 예상했습니다. 그러나 그 결과는 이상적
이지 않았습니다.

물론 중국 정부는 탄압 일변도 정책으로는 해마다 늘고 있는 기독교
인구를 통제하기 어렵다는 현실론을 이해하고 있습니다. 정부가 직면
한 경제문제를 해결하면서 잠재적 불안 요소인 종교 문제의 처리 방침
을 확정 짓고, '통 큰' 소통과 화합의 정치를 대내외적으로 과시하는 것
이 필요합니다. 그러나 정부의 계산법에는 일부 비공인 교회의 실체를

인정하는 대신, 정부에 비협조적인 가정교회를 분리시키고 고사시키려는 고단수가 깔려 있는 듯합니다.

그래서 신흥도시 가정교회에 대한 정부의 태도는 어느 때는 탄력적으로 보이고 어느 때는 단호하게 보입니다. 특히 2010년 10월에 남아프리카공화국에서 열린 제3회 로잔대회의 참석 여부를 놓고 도시 가정교회의 지도자들이 속속 출국 금지를 당하면서 정부와 교회 간 갈등은 새로운 국면을 맞이했습니다. 또 다른 희생양으로서 특정 교회에 대한 강도 높은 탄압의 가능성이 제기된 것입니다.

이런 일련의 과정에서 베이징 서우왕 교회가 정부의 타깃이 되는 것은 시간문제였습니다. 진텐밍 목사가 2003년부터 교회의 전면 공개화와 합법화를 추진해 왔기 때문입니다. 그는 삼자회에 소속되는 것을 거부하고, 정부의 허가는 받되 독립 교회로 존재하기를 원했습니다. 이는 정부의 종교 정책과 정면으로 배치되는 것입니다. 이 때문에 그가 추진한 교회 등록 신청은 묵살됐습니다. 대학생 성경 공부로 시작된 이 교회는 중국판 '메가 처치'가 됐지만, 예배 장소로 빌려 쓰던 오피스 빌딩에서 쫓겨나야만 했습니다. 새롭게 건물을 빌리거나 사들이려고 할 때마다 교묘하게 방해를 받았습니다. 심지어 2,700만 위안(약 45억 원)을 마련해 예배용 자체 건물을 구입하려고 했지만, 정부의 입김으로 좌절됐습니다. 성도들은 직장에서 해고 위협에 시달리기도 했습니다.

중국 정부가 베이징 서우왕 교회를 비롯해 베이징 시안 교회, 상하이 완팡(萬邦) 선교 교회 등 엘리트 중심의 도시 교회의 출현과 성장세에 놀라움을 금치 못했다는 후문이 있습니다. 도시 가정교회의 지도자들은 교회의 합법화에 대해 정부허가제에서 신고제로 바꾸자는 개념을 갖고 있습니다.

도시 가정교회의 지도자 가운데 진텐밍, 진밍르, 추이첸 등은 40대의 조선족 목회자들입니다. 진텐밍 목사와 진밍르 목사는 각각 칭화 대학교와 베이징 대학교의 86학번 출신입니다. 진텐밍 목사는 대학 졸업 후 연구소에서 일하면서 석사 과정을 이수할 수 있었음에도 불구하고 목회자의 길에 들어섰습니다. 1993년에 칭화 대학교 서문에서 약 10m 떨어진 곳에 교회를 개척하고, 2002년에 셰모산 목사로부터 목사 안수를 받았습니다. 2009년 11월에는 추이첸 목사가 담임하는 상하이 완팡 선교 교회가 폐쇄됐습니다. 성도가 1,200여 명에 달하던 이 교회는 결국 11개의 작은 교회로 나뉘어 생명력을 이어 가게 됐습니다.

중국 사회와 기독교를 연구하는 학자들 중에 가정교회 문제의 '투어민'을 주장하는 이들이 늘어나고 있습니다. 중국 정부는 중국사회과학원 농촌연구소의 위젠룽 교수에게 2007년 10월부터 2008년 11월까지 국가 연구 프로젝트인 '중국 가정교회의 현황과 미래'라는 연구를 진행하게 했습니다. 그러나 문제는, 중국이 2005년 3월에 발효된 '종교사무조례'에 따라 교회를 엄중하게 관리, 감독하려고 한다는 것입니다.

현재 신흥도시 가정교회의 구성원들은 기업가, 교수, 문인, 화가, 연예인 등 매우 다양합니다. 목회자들도 해외 유학이나 해외 선교사들과의 지속적인 교류를 통해 해외의 목회 프로그램을 숙지하고 있으며, 이를 중국 현장에 맞게 재구성하고 있습니다. 또한 자칫 반지성주의,

신비주의에 휩쓸릴 수 있는 전통 가정교회의 신학적 불균형을 바로잡는 역할도 수행하고 있습니다. 특히 2008년 쓰촨 성 대지진 후 도시 가정교회 지도자 간에 모임과 사회적 책임에 대한 논의가 빈번해졌습니다. 목회자들은 '중국인에 의한', '중국인을 위한' 교회와 목회 모델, 신학과 실천 방안을 찾는 데 골몰하고 있습니다. 물론 풀어야 할 숙제 또한 많습니다.

왕백석 선교사는 "도시 가정교회의 리더들은 순회 전도자에 의존했던 과거의 가정교회와 달리 장·단기 목회 계획을 갖고 사역한다. 사회참여 의식과 책임감도 남다르다. 정부의 압력에 대처하기 위해 기존의 법체계를 활용할 줄도 안다"고 말했습니다. 최근 몇 년 사이에 도시 가정교회 출신의 변호사들이 탄압받는 교회와 소외 계층을 위해 인권 신장 운동을 펼치는 것도 이와 무관하지 않습니다.

몇몇 도시 가정교회의 목회자들은 일단 정부의 경계 대상이 되고 있습니다. 이들과 해외 교계(인권 단체 포함) 간 네트워크가 점차 견실해지기 때문입니다. 특히 중동발 재스민 혁명의 열기가 중국에 상륙할 것을 우려하는 정부로서는 기독교 세력이 국내의 불만 세력과 연대하거나 민주화 시위에 어떤 역할을 하는 것은 아닌지, 의구심을 떨치지 못하고 있습니다. 차이나네트워크연구소의 왕이 연구원은 이렇게 지적했습니다.

"도시 가정교회는 기독교가 국가에 반하지 않는 애국의 모체임을 각인시켜야 할 과제를 떠안고 있다. 정부 또한 탄압할수록 교회는 더 불같이 일어난다는 역사적 사실을 인정해야 한다. 정부는 교회를 체제 내에 편입시키려 할 때, 삼자회로 무조건 들어오라고 하거나 종교국을 통해 등록하라고 하는 것보다는 보수적인 가정교회가 받아들일 수 있는 방안, 즉 '제3지대'를 마련해 놓고 선택하도록 하는 게 더 현명할 것이다."

교회 내적인 과제들

도시 가정교회는 정부와의 갈등 해결 외에도 교회 내적으로 세속화와 싸워야 하는 숙제가 있습니다. 농촌 중심의 리더십과 도시의 신세대 목회자 간 조화, 국내외 정규 신학교 학위의 소유자와 비학위 목회자 간 파트너십 구축도 녹록지 않습니다.

진밍르 목사는 "교회가 점차 대형화되면서 단순한 설교자가 아니라 목회자를, 평신도 목회자가 아니라 보다 훈련된 전문 목회자를 요구하는 시대가 됐다. 가정이나 아파트 단지에서 은밀하게 집회를 하던 과거와 달리 오피스텔에서 보다 공개적으로 예배드리면서 장소 및 예배형식의 변화가 불가피해졌다"고 했습니다. 임차 건물에서 더 이상 예배드릴 수 없도록 정부가 의도적으로 개입하는 한 제2, 제3의 서우왕 교회 사태를 피할 수 없을 것이라고 예상했습니다.

베이징에서 지식인 중심의 도시 교회가 대세라면, 저장 성 원저우에서는 개인 기업인 중심의 교회가 대세입니다. 원저우는 전통 가정교회와 신흥도시 교회가 가장 활발하게 병존하는 곳입니다. 삼자교회 목회자 중 일부가 제도권에서 이탈하여 교회를 단독으로 개척하고, 베이징의 도시 교회 모델을 따라가기도 합니다. 기존의 가정교회에서 벗어나

당회까지 구성하여 매우 역동적으로 사역하고 있습니다.

상하이의 젊은 그리스도인들의 헌신도는 베이징 교회에 비해 약합니다. 이는 안정성과 실용성을 추구하는 지역의 특색과도 관련 있습니다. 그러나 높은 임금을 포기하고 복음전도자가 된 박사 학위 취득자들도 속속 나타나고 있습니다.

이준 선교사는 "텐진에서는 도시 복음화 운동이 그다지 활발하지 않다. 베이징, 원저우에 비해 명목상의 그리스도인들이 많은 편이다. 도시 가정교회의 초창기로 보면 맞다"고 전했습니다.

김평 선교사는 "푸젠 성 샤먼에서는 전통 가정교회와 도시 교회 간 리더십 계승과 협력이 다른 지역에 비해 매우 원활하다. 74세의 원로 지도자인 양신페이가 인도하는 성경공부반에 대학생 등 젊은이들이 대거 참여했다"고 밝혔습니다. 다른 지역과 달리 학자들의 기독교 연구에 대한 열의가 뜨거운 곳이 샤먼입니다.

청두의 경우 30대의 문화 · 시사 평론가이자 탁월한 사역자인 왕이가 치위즈푸(秋雨之福) 교회를 중심으로 대정부 투쟁과 복음화 운동을 선도하고 있습니다.

가정교회냐, 삼자교회냐의 구분,
더 이상 의미 없을까?

●

삼자교회와 가정교회

한국 교회 관계자들을 만나면 "선교 파트너를 삼자교회로 해야 하느냐, 아니면 가정교회로 해야 하느냐"는 질문을 받곤 합니다. 동역할 대상이 삼자교회인지, 가정교회인지 마냥 헷갈린다는 것입니다.

한국 교회에서 삼자교회에 대한 비판적 입장은 "정시력사, 개벽미래"(正視歷史, 開闢未來: 역사를 바로 보고 미래를 연다)라는 관점입니다. 실증주의 역사관에서 볼 때, 삼자교회는 일부의 불순한 목회자들과 중국 정부(공산당)와의 야합을 통해 탄생한 것, 즉 중국 정부의 종교 통제 목표를 이루기 위해 교묘하게 조작된(?) 정책의 산물이라는 것입니다. 이 같은 지적은 그동안 가정교회와 동역해 온 보수적인 한국 교회와 한인 선교사들의 시각, 그리고 삼자교회를 이데올로기와 통일전선 전술의 작품이라고 간주해 온 기존의 화교 교회 지도자들의 논리와 별반 다르지 않습니다. 전통적인 가정교회의 삼자교회에 대한 주요 입장도 이와 비슷합니다.

"삼자회가 설립되던 그날부터 중국 그리스도인들은 바로 신앙의 자유를 완전히 잃게 됐다. 삼자회의 목적은 바로 중국 교회를 파멸시키는 것이다."

"나는 나의 조국을 매우 사랑하며 국가 법률을 위반한 적도 없다. 그러나 그들은 나를 비판했다. 가장 중요한 이유는, 내가 복음을 전한다는 것과 삼자회에 가입하지 않는다는 것 때문이다."

"그들은 단지 그리스도인들의 대열 속에 섞여 들어와 정당하지 못하게 살아가는 인물들로 '교회 밥'을 얻어먹는 자들이다."

"삼자회는 그리스도를 머리로 여기지 않으며, 통일전선부의 통제를 받는다. 중국 헌법에는 종교 신앙의 자유가 있다지만, 교회는 반드시 삼자회에 등록해 기독교 양회의 관리하에 들어가야 한다고 말한다."

한편 한국 교회에서 삼자교회를 옹호하는 입장은, 1949년에 중국 공산당에 의해 새로운 중국이 출범하여 국가 및 국민의 지지를 받기 어려운 역사·문화적 상황에 따라 기존 교회가 해체되고 삼자교회가 생겨난 점을 이해해야 한다는 것입니다. 그 존재 이유와 방식에 대해 일방적으로 매도하는 것은 곤란하다는 관점입니다. 사회주의 국가인 중국에서 삼자교회가 세워질 수밖에 없었던 역사적 필연과 정치·사회적 환경을 고려하고, 앞으로는 한국 교회가 삼자교회와의 교류를 전방위적으로 확대해야 한다는 시각과 궤를 같이 합니다. 이 같은 견해를 좀 더 살펴보면 다음과 같습니다.

"삼자교회는 창의적인 리더십이나 선교적 통찰력, 세계 교회와의 연대 등에서는 미흡한 면이 있다. 그러나 중국인들이 제한 속에서도 기독교 신앙을 이어 갈 수 있는 동력이었다."

"삼자교회를 중국 정부의 부속 기관, 관변 단체로 이해하는 것은 극히 잘못된 것이다. 이는 중국 내 극좌파의 과오를 일반화하는 것이거나 반공정신이 전제된 한국 교회의 오해에서 비롯된 것이다."

"한국 교회와 삼자교회 간 정보, 자원 및 인적 교류의 확대를 위해 함께 지키는 절기 예배, 학술정보지 공동 발행, 양측 신학교의 자원 활용과 신학교류위원회의 설치, 교환 교수·학생 제도의 도입 등이 시급하다."

요즘 중국과 해외에서 중국 교회(가정교회 또는 삼자교회)의 지도자를 만나면 첨예하게 대립된 생각을 갖고 있는 이들이 더러 있지만, 과거보다는 서로에 대해 유연한 태도를 갖고 있는 이들이 점차 늘어나고 있습니다. 현재 시급한 과제는 삼자교회와 가정교회의 역사적 애증 문제를 푸는 것이 아니라 목회자와 성도의 자질 향상과 목양의 전문화, 지속 가능한 교육(신학, 평신도, 교회학교)의 체계화 등의 문제를 해결하는 것이라고 믿기 때문입니다.

중국 정부의 계속되는 견제

몇 년 사이에 중국 곳곳에서 사역하던 해외 선교사들 가운데 많은 이들이 추방되거나 재입국이 불허되고 있습니다. 저장 성 등 많은 지역에서 가정교회, 심지어 삼자교회도 철폐되고, 교회 리더십들이 지속적으로 고초를 겪고 있습니다. 그러나 과거와 같은 초강도의 핍박은 아닌 것 같다는 의견이 폭넓은 것 또한 사실입니다. 왜 그럴까요?

과거에 중국 공안은 타깃이 된 가정교회를 분쇄하거나 핵심 지도자를 솎아 내기 위해 주로 모임 현장을 대대적으로 급습했습니다. 그러나 요즘은 이 같은 진압 행동이 자칫 새로운 미디어 환경에 노출돼 예상하지 못한 사회적 이슈 또는 인권의 시시비비를 제공할 수 있다고 판단하여 지양하고 있습니다. 국가종교사무국은 기독교 양회를 통해 종교 정책에 위배되지 않는 선에서 중국 그리스도인들과 해외 그리스도인들과의 교류와 협력이 이뤄지도록 도우면서, 기회가 있을 때마다 중국 정부의 입장을 강조하고 있습니다.

종교사무국의 왕쭤안 국장은 2014년, 기독교삼자애국운동 창립 60주년 기념식에서 "기독교의 중국화가 삼자교회의 목표다. 성경의 가르침에 따라 기독교 기본 신앙을 따르더라도 중국의 국가 형편 및 상황에 적응해야 하고, 중국 문화에 융합해야 한다"고 역설했습니다. 또 "중국에 존재하는 기독교가 아니라 중국의 기독교로 변해야 한다. 그리스도인들은 공산당 영도와 사회주의 제도를 옹호해야 한다. 개인의 작은 꿈은 국가의 큰 꿈에 녹아 들어가야 한다"고 주장했습니다. 그리고 베이징의 한 교회를 방문하여 "해외 세력이 기독교를 이용해 중국에 침투하는 활동을 단호히 엄단할 것이다. 교회는 공익사업을 적극적으로 전개해야 하고, 종교 단체는 단합하여 '중국의 꿈'의 실현을 위해 노력해야 한다"고 강조했습니다.

공안 당국은 문제의 인물일 경우 조용히 사회와 격리시킨 후 수감, 심문, 구타, 경고 등 다양한 수단을 동원해서 더 이상 사역을 진행하지 않도록 강력한 조치를 내립니다. 최근에는 현장 단속 중에 상대방이 불필요한 분노를 표출하지 않도록 공권력 투입의 시기를 저울질하고, 단속에 따른 영향과 범위를 최소화하려고 애쓰고 있습니다. 저항에 따른 파장이 커질 것으로 판단되면 집행 계획을 잠시 유보했다가 기회를 봐서 최대한 자연스럽게 행동에 옮기기도 합니다. 포퓰리즘적인 강력한 단속과 관리와 감독보다는 비교적 조용하면서도 가장 효율적인 방안을 동원합니다. 반정부 인사의 준동과 연결되지 않도록 사용 가능한 모든 조치를 취해 발본색원하려고 합니다.

해외에 널리 알려진 교회 지도자는 일정 기간 동안 강경 진압의 대상이 되지 않을 수 있습니다. 명망 있는 지도자에 대해서는 감시와 통제를 하면서 결정적인 타격 기회를 노리기 때문입니다. 그러나 그다지 이름이 나 있지 않은 지도자는 체포, 수감, 구타, 처벌에서 결코 자유로울 수 없습니다. 일부 예배당은 건축 인허가 범위를 넘어서면 불법 건물이 돼 봉쇄와 철거에 이릅니다. 비공식적으로 신앙 서적을 인쇄, 배포한 그리스도인들은 불법 문서 출판에 따른 이윤 추구라는 죄목으로 범법자가 됩니다.

중국 교회의 변화

현재 삼자교회를 포함해 중국 교회는 과거 모습에서 많이 벗어났습니다. 도시화가 급속히 이뤄지면서 농촌, 여성, 저학력자 중심이라는 틀에서 벗어났습니다. 도시의 신흥 가정교회가 늘어나 대학생 등 고학력자가 많아졌고, 집회 방식도 매우 활기가 넘칩니다. 해외 유학파, 기업가, 교수, 문화·예술 종사자도 대거 교회에 유입됐습니다. 다양한 단체(團契)가 만들어지는 등 교회 또한 조직화되고 있습니다.

가정교회의 경우 교파의 개념 없이 보수 신학을 유지해 왔는데 이제는 오순절주의, 칼뱅주의(개혁주의), 복음주의 등 교파와 신학 노선이 서서히 드러나고 있습니다. 주일 헌금, 십일조, 건축 헌금 등 목적 헌금을 드리는 것을 자연스럽게 여기는 성도들이 늘어나고 있습니다. 담임 목사뿐 아니라 분야별 전문 사역자를 초빙하거나 예배당 건축을 고려하는 등 상당한 재정 능력을 갖춘 교회가 생겨나고 있습니다.

가난한 이웃을 돌보는 등 사회적 책임을 완수하는 데도 관심을 보이는 그리스도인들이 많아지고 있습니다. "복음이 중국으로 들어왔으니, 이제는 복음을 중국 밖으로 내보내자"고 외치며 선교사 파송 단체를 설립하여 자체 훈련을 진행하는 가정교회도 있습니다. 다른 가정교회와 일절 교류하지 않은 채 순혈주의를 고집해 왔던 가정교회들이 기도 네트워크 결성, 연합 집회 준비, 사역자 교육과 신학 훈련의 공동 진행 등을 시도합니다.

과거에 비해 삼자교회도 많이 변했습니다. 성경 공부, QT, 일대일, 아버지학교 등 해외 교회의 각종 프로그램을 적극 도입하려고 애쓰고 있습니다. 가정교회와도 공동 집회를 개최하는 등 질적 성장에 힘쓰고 있습니다. 각 성의 양회를 이끄는 목사들은 목회자보다는 정치가에 가까울 수 있지만, 각 지역 교회의 목사들은 정치가보다는 목회자에 가깝다는 관점도 생겨나고 있습니다.

'노삼자'(老三自), '신삼자'(新三自)로 나눠 봐야 한다는 시각도 점차 힘을 얻고 있습니다. 노삼자와 신삼자는 딩광쉰을 중심으로 이뤄진 '중국판 신학 사상 건설'에 따른 신학적 갈등과 목회자(사역자)에 대한 일관된 훈련 부족, 해외 교회와의 협력 사역의 확대 등으로 내홍을 겪었습니다. 노삼자는 1950년대에 자아비판을 통해 주님을 배반하고, 정치 학습을 통해 세계관이 개조된 상태에서 공산당과 같은 길을 걷고 있습니다. 신삼자는 겉으로는 당의 종교 정책을 옹호하지만, 진심은 다른 데 있습니다. 문제는, 노삼자에 비해 신삼자가 정치적이지 않을 수 있지만 기회주의적 기질이 농후하다는 것입니다. 실제로 신삼자는 해외 교회로부터 예배당 건축이나 각종 교육과 훈련에 필요한 경제적 도움을 받으면서 삼자 원칙을 지키지 않습니다. 공산당을 은근히 비판하기도 합니다.

이분법적 사고에서 벗어나야 한다

문제는 한국 교회입니다. 삼자교회냐, 가정교회냐 하는 이분법적 사고로 중국 교회를 재단하던 태도에서 벗어나야 합니다. 중국 교회에 정통한 한 선교사는 이와 관련해 "중국 교회에 무조건 하나가 돼야 한다고 권유하거나 삼자교회가 정부로부터 인정받고 있으니 우리는 그들과 교류해야 한다고 말하는 것은 전적으로 외부인의 시각이지 내부인의 정서가 아니다"라고 강조합니다. 그러면서 "한국 교회는 큰 틀에서 중국 교회를 '노선의 문제'로 여기고 각자의 부르심에 따라 도움을 줘야 한다"고 조언했습니다.

한국 교회는 중국과 중국인, 중국 교회를 바라보는 편협함에서 벗어나 보다 객관적인 시각을 갖고 실제적인 도움을 줄 수 있도록 노력해야 합니다. 그러기 위해 중국 교회의 목소리에 더 많이 귀를 기울여야 합니다. 한편 중국 교회는 일단 '중국인의 교회', '중국인에 의한 교회', '중국인을 위한 교회'가 돼야 합니다. 그리고 종국에는 하나님 나라를 위한 교회가 돼야 합니다. 그런 점에서 중국 교회 원로 지도자의 한국 교회에 대한 조언을 되새겨 보길 바랍니다.

"중국인과 중국 교회의 정서를 완벽하게 이해해야 한다. 이성과 감정의 균형을 유지하고, 생명력 있는 영성을 갖춰야 한다. 중국 그리스도인들이 성경 공부와 신학 훈련, 목양 훈련, 차세대 사역, 가정 사역 등을 체계적으로 할 수 있도록 도와야 한다. 중국적 상황에 적합한 출판, 미디어 사역이 이뤄져야 한다. 한국의 교단, 교파를 이식시키지 말고 올바른 신학과 건강한 목회의 토대 위에 중국 교회가 세워지도록 지원해야 한다. 민족 복음화와 세계 복음화를 위한 선교의 동역자가 돼야 한다."

또 다른 지도자의 말을 옮깁니다.

"그동안 중국 교회가 성장할 수 있었던 것은 성령에 사로잡힌 그리스도인들이 많았기 때문이다. 어떠한 대가를 치른다 해도 복음을 포기하지 않았기 때문이다. 그런데 중국 교회에 대한 중보 기도가 어느 때보다 필요하게 됐다. 중국 교회가 급속하게 세속화의 길을 걷고 있기 때문이다. 이단의 확장이 자칫 교회를 사교 집단으로 인식시킬 가능성이 커졌기 때문이다."

"우리가 너희 믿음을 주관하려는 것이 아니요 오직 너희 기쁨을 돕는 자가 되려 함이니 이는 너희가 믿음에 섰음이라"(고후 1:24).

현장 사역에 대한 사도 바울의 태도입니다. 오직 중국 교회와 중국 그리스도인들이 기쁨으로 살아갈 수 있도록 돕는 자로서의 역할에 충실해야 합니다. 주관자가 아니라 섬기는 자의 태도가 한국 교회와 한국 그리스도인들에게 요구됩니다.

24

이단,
중국 정부와 교회의 골칫거리

•

중국 교회 초기 부흥의 원동력은 신앙의 단순성과 영적 순수성이었습니다. 1980년대에 안후이 성의 지역 지도자들이 모두 성경을 갖고 있지는 않았지만 참된 부흥이 있었고, 믿음 안에서 성장하는 성령의 기쁨이 충만했습니다. 그러나 1990년대 이후 경제적 상황이 나아지고, 외부에서 성경과 신앙 서적이 공급되고, 신학 훈련이 체계적으로 진행되면서 믿음의 열정이 오히려 약해지기 시작했습니다.

이 같은 현상은 지역에 따라 더욱 보편화되고 있습니다. 농촌 인구, 특히 젊은 층의 도시 이동도 한몫했지만, 과거에 부흥을 체험하던 지역에서 성도 수가 줄어들고 있습니다. 신앙이 지식화되면서 성숙한 영성, 균형 잡힌 지식과 신학이 삶으로 뿌리내리지 못했기 때문입니다. 성령이 배제된 단순 지식의 습득, 인격적 관계와 나눔이 결여된 훈련과 강의는 하나님의 교회가 그리스도의 순결한 신부로 다듬어지고 성숙하는 데 오히려 방해가 되는 셈입니다.

교회의 위기를 제공한 것 중 이단의 발흥을 빼놓을 수 없습니다. 오랫동안 관찰해 온 중국판 이단들의 행태를 소개하겠습니다.

이단의 발흥

중국 교회는 이단으로 인해 곤혹스러워하고 있습니다. 중국 교회의 지도자들은 시급히 해결해야 할 과제로 인재 양성, 신학 교육의 강화와 더불어 이단 퇴치를 꼽고 있습니다. 중국 선교 전문가들은 "목회자들에 대한 고강도 훈련과 체계적인 평신도 교육 등 후속 조치가 뒤따르지 않는다면, 중국 교회가 이단에 휘둘릴 가능성이 농후하다"고 우려하고 있습니다.

현재 중국 내 주요 이단은 '호함파'(呼喊派), '동방번개', '중생파'(重生派, 哭派), '삼반복인'(三班僕人), '부름 받은 왕'(被立王), '육신성도'(肉身成道), '문도회'(門徒會), '사도신심회'(使徒信心會), '영영교'(靈靈敎), '모든 물건 통용파'(凡物公用派) 등입니다. 여기에 한국의 일부 이단 계열도 중국 조선족 교회 등을 중심으로 활동하고 있습니다.

중국인들이 쉽게 이단에 빠지는 원인으로 개혁·개방 정책의 심화에 따른 상대적 빈곤과 박탈감의 증대, 교회 내 사역자의 부족, 경건 서적과 훈련 교재의 부족 등을 꼽을 수 있습니다. 이단은 성경 이외의 권위와 지나친 행위의 강조, 개인숭배, 왜곡된 종말론 등을 주장하면서 지역사회와 건전한 교회를 파괴하고 있습니다.

예를 들면 '하나님', '예수' 등 몇 가지 성경의 명사와 문장을 빌려 작위적 해석을 하며, 교주가 곧 '하나님'이라고 퍼뜨립니다. 그래서 교회 내 갈등과 대립과 반목을 유발시켜서 복음주의적 교회를 와해시키거나 변질시킵니다. 또 극단적인 영적 은사를 강조하고, 성도들의 돈을 갈취하며, 저소득층과 농민들에게 신비주의와 기복주의를 심어 주고 있습니다. 이단은 믿는 자와 비신자의 대립을 부추겨 공산당과 정부를 '마귀', '사탄의 정권'이라고 전합니다. 이로 인해 교회 탄압의 빌미를 제공합니다.

호함파는 "중국 인민의 정권은 리창서우(李常受) 교주에게 주어야 한다"고 선포합니다. 그리고 그를 '어린양', '동방의 태양', '세계의 빛', '하나님의 새 왕' 등으로 선전합니다. 기도할 때 소리를 지르도록 하는 등 '부르짖음'의 절대성을 강조하고, 십자가와 삼위일체의 교리를 부인합니다. 예수 그리스도는 피조물이고, 다시 재림하지 않는다고 주장합니다. 천국은 없고, 교회가 곧 천국이라고 말합니다.

사도신심회의 교주 쭤쿤(左坤)은 스스로 사도라고 지칭하고, 사도의 직분자는 반드시 정권, 인민, 토지를 보유해야 한다고 주장합니다. 중국 정부에 의한 '옌다'(嚴打) 기간에 호함파가 주요 타깃이 됐지만, 이 과정 중에 가정교회 지도자들이 죄를 뒤집어쓰기도 했습니다. 이단이 성행하는 지역의 당국자는 교회의 정상적인 활동까지 제한했습니다.

1989년에 시작된 영영교는 '이신득의'를 믿지 않으며, 영적인 춤을 추고 영적인 노래를 부를 것을 강조합니다. 영적인 교제, 환상과 환청, 축귀를 중시합니다. 영영교 교주는 '제2의 예수'로 불렸으며, 노동 금지를 주장했습니다.

1970년대에 등장한 중생파는 환상을 통해 백의를 입은 사람이 나타나 "소자여, 네 죄가 사함 받았느니라"고 하는 소리를 들을 때 비로소 중생한 것이라고 주장합니다. 중생파 조직 내 생명회는 3-7일의 집회 기간을 갖는데, 참석자들은 중도에 자리를 뜰 수 없습니다. 집회 때 신도들은 눈이 붓고 목이 쉴 때까지 울고, 무릎의 피부가 다 벗겨져 피가 나기도 합니다. 심지어 자신의 얼굴을 때려 가면서 기도합니다.

삼반복인은 결혼을 금지하며, 부부는 별거할 것을 주장합니다. 부름 받은 왕은 지구가 곧 파멸할 것이며, 2년 안에 70%가 죽는다는 허황된 소문을 퍼뜨렸습니다. 교주는 100여 명의 여성을 강간하여 결국 사형에 처해졌습니다. 제자회는 교주를 '삼속'(三贖), '산 예수'라고 하면서 교주의 이름으로 기도하면 재난을 면하고 평안을 얻는다고 강조합니다. 이들은 성령의 치유를 중시하고, 의약품의 사용을 금합니다. 물세례를 거부하고, 성령의 불세례를 받아야 구원받을 수 있다고 주장합니다. 오직 자신들의 모임만이 참된 교회라고 선전합니다.

'토론토의 복'(혹은 '성소파')도 있습니다. 이들은 1990년대에 캐나다 토론토에서 일어난 은사 운동인 빈야드 운동에 영향을 받았습니다. 이들은 성령의 술에 취하여 광적으로 춤을 추며, 웃거나 울고 회개하면서 방언을 체험합니다. 몸을 쓰러뜨림과 안수 기도를 통한 성령의 치유 사역을 강조합니다. 성경과 신학이 아니라 오직 현상에만 집중합니다.

현재 가장 위협적인 이단은 동방번개입니다. 동방번개는 "번개가 동편에서 나서 서편까지 번쩍임같이 인자의 오심도 그러하리라"는 성경 말씀을 이용하여, 여자 교주를 '다시 온 여(女) 그리스도'라고 주장합니다. 중국 내 어느 이단보다 전국적으로 엄청난 규모와 영향력을 갖고 있습니다.

H성의 전국적인 규모의 교회 그룹에서 파송받은 한 지도자는 2-3년 전부터 중부 지역의 대도시에 지역 대표로 정착하여 사역하다가 동방번개와 연계됐습니다. 이후 그는 행방불명됐고, 사역 그룹도 해체됐습니다. 신학 훈련을 잘 받고, 1-2년 이상 투옥되는 고난도 받은 교회 지도자들이 이단에 빠지는 경우가 있습니다.

동방번개는 특히 허난 성, 안후이 성, 산둥 성, 장쑤 성, 푸젠 성, 광둥 성, 둥베이(東北) 등지의 가정교회를 집중 공략하여 와해시키고 있습니다. 이들은 중국 각지에 거짓 목회자들을 대거 파송하여 교주의 말을 전파하고, 서적을 대량 보급하고, 영향력을 확대하고 있습니다. 이 때문에 중국 정부는 동방번개를 집중 관리 대상으로 삼는 한편, 이를 통해 건전한 가정교회까지 탄압하는 구실로 활용하고 있습니다.

동방번개는 수단과 방법을 가리지 않는데, 그 예를 들어 보겠습니다. 먼저 목표로 정한 사역자의 교회에 출석하여, 내부 정보를 수집하고 물밑 작업을 벌입니다. 다양한 방법을 동원하여 목표 대상과 신뢰 관계를 구축하고, 상대방을 방심하게 합니다. 시기가 무르익었다고 판단하면, 먼저 그 사역자에게 어느 지역으로 가서 설교해 줄 것을 요청합니다. 사역자들이 그들의 올가미에 걸려들도록 만드는 것입니다. 이후 섹스와 폭력 등의 수단을 이용하여 사역자들을 항복시키고, 밤낮으로 그들의 교리를 주입하여 세뇌시킵니다. 설사 피해자가 도망치더라도 이미 기도조차 할 수 없을 정도로 영적으로 황폐해진 후입니다.

동방번개는 삼위일체 하나님을 믿지 않습니다. 아버지가 아들로 변하고 아들이 성령으로 변하는 '일위삼체' 하나님을 주장합니다. 그리스도도 처음에는 남자의 몸이 되었다가 중국 여자의 몸이 되었다고 주장합니다. 은혜의 시대는 이미 지나갔고, 지금은 천년의 희년 국가 시대로 오직 계명을 지키고 여자의 몸이 된 그리스도를 믿어야 구원을 얻을 수 있다고 설명합니다. 동방번개의 한국 진출설도 있죠. 대한예수교장로회(통합) 총회는 2013년 6월 27일 '전능하신하나님교회(동방번개) 경계'라는 성명을 발표했습니다. 이단사이비대책위원회 이름으로 낸 이번 성명은 중국계 이단인 전능하신하나님교회가 주요 일간지에 수차례 게재하며 적극적인 홍보 활동을 하고 있어 성도들의 주의가 요구되고 있다고 밝혔습니다.

협력하여 대책을 마련할 때

이처럼 이단들은 성경의 일부 내용을 제멋대로 인용하여 자신들의 교리를 합리화합니다. 특히 성경 저자들은 하나님에 대한 이해가 부족했다고 주장합니다. 성경 말씀은 이미 시대에 뒤떨어졌고, 더 이상 연구할 가치가 없다는 논리를 펴기도 합니다. 기독교를 가장한 이단 세력은 불안한 신학적 기반과 경제적 취약성을 이용하며 교회의 건강함을 파괴하고 있습니다. 그것을 분별하고 대처해야 함에도 올바른 지식과 영성을 소유하지 못한 것도 중국 교회의 한 단면입니다. 이러한 이단의 피해를 막기 위해 중국 교회 자체의 자정 능력도 필요하지만, 한국 교회와 선교사들이 보다 전문적인 대책 마련에 착수해야 합니다. 이단 조직의 광범위성과 확산 능력은 상상을 초월합니다.

중국 교회는 개방적인 사고를 갖고 있는 새로운 리더십이 계속 충원될 것입니다. 이들은 신학적, 교회적 한계를 극복하기 위해 최선을 다합니다. 자체 갱신을 추구하면서도 해외 교회와 올바른 연합을 일구기를 원합니다. 문제는 많은 중국 교회가 해외 교회와 선교사들, 특히 한국 교계에 대해 그다지 호의적이지 않다는 것입니다. 이는 한국 선교사들이 가정교회를 대상으로 사역하다가 도중에 하차하는 경우가 적지 않았기 때문입니다. 그래서 가정교회 지도자들은 한국 선교사들이 사역할 때 적극적으로 협력하기보다는 언제까지 지속하는지 관망하겠다는 태도를 보입니다.

가정교회 지도자들은 동역하려면 내부자적 시각을 가져 달라고 충고합니다. 한국 교회는 물량주의, 성과주의, 경쟁주의 선교에서 벗어나야 합니다. 그리고 중국 교회가 자민족 복음화와 함께 세계 복음화를 완성하는 주자가 되도록 나서야 합니다.

25

중국 교회 관련 서적으로
선교를 엿보다

●

나는 할 수 없지만, 하나님은 하시는 일들

중국내지선교회(CIM) 선교사들의 중국 탈출기, 《내키지 않던 중국
탈출》(로뎀)을 읽었습니다. 이 책을 손에 잡자마자 단숨에 읽어 내려갔
습니다. 눈을 다른 곳에 돌릴 수 없을 정도로 박진감이 넘쳤기 때문입
니다. 시간 가는 줄 모르고 끝까지 읽은 여운이 아직도 남아 있습니다.

먼저 이 책은 선교사란 어떤 삶을 살아가야 하는지를 보여 주는 교
과서 같습니다. CIM 선교사들은 중국 사역을 위해 자신의 생명을 전
혀 아까워하지 않았습니다. 순교까지 각오한 이들은 중국에 사회주의
정권이 들어선 후에도 최후의 순간까지 외진 지역에 남아 사역하려고
애썼습니다. 그러면서도 중국인 성도들의 안전을 최우선 과제로 꼽았
습니다.

둘째로, 하나님이 그분의 일꾼을 세워 얼마나 처절하게 중국선교
행전을 써내려 가셨는지를 보여 주고 있습니다. 이 책은 중국 대륙이
공산화된 전후, 중국 기독교 이면의 역사를 보여 주는 퍼즐입니다.

CIM 선교사들의 기록은 긴박했던 1940-1950년대의 상황을 가감 없이 전하고 있어 사료적 가치가 높습니다. 또한 선교사들의 사역 지평이 매우 넓었음을 알 수 있습니다.

기독교에 대한 중국 공산당의 초기 대응 전략이 어떠했는지도 잘 묘사되어 있습니다. 선교사들은 여러 지역에 퍼져 있기 때문에 자칫 고립돼 우왕좌왕할 수 있습니다. 그러나 이들은 유사시 연락 시스템을 십분 활용하여, 서로를 끊임없이 격려하며 위기를 극복해 나갔습니다. 제대로 된 위기관리 시스템 없이 무방비 상태에 놓여 있는 한국 교회에 신선한 도전이 되고 있습니다.

셋째로, 이 책은 당시 상황을 매우 상세하게 서술하고 있어 한 편의 파노라마를 보는 것 같습니다. 1951년에 중국에서 활동하던 267명의 CIM 선교사 가운데 루퍼트 클락과 아서 매튜스가 1953년 7월 20일에 마지막으로 중국 국경을 넘기까지 애간장을 태웠을 CIM 지도부의 마음을 느낄 수 있었습니다. 아울러 철수하는 동안 중국에서 단 한 명의 CIM 선교사도 죽지 않도록 인도하신 하나님의 섭리가 놀라웠습니다.

선교 제한 지역에서 활동하는 선교사의 경우, 현장을 떠나면 혹시 현지 교회가 어려움을 당하지 않을까 하여 고민이 매우 깊습니다. 특히 추방당하여 선교지 포기를 강요받을 경우 발걸음이 쉽게 떨어지지 않습니다. 그러나 위기 속에서도 하나님은 그분의 일을 직접 하심을 잊어서는 안 됩니다.

중국 선교 역사를 보면, 모든 선교사들이 축출됐지만 그들이 뿌린 씨앗은 훗날 값진 열매를 맺었습니다. 그토록 철옹성 같던 이란에서

과거에 선교사들을 통해 복음을 전해 들은 현지 그리스도인들이 신앙
의 명맥을 이어 갑니다. 뿐만 아니라 불꽃처럼 일어나 가정교회의 중
심 세력이 되고 있습니다.

'우리가 다 할 수 있다'는 오만을 버리고, 하나님이 원하시는 자리에
서 있으면 열매는 하나님이 챙겨 주십니다. 선교는 동역의 산물입니
다. 하나님은 오늘도 여전히 동역자를 간절히 찾고 계십니다. 우리의
열정과 헌신으로 세계를 변화시킬 수 있다는 자만심에서 하루속히 벗
어나, 선교의 주체이신 하나님께 그 주권을 맡기면 됩니다. 그리고 우
리는 맡은 바 소임을 잘 감당하면 됩니다. CIM 선교사들처럼 하나님
을 굳게 믿고 묵묵히 십자가의 길을 걸어가는 한국 그리스도인들이 보
다 더 많아지기를 기대합니다.

데이비드 아이크만의 《베이징에 오신 예수님》(좋은씨앗)도 수작입니
다. 저자는 1970-1980년대에 시사주간지 〈타임〉의 홍콩, 베이징 특파
원으로 재직하면서 가정교회 지도자들과의 교류를 통해 목격한 중국 기
독교의 모습을 거침없이 써 내려갔습니다. 왕밍따오, 린셴까오, 위안상
천, 셰모산, 리텐언, 펑장궈, 류샤오민 등 오늘의 가정교회를 이끈 그
리스도인들을 잘 묘사하고 있습니다.

저자는 사회주의 시장경제의 영양분을 먹고 자라는 신세대를 이끌
믿음의 선진들이 점차 사라지고 있음을 안타깝게 여기고 있습니다. 아
울러 기나긴 박해 속에서도 열방을 향해 나가겠다는 선교 비전으로 무
장하여, '백 투 예루살렘' 운동을 펼치는 중국 그리스도인의 결단을 소

개합니다. 또 삼자교회가 중국에 세워진 과정도 객관적으로 밝힙니다.

물론 눈에 거슬렸던 곳도 없지는 않습니다. 번역자가 중국 전문가가 아닌 탓에 번역이 매끄럽지 못했고, 중국에서 사용하는 표현을 제대로 담지 못한 것이 옥의 티였습니다. 또 저자가 서양인인 탓에 중국을 보다 미시적이고 거시적인 측면에서 파악하는 데 한계가 있음이 드러났습니다. 그러나 《하늘에 속한 사람》(홍성사)에 이어 중국 교회의 현실을 포괄적으로 이해할 수 있는 수작임에는 틀림없습니다.

저자가 밝혔듯이, 오늘의 중국에는 하나님이 '그분의 시간표'에 맞게 숨겨 놓으신 그리스도인이 많습니다. 고위 공산당원에서부터 정부 관리, 외교관, 판사, 변호사, 교수, 사업가, 배우, 가수, 작곡가, 언론인, 해외 유학파에 이르기까지 그리스도인 수가 늘어나고 있습니다. 리펑(李鵬) 전 총리의 딸도 일본 유학 중에 그리스도인이 됐습니다. 마오쩌둥과 천하를 다투었던 류사오치 전 국가 주석의 세 딸 모두 세례를 받고 그리스도인이 됐습니다. 1989년 6·4 톈안먼 사태의 주인공 중 상당수가 민주 투사에서 복음의 메신저로 변화됐습니다.

공산당원은 공개적으로 그리스도인이 될 수 없습니다. 그러나 많은 당원이 그리스도인이 됐으며, 여러 모양으로 교회를 측면에서 돕고 있습니다.

중국 정부가 예의 주시하며 검열하고 있는 반체제 작가 랴오이우(廖亦武)의 《붉은 하나님》(새물결플러스)은, 모진 탄압 속에서 기독교가 어떻게 살아남았는지를 보여 줍니다. 저자는 '신을 부정하는 사회'에서 자신이 처한 운명을 알고, 그 길을 두려움 없이 걸어간 사람들의 이야기들을 담아냈습니다. 이 시대 속에서 그리스도인으로 살아간다는 것은 어떤 의미인지, 질문하는 듯합니다.

봅 푸의 《하나님의 비밀요원》(규장)도 빼놓을 수 없습니다. 봅 푸는 중국의 인권 증진과 가정교회를 돕는 비영리단체 차이나 에이드 어소시에이션(CAA) 대표로 활동하고 있습니다. 그는 중국에 있을 때 친구가 전해 준 소책자를 통해 예수님을 영접하게 됩니다. 낮에는 중국 공산당 학교에서 영어 교사로 일하고, 밤에는 가정교회를 섬기는 사역자로 살았습니다. 그는 스스로를 하나님의 비밀 요원, 즉 이중 요원이라고 불렀습니다.

그는 복음을 전했다는 이유만으로 감옥에 가게 됩니다. 그리고 홍콩이 중국으로 반환되기 1시간 전에, 극적으로 미국 망명에 성공합니다.

복음을 막을 수 없다

중국 사회는 더 이상 과거, 즉 '이데올로기 지배 사회'로 회귀할 수 없습니다. 이미 시장경제가 탄력이 붙었기 때문입니다. 마오쩌둥이 다시 살아난다고 해도 이는 어쩔 수 없는 관성입니다. 마르크스·레닌주의와 마오쩌둥 사상이 사회경제적 변화 앞에 무력해 보이기까지 합니다.

실제로 중국의 많은 지식인들은 유물론과 무신론만으로는 미래의 중국을 이끌 수 없음을 인정하고 있습니다. 그러면서 공자의 유가 사상에 기웃거리고 있습니다. 사상의 진공상태를 메울 기회가 다가오고 있는 것입니다. 그러기 위해서는 중국 특색의 사회주의를 뛰어넘어 중국 문화에 토착화된 교회를 세울 수 있는 전략과 전술이 필요합니다.

한 가지 분명한 것은, 교회의 성장세를 어떤 시스템도 막을 수 없다는 점입니다. 박해는 성장의 씨앗이자 동력이 되기 때문입니다. 난양(南陽) 시 공산당 서기였던 팡텐차이가 감옥에서 가정교회 지도자 리텐언과 나눈 이야기에서 중국의 미래를 엿볼 수 있습니다.

"나는 당신을 세 번이나 죽이려고 했지만 당신이 믿는 예수님이 당신을 지켜 주셨소. 그러나 마르크스는 나를 지켜 주지 못했소. 이제 나도 당신이 믿는 복음이 참인 것을 믿습니다."

중국 선교를 위해 오랫동안 문서 사역을 해 온 친구가 있습니다. 적잖은 인내와 재정적 도움이 뒷받침돼야 하는 지난한 일이기에, 가난한 목회자가 변함없이 한 길을 고수하고 있다는 점에서 머리가 숙여집니다. 그가 출간한 책을 중국 땅에서 심심치 않게 볼 수 있습니다. 고(故) 방지일 목사의 《피의 복음》(선교문화사)은 현지 지도자들의 애독서가 됐습니다. 박영선 목사의 《하나님의 열심》(새순출판사)은 중국인들도 한번 읽기 시작하면 끝까지 책장을 덮지 못하는 베스트셀러가 됐다고 합니다.

깊은 영성의 소유자인 가정교회 지도자들이 한국 목회자들의 서적을 즐겨 보고 있다는 것은 가슴 뿌듯한 일입니다. 그러나 중국에 보급된 한국의 목회자와 신학자의 서적은 극히 일부분입니다. 현재 중국 각 도시의 대형 서점에 종교 코너가 마련돼 있지만, 개론서 수준의 기독교 관련 도서만 번역돼 있을 뿐 복음주의 서적은 많지 않습니다. 해마다 수많은 단기 선교 팀과 목회자들이 중국을 찾지만, 그중 문서 사역을 통해 중국인들의 신앙 성숙을 도와야겠다고 마음먹는 사람은 얼마나 될지 생각하면 아찔합니다.

기독교미래학자들은 중국 교회의 성장 속도를 고려하면, 2025-2030년 전후로 중국 교회가 세계에서 가장 많은 선교사를 파송하게 될 것이라고 내다보고 있습니다. 잃어버린 영혼을 살리기 위해 한국 교회가 중국 교회를 위해 헌신할 수 있는 시간이 얼마 남지 않은 것이죠.

예수 그리스도가 "너(한국 교회)는 나를 위해 중국에 무엇을 남겼느냐"고 물으신다면, "주님을 위해 하나님의 마음과 뜻을 담은 서적들을 14억의 영혼 모두에게 전달했나이다"라며 자신 있게 대답할 수 있는 한국 교회가 되기를 기대합니다.

26

한국 교회의 중국 선교 전선,
이상 없나?

●

가정교회의 호소

중국 교회는 해외 교회와 선교사들, 특히 한국 교계에 대해 그다지 호의적이지 않습니다. 이는 한국 선교사들이 가정교회를 대상으로 사역하다가 도중하차하는 경우가 적지 않았기 때문입니다. 가정교회 지도자들은 한국 선교사들이 사역을 할 때 적극적으로 동참 또는 협력하기보다는 언제까지 지속하는지 관망하겠다는 태도를 보입니다.

여기서 가정교회 지도자들의 쓴소리를 들어 볼까요. 그들은 동역하려면 내부자적 시각을 가져야 한다고 충고합니다. 해외 교회의 맹목적인 삼자교회 지원, 이단 중생파 지지, 해외 교단과 교파 심기, 극단적인 오순절파의 발흥, 해외 이단의 득세 등을 크게 우려하고 있습니다. 균형 잡힌 중국 사역을 위해 해외 교회를 향한 가정교회 지도자들의 쓴소리를 곱씹어 봐야 합니다.

다음은 가정교회 지도자들의 가감 없는 생각입니다.

"해외 그리스도인들은 중국 정부가 공인한 교회인 삼자교회에 많은 금액을 후원하지만, 제대로 사용하고 있는지 파악하지 못하고 있습니다. 가정교회는 삼자교회를 '삼자회'라고 부르며, 종교를 지배하기 위한 정치조직에 불과하다고 여깁니다. 중국 그리스도인들은 삼자교회와 가정교회 중 하나를 선택해야 합니다. 해외 교회는 삼자교회가 그리스도인들을 미혹하는 제1의 이단이라는 점을 간과하고 있습니다. 이는 관광객이 마치 중국을 유람하면서 표면만 알고 그 속의 의미는 제대로 모르는 것과 같습니다."

삼자교회의 조직은 '무신론자로 구성된 당 중앙'(그리스도인을 표방하지만, 신앙을 의심받는 사람들도 적지 않음), '현대 자유주의신학을 퍼뜨리는 신학원', '공산당과 타협한 복음주의 지도자', '무지한 일반 그리스도인' 등으로 분류될 수 있습니다. 삼자교회가 해외 그리스도인들을 미혹하는 것은 다음의 네 가지 때문입니다.

첫째, 삼자교회는 중국에서 합법적인 교회로 국가의 보호를 받고 있습니다. 둘째, 삼자교회는 대량의 성경과 찬송가와 복음주의 서적을 출판합니다. 셋째, 삼자교회 내에 신앙이 순전한 목회자들이 적지 않습니다. 넷째, 해외 교회와 유명 목회자들이 삼자회를 인정하고 있습니다.

중국의 종교 내부 문건인 제19호 문서를 보면, 종교 정책의 실상을 알 수 있습니다.

"우리나라 종교 정책의 기본 목적은 각 종교인들을 연합하여 종교 정치 연맹을 조직해서 신자들에게 애국주의 사상을 교육하고, 당의 영도 아래 사회주의 대국을 건립하는 것이다."

중국 내 신학원의 방침도 분명합니다. 정치적으로 당의 영도를 옹호하고, 사회주의 조국을 열렬히 사랑하는 것입니다. 성도들을 단결시켜 새로운 시대의 목회자들을 배출하는 것입니다. 전국 신학원의 운영 방침도 동일합니다. 하나님 앞에 손색없는 사역자를 양육하기 위한 것이 아니라, 애국적인 삼자회 계승자를 육성하려고 합니다.

또한 해외 교회는 선교비 지원을 통해 종파 확장에 힘쓰고 있습니다. 이들은 "하나가 되자"는 기치를 내걸지만, 실제로는 가정교회 지도자들을 배제하고 또 다른 세력을 만들어 가고 있습니다. 이는 주님을 사랑하는 중국 그리스도인들이 순수 신앙을 잃게 합니다. 물질 지원과 선교학 훈련이라는 달콤한 약속에 넘어가서 "죽으면 죽으리라"는 믿음의 역동성을 상실합니다.

극단적인 오순절주의도 중국 교회를 분열시키는 세력입니다. 이들은 기적, 방언, 예언, 환상, 꿈, 계시 등을 성경의 가르침보다 앞세웁니다. 그런데 해외 서적의 50%가 오순절 계통의 책입니다. 데릭 프린스는 《신앙의 근거》라는 책에서 성령 충만을 위해 방언은 필수적이라고 오도합니다. 개인적 환상과 꿈의 극대화를 기록한 《천당과 지옥의 계시》도 성경의 권위를 폄하했지만, 가정교회에 무비판적으로 살포되고 있습니다.

아울러 해외 이단이 중국 교회의 건강을 악화시키고 있습니다. 성경 지식과 가르침이 부족한 탓으로 거짓 그리스도와 거짓 선지자들에게 쉽게 미혹됩니다. 미국의 호함파, 대만의 신약교회, 한국의 구원파와 통일교 등이 시골구석 깊숙이 파고들고 있습니다.

가정교회 지도자들은 이렇게 강조합니다.

"해외 교회가 중국 교회에 대해 아무런 공헌이 없었다는 것은 아니다. 사심 없는 헌신으로 중국 교회와 진정으로 동역할 교회, 선교사들이 절실한 실정이다. 중국을 잘 모르는 상태로 도우려다가 오히려 나쁜 결과를 가져올 수 있다. 아무쪼록 가정교회의 호소와 절규를 외면하지 말아 주기를 바란다."

선교 중국의 시대

중국 정부는 기독교가 사회의 불안 요소가 되지 않는 한, 기독교 인사들을 직접 탄압하는 것은 최소화할 것입니다. 대신 대외 이미지를 관리하면서 기독교를 옥죄는 사회적 분위기를 만드는 데 힘쓸 것으로 보입니다. 중국 정부는 "우리가 관리하는 것은 종교 사무다. 종교 신앙을 관리하는 것이 아니다"라는 입장입니다. 전통문화와 유가 사상을 활용하여, 사회가 주동적으로 기독교를 거부하는 분위기를 연출할 가능성도 있습니다.

따라서 세계 교회는 중국 지도자들에게 중국 기독교의 성장이 사적 이익만 추구하고 국가와 민족의 이익에 손해를 끼치는 것이 결코 아님을 증명해야 합니다. 교회는 국가에 적대적이지 않으며, 교회가 성장할수록 나라의 평화와 발전에도 보탬이 된다는 사실을 확신시켜야 합니다. 중국 기독교는 공공 이익을 보호하고, 교회 행정 시스템은 어떤 조직보다 선진적이라는 것을 사회에 각인시켜야 합니다. 중국인이 기독교를 필요로 할 뿐 아니라 세계 기독교도 중국인이 필요하기 때문입니다.

이를 위해 한국 교회는 그동안의 중국 선교를 재점검해야 합니다. 2012년은 한·중 수교 20주년의 해였습니다. 이는 한국 교회의 중국 선교가 본격화된 지 20년이 됐다는 의미입니다. 중국 교회, 특히 가정교회가 성장하는 데 한국 교회와 한국인 선교사들의 눈물과 땀이 적잖은 기여를 한 것을 현지 교회 지도자들도 인정하고 있습니다.

한국 교회는 가정교회와 삼자교회 모두와 관계를 증진시켜야 합니다. 가능하다면 가정교회와 삼자교회 사이에 피스 메이커 역할도 수행해야 합니다. 또한 중국 사회와 기독교를 연구하는 중국 학자들과의 연대도 고려할 만합니다. 중국 학자들 가운데 가정교회 문제의 투어민을 주장하는 이들이 적지 않습니다. 이를 반증하듯, 중국 정부는 중국 사회과학원 농촌연구소의 위젠룽 교수에게 2007년 10월부터 2008년 11월까지 국가 연구 프로젝트인 '중국 가정교회의 현황과 미래'라는 연구를 진행시키게 했습니다.

기독교의 사회적 기여도에 관심을 갖고 있는 전문가들의 공동 연구를 통해 기독교가 국가에 반하지 않는 애국의 모체임을 각인시켜야 합니다. 중국 정부는 탄압하면 할수록 교회가 더 불같이 일어났던 세계 교회사의 서술 내용을 감안하고, 기독교가 국가와 사회 친화적인 공동체가 될 수 있도록 도와야 합니다.

한국 교회는 중국 교회가 세속화와 싸워 이길 수 있도록 도와야 합니다. 중국 교회는 농촌 중심의 리더십과 도시의 신세대 목회자 간 조화, 국내외 정규 신학교 학위의 소유자와 비학위 목회자 간 파트너십 구축이 녹록지 않습니다. 교회가 점차 대형화되면서 단순한 설교자가 아니라 목회자를, 평신도 목회자가 아니라 보다 훈련된 전문 목회자를 요구하는 시대가 됐습니다.

요즘 가정교회 목회자들은 선교하는 중국 교회, 즉 '선교 중국'의 시대를 준비해야 한다고 이구동성으로 부르짖고 있습니다. 과거에 중국은 선교 열의는 있었지만 구체적인 추동체가 없었습니다. 화교 교회와 연계된 해외 선교 기관이 중국 교회와 공동으로 선교 운동을 펼쳤지만, 풍성한 열매로 이어지지는 못했습니다. 이른바 '원저우 상인'들도 국내외에 교회를 세워 선교 공동체 운동을 펼쳐 왔습니다. 중국 접경 국가는 물론 중동 지역까지 선교사와 선교 후보생들을 파송하여 선봉대 역할을 감당하게 했습니다. 그러나 이 역시 선교 경험이 부족하고, 구체적인 선교 전략이 부재하여 '서바이벌'(생존) 수준에 머물렀습니다.

비즈니스 사역 등으로 선교의 지평을 넓혀 가려고 하지만, 복음 전도와 사업을 병행하기가 쉽지 않아 적지 않게 실패합니다. 이 때문에 한국 교회가 선교의 다리(bridge) 역할을 해야 한다는 요청이 줄을 잇고 있습니다.

최근 들어 중국에서 15년 이상 사역한 한국인 선교사들을 중심으로, 중국 그리스도인들을 해외 선교사로 파송하거나 훈련시키는 시스템을 갖추고 있습니다. 참 다행스러운 일입니다.

한국 교회가 실제로 중국 교회를 도울 수 있는 기간은 짧으면 10년,

길어야 20년임을 명심해야 합니다. 중국인에 의한, 중국인을 위한, 중국적인 교회를 세울 수 있도록 한국 교회가 할 수 있는 일을 찾을 때입니다. 이를 위해 '성경적인 세계관과 중국학'이라는 새로운 학문 영역을 개척해야 합니다. 한국 교회의 중국 선교의 상황과 공과를 보다 냉정하게 평가해야 합니다. 이론과 실제에 정통한 화교권 그리스도인 전문가 그룹과 중국 선교 전문가들과 함께 현장감 있는 연구와 교육 훈련, 대상별 맞춤 현지 그리스도인 목양, 선교 훈련 프로그램의 구축과 컨설팅, 사역자 네트워크 등을 포괄하는 '원스톱 멀티형 파트너십'을 꿈꿔야 합니다. 중국, 대만, 싱가포르, 말레이시아, 인도네시아 등 중화권을 비롯한 전 세계의 화교 그리스도인들, 그리고 세계 그리스도인들과 함께 논의하고, 서로의 약점을 보완하고 강점을 극대화해야 합니다.

한국 교회는 현재 성과에 만족할 것이 아니라, 중국 교회가 안고 있는 문제를 정확하게 파악해야 합니다. 그러고 나서 정보와 경험, 은사와 노하우, 재정을 공유하면서 중화권 교회를 비롯한 세계 교회와 협력 전선을 구축해야 합니다. 한국 교회 차원에서는, 동반자적 사역을 위해 해외 교회와 중국의 교회와 단체들과 신뢰 관계를 구축하는 것이 시급합니다. 교회와 기관 간 정기 교류 채널을 가동하여, 포용력을 갖고 서로의 노하우를 배워 나가야 합니다. 중국 교회가 할 수 있는 사역을 해외 교회가 중복해서 하면 안 됩니다. 중국 교회가 해외 교회에 의존하지 않고 성장할 수 있도록 도울 때입니다. 그런 점에서 중국의 미래를 내다볼 수 있어야 합니다.

　가정교회(또는 삼자교회)가 옳고 삼자교회(또는 가정교회)는 잘못됐다는 단순 비교 논리에서 벗어나, 현장에 필요하고 어떤 단체와도 함께 일할 수 있는 선교사를 훈련하고 파송해야 합니다. 안식년 선교사들이 대만, 싱가포르 등지의 중국신학원에서 재교육받을 수 있도록 도와야 합니다. 가능하다면 한국 교회가 자체적으로 또는 현지 교회와의 협력을 통해 저비용, 고효율의 선교와 목회 훈련 기관을 만들어 운영하는 것도 좋습니다. 중국 교회의 인력 개발 시스템을 구축하여, 현지 사역자들이 선교사가 없어도 지도력을 행사할 수 있도록 사역의 토착화와 자립 선교를 시도해야 합니다.

27

중국 복음화의 또 다른 방안, 미디어 선교

●

변화와 혁명의 시대

2015년 2월 4일, 중국 복음화에 기여하기를 원하는 한국 교회의 입장에서 매우 유의미한 통계가 나와 눈길을 끌었습니다. 중국 인구 2명 중 1명이 인터넷을 사용하며, 그중 약 86%가 모바일 인터넷 이용자로 드러난 것입니다.

중국인터넷정보센터(CNNIC)에 따르면, 2014년 말 기준으로 약 13억 명의 중국 인구 중 인터넷 이용자는 6억 4,900만 명에 달합니다. 그중 5억 5,700만 명(85.8%)은 모바일 인터넷 이용자입니다. 웨이보와 웨이신 이용자도 5억 명을 넘어섰습니다. 지난해 중국의 인터넷 인구는 3,100만 명이 늘었으며, 모바일 인터넷 사용자 증가세는 이보다 빨라서 5,700만 명이 늘었습니다.

중국 기업 중 최대 전자 상거래 업체인 알리바바와 JD닷컴, 소셜 네트워킹 및 비디오게임사인 텐센트, 검색 업체 바이두, 스마트폰 제조사 샤오미가 이 같은 추세에 따른 수혜 기업으로 꼽히고 있습니다. 실제로 알리바바와 JD닷컴의 전자 상거래 인구는 지난해 말 기준으로 1년 만에 20%가 늘었습니다. 알리바바와 텐센트가 운영하는 온라인 결제 서비스 사용자도 17% 증가했습니다. 여기서 주목할 것은, 중국의 인터넷 보급률은 47.9%에 달하지만 농촌 지역의 인터넷 이용자는 전체의 4분의 1에 불과하다는 것입니다. 아직까지 농촌 지역과 일부의 중소 도시는 미개척 지역으로 남아 있습니다.

인터넷의 발달은 중국의 바링허우와 지우링허우의 소비 패턴까지 바꿔 놓았습니다. 알리바바 산하의 결제 서비스 알리페이(支付宝)는 2014년에 지난 10년 동안의 거래 내역과 함께 각 성, 자치구, 직할시의 최신 결제 상황을 공개했습니다. 이 데이터에 따르면, 2004년 서비스 개시부터 10년 동안 중국의 인터넷 사용자가 알리페이를 통해 실시한 인터넷 결제는 423억 건에 달합니다. 지역별 상위 5위를 살펴보면, 광둥 성이 전체의 15.5%를 차지하며 1위에 올랐습니다. 이어 저장 성(12.5%), 상하이(9.3%), 베이징(9%), 장쑤 성(8.8%) 순으로 나타났습니다.

지난해 12월, 전국 모바일 결제에서 알리페이가 차지한 비율은 50%를 훌쩍 넘었습니다. 홍콩, 마카오, 대만을 제외한 모든 성, 구, 시에서 결제 비중이 50%를 넘어선 것으로 집계돼 알리페이의 강력한 성장세를 느낄 수 있습니다. 특히 2014년 11월 11일, 하루 동안에 알리페이를 통해 이뤄진 결제는 1억 9,700만 건으로 역대 최고 기록을 경신했습니다.

연령대로 매출을 비교한 결과, 바링허우가 최고 소비층으로 나타났습니다. 그 뒤를 이어 지우링허우가 급속하게 성장하고 있는 것으로 드러났습니다. 2014년 3분기(7-9월) 말 기준으로, 알리페이 이용자는 1억 4,900만 명에 달했는데, 이익은 200억 위안(약 3조 6,276억 원)을 넘었습니다. 이용자 1인당 평균 133위안(약 2만 4,000원)의 이익을 안겨 준 셈입니다. 그중 바링허우가 43.9%인 87억 8,000만 위안(약 1조 5,925억 원), 지우링허우가 33.2%인 66억 4,000만 위안(약 1조 2,044억 원)의 이익을 제공했습니다.

21세기 정보화 시대를 살아가는 우리는 싫든 좋든 세계화, 디지털 혁명, 미디어 생태계 변화에 큰 영향을 받고 있습니다. 특히 의사소통이라고 표현되는 커뮤니케이션 방식은 춘추전국시대에 돌입한 느낌을 줍니다. 아침에 TV로 최신 뉴스를 보고, 출근길에 지하철이나 자동차 안에서 DMB로 드라마를 보고, 와이브로로 인터넷을 검색하고, 스마트폰과 모바일 앱, 유튜브와 팟캐스트 등 오픈 소스 미디어를 통해 쇼핑을 하거나 세상 돌아가는 이야기를 접합니다. 교회 또한 이 같은 상황 변화에서 자유롭지 못한 것이 사실입니다.

인터넷의 보급은 다양한 오픈 소스 개발로 이어져 미디어 환경의 변화를 견인하고 있습니다. 미디어 환경의 변화는 모더니즘에 익숙한 기성세대와 달리, 포스트모더니즘이 유입된 후 소비문화와 대중문화를 풍미하면서 자란 신세대들에게는 세계 시민으로서 문화를 누릴 수 있는 다양한 기회를 줍니다. 아울러 기존 미디어에는 그동안의 서열은 더 이상 의미가 없음을 주지시키고, 새로운 가치를 창출할 때만이 또 다른 생존 공간을 확보할 수 있다는 상대화된 메시지를 줍니다.

미디어 선교의 사명

인간의 삶과 사고, 생활 방식 등 '변하는 실재들'(The realities of change) 가운데 "예수 그리스도만이 유일한 희망"이라는 '변하지 않는 실재'(unchanged reality), 즉 '복음'(good news)을 시대에 맞게 새롭게 드러낼 수 있는 틀을 만들어 전파하는 것이 미디어 선교의 사명입니다. 미디어 콘텐츠는 하나의 좋은 소스를 다양한 용도로 활용 가능하다(one source multi uses)는 장점이 있습니다. 따라서 선교적 미디어는 비그리스도인의 영혼 구원, 거듭난 그리스도인으로의 양육과 생활 정착, 또 다른 비그리스도인의 기독교인화라는 '재생산 선교 시스템'을 구현할 수 있어야 합니다. 아울러 다양한 문화와 언어를 가진 사람들과 상호 소통하면서 필요한 것을 제공할 수 있는 기반을 구축해야 합니다.

우리는 찾아가서 지식과 지혜를 넣어 주는 시대에서 벗어나 필요한 지식과 지혜에 찾아오는 시대에서 살아갑니다. 미디어는 세계 어느 곳에서나 동시적으로, 또 순차적으로 복음을 편만하게 전파할 수 있다는 장점을 갖고 있습니다. 기독교 선교사들의 활동을 막고 있는 국가나 지역이라 할지라도 외부에서 사이버 공간을 통해 얼마든지 원하는 정보를 줄 수 있습니다. 인터넷과 스마트 기기의 활용이 늘어나고 있다는 점에서 미디어를 통해 전해지는 복음을 막을 문은 점점 좁아집니다.

그러나 중국 선교의 측면에서는, 10년 전부터 중국 공안부가 극비리에 구축해 온 시스템인 다칭바오의 실체가 지난해 백일하에 드러났습니다. 한국 교회는 미디어 선교에 대해 보다 고민해야 할 시점을 맞게 됐습니다. 인터넷, 휴대전화, 감시 카메라, 해외 중국인 등을 통해 중국 정부가 마음만 먹으면 밀도 있는 정보 수집과 치밀한 감시를 얼마든지 진행할 수 있게 된 것입니다.

그렇다고 한국 교회가 위축될 필요는 없습니다. 예언자적 통찰력을 갖고 급속한 변화를 인정해야 합니다. 동시에 미디어 선교의 비전을 재확인하고, 교회와 사회 간 괴리를 더욱 좁혀 나갈 수 있는 미디어 선교의 틀을 중국 교회에 전달하는 데 최선을 다해야 합니다. 중국 교회가 모든 계층과 문화를 아우르는 콘텐츠를 생산하기 위해 미디어 선교에 보다 많은 인력과 비용을 투입하도록 도와야 합니다. 미디어 선교에 나설 전문 인력을 적극 양성하는 한편, 복음적이면서도 비그리스도인들도 흥미를 가질 수 있는 양질의 콘텐츠를 생산하도록 적극 나서야 합니다. 전문화, 특성화되지 않은 미디어는 흥미 유발 흡인력이 부족해서 설령 접속했더라도 지속적으로 찾아오지 않게 됩니다. 다양한 미디어 욕구를 만족시키기 위해 가용 자원을 연합하고, 적재적소에 배치해 협력 시스템을 만들어야 합니다. 기획 단계에서부터 목표를 잘 설정하고, 주제에 적합한 콘텐츠를 생산, 유통해야 합니다.

물론 미디어는 소통을 위한 좋은 도구지만, 결코 중립적이지 않을 수 있습니다. 교회가 잊어서는 안 되는 것은, 피조 세계인 미디어에 지나치게 종속되는 현상이 일어날 수 있다는 점입니다. 미디어 공간이 진정한 자유를 넘어 현실과 유리된 공간을 정당화하고, 인간의 해방이라는 이름으로 하나님과 인간을 분리시킨 죄까지 용인하는 상황으로 발전할 수 있기 때문이죠. 하나님의 창조 질서가 위협받는 데 그치는 것이 아니라, 공동체적 사회질서와 윤리를 파괴하고 잘못된 사고 체계를 트렌드, 변혁, 대세라는 이름으로 받아들이게 할 수 있습니다. 실제로 중국판 유튜브인 여우쿠(優酷) 등을 통해 기존 질서 내의 가정과 성에 대한 새로운 가치관을 유포하고, 성(性)과 신분을 숨긴 채 무제한적인 죄의 공간으로서 '하나님 없는 새로운 바벨탑'을 쌓아 가는 폐해가 일어나고 있습니다. 미디어 종사자가 갖고 있는 이데올로기, 세계관, 역사관에 따라 얼마든지 왜곡된 상태로 드러날 수 있습니다.

따라서 앞선 경험을 갖고 있는 한국 교회는 중국 교회를 도와 미디어의 장점을 어떻게 선교에 적용할지 연구해야 합니다. 동시에 미디어가 과도하거나 잘못된 방향으로 사용될 때는 어떻게 방어할 것인지를 고민해야 합니다.

미디어 선교는 기독교적인 선한 가치가 존중되는 사회를 만드는 데 기여할 수 있습니다. 그러기 위해서는 익숙함과 새로움의 조화를 어떻게 스토리텔링으로 재정립할 것인지를 연구해야 합니다.

시간 관리, 탁월성, 업그레이드 능력, 후천적으로 특화된 전문성 등 '열린 지성'이 반드시 필요합니다. 미디어 선교의 가장 훌륭한 자질인 상상력의 폭이 넓어야 하며, 다루는 주제의 복잡한 전체 모습을 기꺼이 탐구하려는 용기도 요구됩니다. 기존의 신념 체계나 고정관념에서 벗어날 수 있어야 합니다. 사물과 세상을 바라보는 다양한 시선이 그만큼 존재한다는 점을 흔쾌히 수용해야 합니다. 아울러 숨겨 온 모습을 발견할 수 있다는 가능성을 믿은 채 모험도 감행할 수 있어야 합니다. 열린 지성에서 만들어진 콘텐츠는 시청자들의 가슴을 뛰게 합니다.

그런 점에서 미디어 선교는 'THINK 정신'이 요구됩니다. "T =True

(진실한가), H=Help for(다른 이에게 도움이 되는가), I=Important(중요한가), N=Necessary(필요한가), K=Kind(겸손이 담겨 있는가)." 콘텐츠를 명품화하고 깊이와 넓이를 담보할 수 있는 전문성이 뒷받침된다면, THINK 정신으로 미디어 선교의 새 장을 열어 갈 수 있습니다.

한국 교회는 이미 기독교 다큐멘터리 영화가 세상 속에서 뜻밖의 선전을 보인 것을 목격했습니다. 일반적으로 다큐멘터리 영화는 저예산으로 제작된 비제도권 영화입니다. 현실 비판의 성격이 강하거나 감독의 주관이 뚜렷해 상업성이 없는 것으로 여겨졌습니다. 그러나 김우현 감독의 〈팔복〉 이후 신현원 감독의 〈소명〉, 김종철 감독의 〈회복〉 등이 비그리스도인들에게 다가갈 수 있는 다큐멘터리의 가능성을 보여 주었습니다.

여기서 중국판 미디어 선교가 나아갈 방향을 찾을 수 있습니다. 화교권 미디어 전문가들과의 협업을 통해 기독교를 직접 드러내지 않고도 중국인의 정서에 맞는 콘텐츠를 만들어 모든 중국인이 공감하게 할 수 있습니다. 그러기 위해서는 첫째, 철저하게 사실과 진실에 기초한 살아 있는 현장을 제시해야 합니다. 그저 기독교 신앙을 북돋아 주기 위해 연출한 드라마가 아니어야 합니다. 생선처럼 펄펄 뛰는 살아 있는 현장성을 담아내 비그리스도인들도 관심을 갖게 해야 합니다. 사람들은 작위적으로 꾸며 낸 이야기가 아니라, 있는 그대로의 사실과 진실에 열광하기 때문이죠.

둘째, 소재의 참신성을 세련되고 감각적인 언어로 표현해야 합니다. 젊은 그리스도인들은 볼 만한 가치가 없다면 기독교 영화라고 해도 결코 대가를 지불하지 않습니다. 〈소명〉과 〈회복〉은 낯선 아마존과 예루살렘을 관객의 눈앞에서 그대로 재현했습니다. 이는 미디어가 새롭게 구현할 몫이 무엇인지를 보여 주는 것입니다. 복음의 메시지를 직접 화법으로 전하는 영화라면 한 개의 스크린을 얻기도 힘들다는 기존의 선입견을 완전히 깼다는 점에서, 미디어 선교의 가능성을 보여 준 것입니다.

한국 교회는 중국 교회, 화교권 교회와 더불어 개혁적 복음주의에 입각한 다양한 사역자를 배출하기 위해 문화의 모든 영역을 하나님 나라로 변혁시키는 데 앞장서야 합니다. 그런 점에서 미디어는 문화 선교 공간으로서 무궁무진한 가능성을 갖고 있습니다. 문화 선교는 삼위일체적 하나님 나라를 궁극적으로 실현하는 것을 목표로 삼습니다. 하나님 나라의 핵심은, 하나님이 피조 세계 속에서 지속적으로 역사하시고, 마침내 역사 안에서 이 세상을 구원하신다는 것입니다.

따라서 우리가 추구해야 할 미디어 선교의 과제는 다음과 같습니다. 중국 교회의 대사회적 지도력과 선교 능력의 제고를 위해 미디어 선교의 중요성을 재인식해야 합니다. 그리고 전문적으로 이 영역을 발전시킬 문화사역자들을 집중적으로 양성해야 합니다. 문화 영역이 매우 포괄적이기 때문에 우선 전통 미디어와 새로운 미디어에 대한 신학적 평가와 검증에 역량을 쏟아야 합니다. 또한 중국적 미디어 선교의 담론을 만드는 데 힘써야 합니다. 이는 하나님의 뜻이 하늘에서 이루어진 것같이 이 땅에서도 이루어져야 한다는 공감대의 확산과 구체적인 환경 조성을 통해 이뤄져야 합니다. 미디어에 대한 폐쇄적 시각과 성급한 결과를 만들고자 하는 조급증에서 벗어나는 것도 필요합니다. 세계 선교계와 더불어 미디어 활용에 대한 연구, 투자, 협력을 증진해야 합니다. 아울러 미디어 선교를 잘 감당할 수 있는 전문인 선교사들을 집중적으로 육성하는 것이 필요합니다. 중국 교회의 상황에 맞는 미디어 선교 아카데미를 개설하여, 성경적 세계관으로 무장한 탁월한 실무자들을 양성하는 데 힘써야 합니다.

세상은 거대한 문화 전쟁터입니다. 악한 세력은 인터넷, 모바일, 방송 등 유비쿼터스(ubiquitous) 시대의 미디어를 적극 활용하여 세상에 퇴폐, 거짓, 위선, 음란, 폭력, 도박, 사기, 엽기, 복수의 문화를 퍼뜨리고 있습니다. 이러한 영적 문화 전쟁에서 하나님 나라에 속한 그리스도인은 사명감을 갖고, 기독교적 가치관에 입각하여 세상에서 소금과 빛의 역할을 담당해야 합니다. 특히 미디어 종사자들은 사랑, 회복, 진실, 화해, 반성, 경외, 용서, 봉사, 배려 등의 선한 가치를 담은 문화와 콘텐츠를 적극 만들어서 이를 미디어를 통해 널리 전파해야 합니다.

우리는 미디어를 '온 세상을 위한 복음의 통로'로 활용해야 합니다. 영혼 구원을 위해 더 멀리, 그리고 더 가까이 다가가는 보다 적극적인 자세를 가져야 합니다. 미디어는 가치관을 혼미하게 하는 문화 전쟁의 시대에 거짓이 아니라 진실, 미움이 아니라 사랑, 불의가 아니라 공의, 이기적 욕심이 아니라 봉사와 배려의 가치를 존중해야 합니다. 그래서 선한 가치를 담은 문화와 콘텐츠를 적극 전해야 합니다. 이는 미디어를 통해 "내가 너희에게 분부한 모든 것을 가르쳐 지키게 하라"(마 28:20)는 예수님의 지상명령을 실현해 가는 길이기 때문입니다.

막을 수 없는 변화의 바람

중국 사회의 변화는 중국인들을 더 이상 사회주의의 틀 안에만 가둬둘 수 없게 인도할 것입니다. 미디어는 중국인들이 이전에는 상상도 할 수 없었던 수많은 정보와 문화를 쉽게 접할 수 있는 통로가 될 것입니다. 이 같은 개방성은 사람들의 심리와 사회의 변화 욕구를 자극하고, 종교에 대한 생각 또한 어느 정도 완화시킬 것입니다.

중국 공산당이 집권하는 한 목회자들이 중국 사회의 주류가 되는 것은 요원합니다. 그러나 평신도 리더십이 국가와 사회에 보다 선한 영향력을 미치면서 소금과 빛이 될 수는 있습니다. 한국 교회도 기존의 선교 패러다임을 바꿔야 합니다. 목회자 선교사, 전문인 선교사 등 특정 그룹으로 묶을 필요가 없습니다. 목회자뿐 아니라 각 분야의 전문가들이 모두 힘을 합쳐 중국의 전 영역에서 그리스도의 계절이 올 수 있도록 네트워크를 형성해야 합니다.

과거에는 중국을 위한 기독교 사이트나 기독교 전문 서점을 찾아보기가 쉽지 않았습니다. 그러나 21세기 들어 중국의 상황이 많이 변했습니다. 복음적이고, 기독교 세계관을 심어 줄 수 있는 사이트가 더 많이 요구되고 있습니다.

현지 교회와 네트워크를 형성해 지도자 훈련, 신학과 성경 공부 등 교회가 간절히 필요로 하는 자료와 정보를 전달하는 일을 진행해야 합니다. 중국 교회가 절실히 필요로 하는 목회 자료, 신학 교육 자료, 제자 훈련 교재, 가정 상담과 세미나 자료, 주일학교 자료 등이 아직도 부족합니다. 청소년들에게 기독교 세계관을 담고 있는 정보와 상담을 제공하는 곳도 찾기가 쉽지 않습니다. 결혼과 가정에 관련된 상담이나 세미나, 가난하고 소외된 계층을 돕기 위한 구제, 사회복지 정보 사이트의 개설도 필요합니다.

신학 교육과 전도, 양육 시스템의 미디어화, 교회 사역자(목회자 포함)들을 위한 맞춤식 훈련과 재교육 프로그램의 미디어화, 교회에 해악을 끼치는 이단에 대처하기 위한 프로그램의 미디어화, 교회음악 사역과 주일학교 사역의 미디어화 등 미디어 선교가 중국 선교에 기여할 수 있는 영역은 실로 광범위합니다.

그러나 미디어 선교에서 잊지 말아야 할 것이 있습니다. 종이 없는 시대에서도 문서 선교는 중국처럼 광활한 지역에서는 매우 유용한 도구라는 것입니다. 문서 선교 사역을 활성화시키기 위해 기존의 방식대로 문서를 중국에 전달하는 사역을 계속할 뿐 아니라, 중국 현지에서 기독교 출판 문화가 확장되도록 도와야 합니다. 문서 선교의 개념 또한 인터넷을 이용한 문서 선교, 전자책 발간, USB를 활용한 문서와 동영상 사역 등 다변화해야 합니다.

문서 선교 사역을 시행함에 있어 가장 중요한 것은, 한국 교회가 이런 사역의 중요성을 인식하고, 실제로 활발하게 참여해야 한다는 것입니다. 그리고 국내외의 여러 선교 단체, 중화권 선교 단체와의 협력 또한 필수적입니다. 한국 교회는 문서 선교를 비롯한 미디어 선교의 중요성을 인식하고, 보다 지속 가능한 장기 계획을 세우고, 인내심을 갖고 협력해야 합니다. 그럴 때 미디어 선교는 '중국의', '중국에 의한', '중국을 위한' 기독교를 중국 내에 정착시키는 바른 계기가 될 것입니다. 이와 함께 미디어 선교가 만병통치약이라는 생각을 갖지 말고 전통적인 직간접 사역도 계속 이어 나갈 때, 하나님이 원하시는 총체적이고 전인적인 선교가 이뤄진다는 것을 명심해야 합니다.

28

'선교 중국' 시대를
준비하라

●

막힌 담을 허물 수 있다

요즘 가정교회 목회자들은 선교하는 중국 교회, 즉 '선교 중국'의 시대를 준비해야 한다고 이구동성으로 부르짖고 있습니다. 선교 중국 운동은 2007년, 한국의 중국 선교 단체들이 세계 기독교의 중국 선교 200주년을 기념해 한국중국선교협의회를 결성한 후 중국과 중화권 교회의 지도자들과 함께 주창한 캐치프레이즈이기도 합니다.

한국 교회는 왜 선교 중국에 기여할 수 있을까요? 한국 교회는 서구 교회나 일본 교회와 달리 중국 교회와 중국인들에게 국가적, 역사적 차원에서 참담한 피해를 주지 않았다는 점에서 현지에서 느끼는 것이 많이 다릅니다.

서구는 1840년 아편전쟁 이후 총칼로 중국의 문호를 열고 선교의 자유를 얻었습니다. 그래서 수많은 선교사들이 중국의 영혼 구원을 위해 피를 흘렸음에도 불구하고, 중국인들이 기독교에 대해 갖고 있는 감정은 곱지 않습니다. 일본은 어떤가요. 1937년 12월 13일-1938년 2월,

6주간에 걸쳐 이뤄진 난징 대학살을 통해 중국인 30만 명이 죽음을 당했습니다. 1939년 4월에는 1644부대가 신설돼 생체 실험까지 자행했습니다. 이 때문에 저는 한국 교회만이 중국 교회와 서구 교회, 중국 교회와 일본 교회 간의 막힌 담을 허물 수 있다고 믿습니다. 적어도 피스메이커 역할을 할 수 있는 것입니다.

새로운 선교 정책이 필요하다

수년 전만 해도 중국 내에 선교 열의는 있었지만 구체적인 추동체가 없었습니다. 화교 교회와 연계된 해외 선교 기관이 중국 교회와 공동으로 선교 운동을 펼쳤지만, 풍성한 열매로 이어지지는 못했습니다. 이른바 원저우 상인들도 국내외에 교회를 세워 선교 공동체 운동을 펼쳐 왔습니다. 중국 접경 국가는 물론 중동 지역까지 선교사와 선교 후보생들을 파송해 선봉대 역할을 감당하게 했습니다. 그러나 이 역시 선교 경험이 일천하고 구체적인 선교 전략이 부재하여 서바이벌(생존) 수준에 머물렀습니다.

비즈니스 사역 등으로 선교의 지평을 넓히려고 하지만, 복음 전도와 사업을 병행하기가 쉽지 않아 적지 않게 실패를 거듭합니다. 이 때문에 한국 교회가 선교의 다리 역할을 해야 한다는 요청이 줄을 잇고 있습니다. 베이징 시안교회의 진밍르 목사는 "중국 교회는 격려해 주고 함께할 수 있는 파트너를 필요로 한다. 한국 교회가 전 세계의 선교 네트워크를 활용하여, 중국 교회가 선교 중국 운동에 힘쓰도록 실질적인 가이드 역할을 해 주기를 바란다"고 말했습니다.

하나님을 믿으면서부터 그리스도인은 위기에 직면하게 됩니다. 감정과 예감으로 대처 방안을 세우지 말고, 다양하게 정보를 수집하고 철저히 분석해야 합니다. 위기 종결과 사후 관리까지 고려하는 전방위적 위기관리 대책이 요청됩니다.

요한복음 3-4장은 예수님이 대상에 따라 어떻게 복음을 제시하셨는지를 보여 줍니다. 3장에서 예수님은 유대인 지도자인 니고데모에게, 4장에서는 사마리아 여인에게 하나님 나라에 대해 설명하십니다. 우리도 중국 선교를 넘어 선교 중국 시대를 열어 가기 위해서는 도시와 농촌, 지식인과 보통 사람, 남성과 여성, 노인과 어린이 등 지역과 대상에 따른 차별화된 선교 전략을 세워야 합니다.

중국 교회가 이슬람권을 비롯해 전 세계에 선교사를 파송하려는 움직임이 구체화되고 있습니다. 따라서 중국 그리스도인들이 중화권 그리스도인들, 한국 그리스도인들과 함께 일할 토대를 형성하는 것이 필요합니다. 현재 중국 교회에 필요한 것은 한국 교회의 선교 전략이나 부흥 전략이 아니라 기도, 헌신 등 복음에 대한 열심이라는 중국 목회자의 말을 귀담아들어야 할 것입니다.

한국 교회는 한·중 수교와 함께 언어 등 접근성이 용이한 조선족을 중심으로 선교 활동을 펼치다가 현재는 중국 전역에서 다양하게 활동하는 선교사들을 배출하게 됐습니다. 이는 2012년에 실시한 '재중 한인 선교사 실태 및 의식조사'를 통해서도 확인할 수 있습니다. 조사 결과, 선교사들의 주요 사역은 제자 훈련(37.16%), 교회 개척(33.11%),

신학교(25%), 대학생 사역(17.23%), 어린이 사역(6.42%), 개발 사역(5.07%), 한국인 사역(4.39%) 등이었습니다.

한·중 수교 전에는 극동방송, 아세아방송 등을 통한 간접 선교와 외국 국적자들의 중국 교회 방문을 통한 간헐적인 선교에 만족해야 했습니다. 그러나 한·중 수교는 목회자와 평신도들로 하여금 중국과 중국인들을 위해 보다 헌신할 수 있는 기회를 제공했습니다. 문제는, 언제든지 마음만 먹으면 갈 수 있는 환경이 조성되면서, 중국과 중국인에 대한 이해가 부족하더라도 일단 가 보자는 풍토가 생겼다는 것입니다. 이에 따르는 시행착오 또한 만만치 않습니다.

한국 기업체들의 대중 투자 비용 대비 생존율이 극히 희박했듯이, 탁월한 선교사들이 있기는 했지만 다른 나라에 비해 선교 열매가 덜 맺히는 선교사들도 적지 않았다는 비판을 피할 수 없습니다. 이는 중국에서 활동 중인 선교사들의 사역 연수가 비교적 짧기 때문이기도 하죠. 2000년대 들어 중국에 파송된 선교사 숫자와 그 이전의 선교사 숫자를 비교할 때 큰 차이를 보이고 있습니다.

'재중 한인 선교사 실태 및 의식조사'에 따르면, 파송 연도가 2000-2007년인 선교사는 56.42%, 2008년 이후는 17.57%로 2000년 이후가 약 74%에 달했습니다. 1992-1999년에 파송된 선교사는 22.3%에 불과했습니다. 파송 전 훈련 기간을 살펴보면, 앞으로 선교사 훈련을 보다 강화해야 할 필요성을 느끼게 됩니다. 1-6개월은 33.78%, 7-12개월은 18.92%로 1년 이하가 52%에 달했습니다.

파송 당시 선교사의 중국어 능력은 완전 초보가 56.76%, 초급 수준이 28.72%였습니다. 이는 선교사의 85%가 언어 준비가 충분히 돼 있지 않은 상태에서 현장에 투입됐다는 것을 의미합니다. 천만다행인 것은 사역하는 데 지장이 없을 정도로 중국어를 구사할 수 있는 선교사가 현재 40%에 달한다는 점이죠. 그러나 소수민족 사역을 할 경우 소수민족어까지 자유롭게 구사할 수 있는 선교사는 5.74%에 불과했습니다.

그러면 한국 교회의 중국 선교 열기는 어떠할까요. 중국 선교 전문가와 선교사들 사이에서는 그 열기가 예전만 못하다는 반응이 지배적입니다. '재중 한인 선교사 실태 및 의식조사'도 이 같은 내용을 입증합니다. "한국 교회의 중국 선교에 대한 관심도가 과거에 비해 어떻다고 생각하느냐?"는 질문에 "관심도가 식었다"고 답한 선교사가 296명 중 189명, "그저 그렇다"고 답한 선교사가 26명이었습니다. 반면에 "더 뜨거워졌다"고 답한 경우는 23명에 불과했습니다. 관심도가 식은 원인과 관련하여, 중국 사역의 특수성에 따른 비공개성을 꼽은 선교사는 152명에 달했습니다. 한국 교회의 선교에 대한 무관심을 꼽은 사람은 74명, 선교사들의 적극적인 동원 부족을 꼽은 사람은 38명이었습니다.

중국 선교 단체를 중심으로 결성된 한국중국선교협의회가 2007년부터 추진해 온 선교 중국 운동과 관련하여 "지금이 적기다"라고 답한 선교사는 47.3%, "방향은 공감하나 아직은 아니다"라고 답한 선교사는 46.96%였습니다. "지금은 선교 중국을 논할 때가 아니다"라는 답변은 3.38%였습니다. 선교 중국 시대를 위한 기반이 아직 마련되지 않았다는 것이 선교사들의 중론입니다.

선교 중국 시대를 준비하기 위해 지금까지의 중국 선교 방식을 재평가하고, 무한 업그레이드할 수 있는 방안을 찾아내야 합니다. 그리하여 중국인 리더십들과의 연대를 통해 선교 중국의 기반을 만들어 가는 것이 우선 필요합니다. 아울러 한국에서 신학 공부를 하는 잠재적인 중국 교회 리더들과의 교류와 협력과 동역을 통해 중국 선교와 선교 중국의 기반을 다져야 합니다. 또 한국 내 중국인 유학생들을 위한 사역 네트워킹을 강화하고, 멘토링 시스템을 구축해야 합니다. 유학생들의 신앙 교육과 더불어 선교헌신자를 적극 발굴해 집중적으로 훈련시키고, 그들을 모국으로 '역파송'하는 것도 또 다른 방안이 될 것입니다. 한국 교회 차원에서 중국 선교 훈련 교재인 《차이나 미션 퍼스펙티브》(이미 나와 있는 것 말고 중국의 상황 변화와 미래에 맞는 것)를 만들어서 공인된 매뉴얼을 만들어 나가는 것도 필요합니다.

선교 중국 시대를 준비하기 위해서는 국제 네트워크를 구축하는 것이 무엇보다 중요합니다. 서로 정보를 교류하고 노하우를 배워 가면 불필요한 중복 투자를 피할 수 있고, 중국과 중국인 현실에 맞는 선교 정책을 보다 효과적으로 추진할 수 있기 때문입니다. 그런 점에서 2007년부터 격년으로 개최하고 있는 선교중국대회가 네트워킹 현장으로 활용될 수 있을 것입니다.

아울러 선교중국대회를 국제전략회의와 일반 대회로 철저하게 이원화하는 것도 필요합니다. 국제전략회의는 한국과 중국을 비롯한 중화권과 세계 교회 리더십들이 보다 깊이 있는 선교적 결과물을 분석, 평가하고 발전적인 내용을 도출하는 데 맞춰져야 합니다. 즉, 한국, 중국과 중화권, 세계 선교계 등 3대 진영으로 나눠 각자 영역별 발표를 한 후 집중토론식으로 진행해야 합니다. 예를 들어 '우리는 이렇게 선교를 해 왔다'(동원, 훈련, 파송, 케어)라는 주제하에 과거와 현재에 대한 평가를 중심으로 3개 진영에서 발표하고 토론하는 것입니다. '우리는 이렇게 선교하려고 한다'라는 주제하에 현재와 미래를 중심으로 3개 진영에서 발표하고 토론하면 좋겠죠. 또한 '우리는 이렇게 협력할 수 있다'라는 주제하에 선교 중국을 위한 협력 방안을 중심으로, 3개 진영에서 발표한 후 토론하면 어떨까요. 아울러 상호 협력할 내용을 확인하고 공동 프로젝트를 세운 후, 2년 주기로 그 결과를 나누고 새로운 추진 방향을 찾아가면 어떨까요?

한국과 중국은 지리적 인접성, 문화적 유사성, 경제적 상호 보완성 등으로 인해 어떻게든 관계를 증진할 필요가 있습니다. 중국의 풍부한 인적·물적 자원, 거대한 내수 시장, 그리고 한국의 기술과 산업 경쟁력 등이 결합하면 윈-윈의 상생 협력 관계를 만들어 낼 수 있습니다.

한중 정상은 2008년, 양국 관계를 '전략적 협력 동반자 관계'로 격상시켜 북한 등 한반도 문제뿐 아니라 글로벌 이슈에 대해 얼마든지 전략적 협력이 가능하도록 했습니다. 물론 탈북자 북송 문제, 중국 어선의 불법 조업, 청사공정(清史工程) 같은 역사 문제 등 갈등 지수 또한 큰 것을 부인할 수 없습니다. 그럼에도 불구하고 양국 관계는 더욱 확대될 가능성이 큽니다. 따라서 한국 교회도 지금까지의 중국 선교 노선에서 과감하게 탈피하고 중국인을 위한, 중국인에 의한 민족 복음화와 세계 선교의 얼개를 짜야 합니다.

원자바오 전 총리가 인용한 황스궁(黃石公)의 《소서》(素書)가 생각 납니다. "수직이불폐, 처의이불회"(守職而不廢 , 處義而不回). "직무를 다 하는 데 중도에서 멈추지 말 것이며, 정의를 위해서는 용감하게 나아 가야 한다"는 의미입니다.

청나라 린쩌쉬(林則徐)가 지은 〈부수등정구점시가인〉(赴戍登程口占示 家人)의 한 구절이 떠오릅니다.

"국가에 도움이 된다면 자기의 생명이 희생된다고 해도 감수할 것이 며, 해가 된다고 해도 절대 피하지 않을 것이다"(苟利國家生死以, 豈因禍 福避趨之).

원자바오 전 총리가 중국과 대만과 관련해 인용한, 한나라 때 왕충 (王充)이 지은 《논형》(論衡)의 "감허편"(感虛篇)도 의미심장합니다.

"성심성의를 갖고 임하면 하늘도 감동하여 이루어 내지 못할 것이 없다"(精誠所至, 金石爲開).

이 구절들의 기독교적인 재적용이 선교 중국 시대를 준비하는 데 필요하지 않을까요?

한국 교회는 경제가 발전할수록 종교 세력의 세속화 또한 빨리 이뤄 진다는 점을 잊지 말아야 합니다. 중국 교회가 끊임없이 개혁하는 '에 클레시아'가 되고, 건강한 공동체를 지속할 수 있도록 겸손하게 도와 야 합니다.

하나님 나라의 확장을 위해 하나님은 지금도 역사하고 계십니다. 하 나님은 한국 교회 없이도 세계 복음화의 꿈을 실현해 나가실 수 있습니다. 그럼에도 불구하고 한국의 그리스도인들을 세계 선교의 동역자로 부르셨습니다. 우리는 이 사실에 감격하고, 선교적 교회를 온전히 세워 나가야 합니다. 선교 중국의 비전은 예수님처럼 하나님 뜻에 순종할 때 이뤄질 수 있음을 기억해야 합니다. '코람데오'(coram deo) 정신으로 순수함을 이어 갈 때, 중국인과 전 세계인들이 함께 이뤄 갈 것입니다.

한국 교회가 중국 선교에서 이제 선교 중국 시대를 준비해야 한다는 징후들이 여러 곳에서 나오고 있습니다. 중국 가정교회가 젊어지고 있습니다. 특히 도시형 가정교회가 대폭 증가하고 있습니다. 이들은 선교하는 교회를 꿈꿉니다. 땅 끝까지 이르러 복음을 증거하라는 예수 그리스도의 대사명(great commission)에 충실하기 위한 기반을 만들려고 힘쓰고 있습니다.

한국 교회가 새로운 선교 정책을 세워야 하는 또 다른 이유로, 중국 정부의 가정교회에 대한 태도 변화를 꼽을 수 있습니다. 중국 정부 관계자들이 도시형 가정교회를 이끌고 있는 지도자들과 회동을 가졌습니다. 당시 회동에 참여한 한 목회자는 "정부가 종교에 대해 좀 더 열린 태도를 보여 주었다"면서 비공인 교회에 대한 정책 변화가 올 것을 예상했습니다. 이 회동은 탄압 일변도 정책으로는 늘고 있는 기독교 인구를 통제하기 어렵다는 현실론에 따른 것으로 보입니다.

이 조치는, 2009년에 건국 60주년을 맞이한 중국 정부가 직면한 경제 문제를 해결하면서 잠재적 불안 요소인 종교 문제의 처리 방침을 확정 짓고, '통 큰' 소통과 화합의 정치를 대내외적으로 과시하기 위한 것이었죠. 당시 우려의 목소리도 만만치 않았습니다. 일부 비공인 교회의 실체를 인정하는 대신, 정부에 비협조적인 가정교회는 고사시키려는 계산이 숨어 있다는 것입니다. 이 같은 우려가 현실로 드러났었습니다.

겸손한 마음으로 함께 준비하자

한국 교회가 앞으로 관심을 가져야 할 사항은 다음과 같습니다. 첫째, 중국 교회가 진정으로 필요로 하는 것에 집중해야 합니다. 우리 중심의 선교에서 벗어나 겸손하게 현지의 목소리를 경청하고, 우리가 도울 수 있는 길을 찾아가자는 것입니다. 그러면 현지에 맞는 맞춤형 사역을 계발, 발전시킬 수 있습니다.

둘째, 현지 교회는 물론 해외 화교권 교회, 세계 교회와 더불어 공동의 사역을 진행해야 합니다. 중국 선교는 최종 목표가 아닙니다. 선교 중국 시대를 열어 세계 복음화의 꿈을 실현하는 것이 목표가 돼야 합니다. 즉, 중국 교회가 일어나 전 세계 교회들과 함께 땅 끝까지 이르러 주님의 증인이 될 수 있도록 돕는 다리 역할을 해야 합니다. 분명한 것은, 중국 교회는 선교 중국에 헌신할 잠재적 역량이 충분하다는 것입니다. 따라서 한국 교회는 현지 교회가 선교 중국에 헌신하도록 선교 헌신 집회를 열고, 선교 훈련에 힘쓰고, 선교사들을 파송하도록 협력해야 합니다.

셋째, 시니어급 선교사들이 국내외에서 선교 중국 시대를 준비할 수 있도록 그들을 더욱 연마시켜야 합니다. 선교사들이 습득한 언어와 사역의 경험과 노하우를 활용하여, 국내에서 방한 중국인 사역을 하거나 해외에서 중국인 사역을 할 수 있도록 길을 터 줘야 합니다.

넷째, 새 시대에 맞는 선교 방식을 찾아야 합니다. 연구 사역과 이를 적용하고 발전시킨 사례와 새로운 선교 로드맵을 도출하는 리서치 사역이 필요합니다. 정치, 경제, 사회, 문화, 종교의 변화를 면밀하게 분석하면 선교적 필요를 채울 뿐 아니라, 우리나라가 중국과 더불어 살아갈 수 있는 생존 공간과 문화도 만들 수 있음을 잊어서는 안 됩니다.

저는 중국 유학 시절에, 중국에서는 자동차 산업이 쉽지 않을 것이라고 생각했습니다. '자체 브랜드 제작을 포기한 것은 아닐까?'라고 여기기까지 했습니다. 이 생각은 상당 기간 지속됐습니다. 중국의 완성차 시장을 폭스바겐, 제너럴모터스(GM) 등 글로벌 브랜드들이 점령했기 때문이죠. 그런데 요즘 중국에 가 보면, (특히 2015년 4월 20-29일에 상하이에서 열린 모터쇼를 보면) 이 같은 생각은 시효가 끝났음을 알게 됩니다.

과거에 중국 토종 업체들은 외국 브랜드와 50 대 50 합작을 의무화한다는 법령에 따라, 기술력과 인지도가 높은 글로벌 브랜드에 의존해 왔습니다. 현재 연간 100만 대 이상을 중국에서 판매하는 브랜드는 폭스바겐(351만 3,887대), GM(170만 7,969대), 현대(112만 49대) 등입니다. 이제 토종 업체들의 반격이 시작됐습니다. 그들이 내건 전략은 스포츠 유틸리티 차량(SUV)입니다. 비포장도로에서도 쉽게 달릴 수 있으며, 차체가 크고 가격도 좋아 중국 소비자들이 선호하기 때문이죠. 왜 그

렇게 됐을까요? 바로 '선택과 집중'입니다. 기아자동차의 2,000cc 스포
티지보다 창청(長城) 자동차의 SUV가 1,000만 원 이상 쌉니다.

　한국 교회가 중국 교회를 돕는 것도 이와 마찬가지 아닐까요? 모든
것을 일일이 돕겠다는 것은 오만입니다. 모든 지역에서 다 선교하겠다
는 것도 가당치 않습니다. 중국 교회가 가장 필요로 하는 것에 집중해
야 합니다. 더 나아가 하나님이 한국 교회에 기대하시는 것에 집중해
야 합니다. 만일 한국 교회가 이 과제를 제대로 감당할 수 없다면, 포기
하지 말고 해외의 그리스도인들과 함께하면 됩니다. '독불장군'식 선
교는 이미 막을 내렸습니다.

29

일대일로
선교 벨트를 구축하자

●

일대일로, 그 위력적인 프로젝트

중국이 왜 미국과 더불어 G2인지를 보여 주는 역사적 일들이 벌어지고 있습니다. 아시아-유럽-아프리카를 잇는 '일대일로'와 세상을 발칵 뒤집어 놓은 금융 히트 상품인 '아시아인프라투자은행'이 그 주인공입니다. 이 모두가 중국의 야심 찬 작품입니다.

일대일로는 시진핑 시대의 정치·경제·외교·문화 협력을 하나의 패키지로 묶어 낸, 21세기의 '신(新) 실크로드' 프로젝트입니다. 이 개념은 시진핑 주석이 2013년 9월, 카자흐스탄의 나자르바예프 대학교에서 한 강연에서, 그리고 같은 해 10월, 인도네시아에서 한 국회 연설에서 처음 언급됐습니다. 육상 실크로드인 일대(一帶), 해상 실크로드인 일로(一路)가 합해져 '일대일로'가 된 것입니다. 중국 입장에서는 지역의 균형 발전과 산업구조 조정, 에너지 안보와 국방 강화 등의 핵심 전략이 융합돼 있습니다.

여기서 실크로드의 기원을 살펴볼까요. 고대 한나라 때 일입니다.

B. C. 139년경, 장첸(張騫)은 한무제(漢武帝)의 명령에 따라 흉노족을 제압하기 위한 임무를 띠고 창안(長安)을 떠나 월지국으로 가던 중 흉노 왕에게 체포됩니다. 흉노의 회유책과 기나긴 억류 생활 끝에 장첸은 13년 만에 한나라로 다시 돌아옵니다. 그는 비록 임무에 실패했지만, 당시 미지의 땅이었던 서역(넓은 의미로는 중앙아시아, 인도를 포함)까지 한나라의 영향력이 미치게 했습니다. 신장 일대와 내지의 연계가 강화됐고, 중앙아시아와 서부 아시아, 그리고 남유럽까지 직접적인 거래가 가능하게 된 것이죠.

이후 당나라 때 정치적 안정과 국제화와 개방화에 따라 고대 실크로드의 전성기가 열립니다. 특히 남해를 통한 해상무역을 추진하여, 베트남 등 다른 국가들과의 무역을 통해 높은 수익을 거뒀습니다. 이로 인해 당나라의 수도 창안은 인구 100만 명이 넘는 세계 제일의 도시가 됐습니다. 그리고 당나라는 세계 패권국이 될 수 있었죠. 경제전문지 《이코노미스트》에 따르면, 당시 중국의 GDP는 전 세계의 약 23%로 인도에 이어 2위였습니다.

중국 정부의 일대일로 액션 플랜을 찬찬히 뜯어보면, 가히 놀라움을 금치 못합니다. 육상 실크로드는 중국의 시안, 우루무치를 관통해 카자흐스탄, 러시아, 벨라루스, 폴란드, 독일까지 연결됩니다. 해상 실크로드는 중국 연해와 동남아시아(싱가포르, 말레이시아, 인도네시아), 남아시아, 몰디브, 인도양을 거쳐 유럽까지 연결됩니다. 중국 정부의 계산법을 옮겨 볼까요.

"일대일로는 운명 · 이익 · 책임의 공동체다. 공동의 발전과 번영을 위해 개방과 협력을 유지하고, 시장 운영과 상호 공존 원칙을 실천한다. 항구, 철도 등 교통 인프라를 연결하고 송유관, 가스관, 전력 등을 이어 에너지 협력에 나선다.

또 각국의 투자, 융자 등 신용 시스템을 구축하고 양자 간 통화 스와프의 확대, 각국과의 자유무역 지대 건설 등을 통해 금융 분야에서 협력한다. 외국 정부와 외국 기업 및 금융 기구의 중국 내 위안화 채권 발행을 권장한다. 자국의 금융 기구와 기업도 국외에서 위안화 또는 외국 통화의 채권 발행을 확대한다. 필요한 자금은 AIIB와 BRICs 개발은행 설립을 통해 충당한다. 상하이협력기구(SCO) 내 금융 기구 협력과 실크로드 기금 운용 등을 통해 조달한다. 각국과의 인적 교류의 확대를 위해 정부 장학금을 매년 1만 명의 외국인에게 준다."

이 같은 실천 계획은 시진핑 주석이 지난 3월 28일, 아시아판 다보스 포럼(Davos Forum)으로 불리는 보아오(博鰲) 포럼 기조연설을 통해 일대일로의 개방 정신을 밝힌 후 나온 것입니다. 시진핑 주석은 기조연설에서 일대일로와 AIIB 계획은 중국의 '독주회'가 아니라 관련국들의 '합창곡'이라고 강조했습니다. 일대일로와 AIIB가 세상을 새롭게 묶어 낼 장치가 될 것이라는 말입니다.

그는 "우선 중국과 동남아 국가 연합이 더욱 긴밀한 운명 공동체를 건설하고, 아세안과 한 · 중 · 일 3국이 오는 2020년까지 동아시아 경제 공동체 건설을 위해 노력해야 한다"면서 중국이 운명 공동체 구축을 위한 주도국이 될 것이라고 천명했습니다. 또한 "일대일로에 대해 이미 60여 개의 국가와 국제기구가 긍정적인 반응을 보였다. 중국은 각국에 더 많은 시장과 성장, 투자 협력의 기회를 제공할 것이다"라고 했습니다. 주변국과 아시아 국가는 물론 5대륙 국가 모두에게 일대일로 건설과 AIIB가 열려 있다고 덧붙인 것이죠.

일대일로의 중점 사업은 '5대 통(通)', 즉 정책소통(政策溝通), 인프라 연통(設施聯通), 무역창통(貿易暢通), 자금융통(資金融通), 민심상통(民心相通)으로 설명할 수 있습니다. 정책소통은 국가 간 발전 전략을 충분히 협의하면서 이견을 조정하자는 것입니다. 인프라 연통은 철도, 도로, 가스, 전력, 통신을 포함합니다.

중국 31개 성(省)급 행정단위 중 18곳이 일대일로 사업에 참여합니다. 중국 언론에 따르면, 18곳 가운데 일대일로의 핵심 지역은 신장 위구르 자치구와 푸젠 성이 될 것입니다. 중앙아시아로 이어지는 서북권에는 신장 위구르 자치구, 산시 성, 간쑤 성, 닝샤후이족 자치구, 칭하이 성, 네이멍구 자치구가 포함됩니다. 서남 지구는 광시 자치구, 윈난 성, 티베트 자치구로 남아시아와 동남아시아로 진출하는 통로가 됩니다. 연해 지구는 상하이, 푸젠 성, 광둥 성, 저장 성, 하이난 성으로 해상 실크로드와 연계됩니다. 국내외를 연결하는 내륙의 교통 요지인 충칭도 포함됩니다. 동북 3성인 헤이룽장 성, 랴오닝 성, 지린 성도 포함됩니다. 특히 동북 3성은 북한의 대외 개방을 위한 중요한 창구라는 점에서 한국에게도 의미심장하죠.

결국 장기적으로 한반도와 러시아 간 인프라 구축도 염두에 두고 일대일로를 추진할 것입니다.

중국 저장 성 이우(義烏) 시에서 신장 위구르 자치구를 거쳐 카자흐스탄, 러시아, 벨라루스, 폴란드, 독일, 프랑스를 통과해 스페인 마드리드에 이르는 국제 열차. 지구 지름(1만 2,756km)보다 길 뿐 아니라 서울-부산 경부선 철도(442km)의 30배가 되는 '이신어우'(義新歐). 이는 총연장 1만 3,052km로 세계 최장의 철도입니다. 일대의 출발점이 시안에서 이우까지 대폭 연장되고 있음을 느끼게 합니다. 나라별로 철로 궤도 규격이 달라서 카자흐스탄, 벨라루스, 프랑스에서 3번 바퀴를 교체하면서 중국 동쪽 끝에서 유럽 서쪽 끝까지 연결할 것입니다.

지난 6월 29일, 베이징에서 AIIB 협정문 서명식이 열렸습니다. 회원국은 중국, 한국을 비롯해 역내(아시아 · 오세아니아) 37개국, 역외 20개국 등 57개국입니다. 언론 보도에 따르면 주요 회원국별 지분율과 투표권은 중국(30.34%, 26.06%), 인도(8.52%, 7.51%), 러시아(6.66%, 5.93%), 독일(4.5%, 4.15%), 한국(3.81%, 3.5%) 순이었습니다. 연 7,300억 달러(약 820조 원) 규모로 올해 말 또는 내년 초 공식 출범 예정입니다.

일대일로의 영적 의미, 연합이 필요한 시대

이제 일대일로를 영적 의미로 살펴보죠. 일대일로가 품고 있는 지역이 어디입니까? 복음이 급속하게 전해져야 할 곳입니다. 복음이 전해져 있지만 현지 교회가 보다 건강한 목회와 신학, 열방을 향한 선교의 플랫폼을 잘 정비해야 할 곳이기도 합니다.

특히 중앙아시아 국가들은 25년 전만 해도 밭에 감추인 보화와 같이 선교 기회가 차단된 곳이었습니다. 현지 그리스도인들은 매우 적었고, 그나마 정부의 감시와 통제 속에서 명맥만 이어 갔습니다. 이슬람 국가들이었기에 현지 민족을 위해 완역한 성경도 변변치 않았습니다. 누가복음, 마가복음 등 부분적으로 번역된 성경만 있을 뿐이었습니다(현재는 카자흐어, 우즈베크어로 완역한 성경이 있습니다).

현지 선교사들에 따르면 예수 영화가 복음전도용으로 널리 활용됐습니다. 공개적인 사역이 쉽지 않아 NGO, 병원, 비즈니스 등 전문인 선교사의 활동이 활발하게 전개됐습니다. 키르기스스탄, 카자흐스탄 등에서 한인 선교사들의 신학교 팀 사역, 교회 개척 사역이 진행됐습니다. 키르기스스탄의 경우 교회 개척 배가 운동이 이뤄져 한인 선교사들이 세운 교회가 80여 개에 달했습니다. 선교사들은 현지에서 상대적으로 복음에 열려 있는 고려인이나 러시아인들을 위한 교회 부흥 운동에 많은 기여를 했습니다. 상대적으로 현지인들을 위한 교회 개척과 지도자 양육에는 부족한 면이 있었습니다.

한편 중앙아시아 국가의 정부는 교회의 부흥을 위협 요소로 간주했습니다. 그래서 현지인들의 교회 등록 조건을 까다롭게 만들고 NGO, 병원 등에서 활동 중인 선교사들을 차례로 추방했습니다. 카자흐스탄 교회의 경우, 2012년 이전에 100여 개의 교회가 정부에 등록됐지만, 새로운 종교법이 발효된 후에는 등록 교회 수가 30% 줄었습니다.

투르크메니스탄과 우즈베키스탄에서의 종교 탄압은 다른 중앙아시아 국가들에 비해 강도가 셌습니다. 투르크메니스탄 그리스도인은 인구 500만 명 가운데 1,500명 정도로 추정됩니다. 극심한 핍박과 경제적 어려움 속에서 배교한 이들이 적지 않지만, 5,000-6,000여 명의 우즈베키스탄 그리스도인들이 신앙을 지켜 가고 있습니다. 중앙아시아에서 사역하는 선교사들도 과거에 비해 많이 줄어들었지만, 직간접적으로 개인 전도와 제자 양육을 하고 있습니다.

전문가들은 "일대일로 관련 프로젝트 사업이 카자흐스탄, 키르기스스탄, 타지키스탄, 파키스탄 등 주변 국가에 집중될 가능성이 크다"고 내다봤습니다. 실제로 리커창 중국 총리와 카림 마시모프 카자흐스탄 총리는 2015년 3월 28일, 베이징에서 236억 달러(약 26조 원) 규모의 산업 협력에 서명했습니다. 산업 협력에는 고속도로와 도시 철도, 수력 및 풍력 발전소 건설, 자동차, 승강기 제조 등 총 33건이 포함됐습니다. 시진핑 주석은 2015년 4월 20일, 파키스탄에서 460억 달러(약 50조 원) 규모의 경제 회랑 건설 등 51개의 양해 각서(MOU)를 체결했습니다. 중국-파키스탄 경제 회랑은 호르무즈 해협에 근접한 과다르 항에서 신장 위구르 자치구의 카스까지 3,000km를 연결합니다.

일대일로의 주요 국가로 포함된 파키스탄, 인도네시아, 말레이시아는 모두 이슬람 권역입니다. 한국 교회는 여러 장애가 있음에도 불구하고 이들 국가에 적지 않은 선교사들을 파송하여 조심스럽게 선교 활동을 해 왔습니다. 중국 교회 가운데 해외 선교에 열의가 있는 교회는 이들 국가에 선교사들을 파송하거나, 미래의 목회자들을 양성하기 위해 현지 신학교에 유학을 보냈습니다. 인도네시아와 말레이시아의 화교 신학교에서는 중국 본토에서 온 신학생들을 쉽게 찾아볼 수 있습니다. 이들 중 상당수는 중국 교회의 목양과 선교를 이끌어 가겠지만, 이슬람권 등 타 문화권 선교에 직접 투신할 이들도 있을 것입니다.

일대일로는 하나님이 새로운 선교 벨트를 구축할 수 있는 기회로 한국 교회와 중국 교회, 아니 세계 교회에 주신 선물과도 같습니다. 문제는 일대일로 선교 벨트는 한 민족이 책임지기에는 너무나 큰 비전이라는 것입니다. 이제 국적과 성별을 초월한 연합 사역이 필요합니다. 한 민족의 교회가 모든 것을 책임지려고 하지 말고 가장 잘할 수 있는 일부터 책임지면 됩니다. 가정 사역, 어린이 사역, 청소년 사역, 청년·대학생 사역, 전문인 사역, 의료·보건 사역, NGO 사역, IT 사역, 신학교 사역, 출판 사역, 교회 개척, 제자 양육, 학교 사역, 비즈니스, 일터 사역, 직업 교육, 지역개발 등 함께 일궈 갈 일들이 무궁무진합니다. 함께 만들어 가야 합니다.

일대일로 지역에서 사역하는 선교사들부터 서로 동역할 수 있는 큰 틀을 만들어 보는 것은 어떨까요? 그동안 감사하게도 실크로드 포럼, 선교 중국 네트워크 등을 통해 선교사들은 새로운 시대에 대한 선교적 책임과 효율적 방안을 서로 논의해 왔습니다. 앞으로 일대일로 선교 벨트에 대한 논의에 착수하면 어떨까요? 서구 선교사들과 함께 협의해 보는 것도 나쁘지 않을 것입니다. 이와 관련해 논의 단계에서 벗어나 현재 선교적으로 상당한 진척이 이뤄진 것도 있습니다. 시행착오도 없지 않겠지만, 그 결과가 풍성한 열매로 이어지고 세계 교회들과 나누게 된다면 보다 효율적인 협력 모델이 나올 수 있습니다.

이뿐 아니라 한국 교회와 선교 단체는 내부 공론의 장을 만들어서 큰 틀을 조성하고, 자율적인 협력 장치를 구축해야 합니다. 그런 후에 한국 교회와 중국 교회가, 한국 교회와 서구 교회가 서로 머리를 맞대고 논의의 장을 만들어서 선교 벨트 로드맵을 준비해 나가면 어떨까요?

물론 이 사역은 결코 유행이 되면 안 됩니다. 더욱이 '탁상공론'식 논의에 머물면 안 됩니다. 협력 모델을 반드시 만들어야 합니다. 중국 방법을 차용하면 어떨까요? 먼저 실험 지역과 대상을 선정하고, 인내심을 갖고 그 결과가 어떠한지 보는 것입니다. 객관적인 평가와 함께 보다 현지에 맞는 방법을 찾고, 확산할 지역과 대상 또한 찾는 것이죠.

새로운 육 · 해상 실크로드가 새로운 선교 벨트로 만들어져서 세계 복음화의 또 다른 축을 감당하면, 주님의 재림이 좀 더 앞당겨지지 않을까 하는 즐거운 상상을 해 봅니다.

교회여, '화해 사회'를 넘어
'함께 사는 이미지'를 만들어라

●

성장의 이면에 자리한 어두운 현실

대학을 졸업하면 원하는 직장을 쉽사리 얻던 시절이 있었습니다. 그러나 요즘은 옛날이야기가 됐죠.

중국에서도 대학 졸업생의 취업난이 대단합니다. 2014년 2월 6일, 중국 국영 라디오방송(CNR)의 인터넷 사이트 궈지자이셴(國際在線)에 따르면, 중국 교육부 통계로 대학 졸업생이 727만 명에 달했습니다. 2013년에 비해 28만 명가량 늘어난 것이죠. 이 때문에 선호하는 일자리를 잡기가 매우 어렵습니다. 상황이 이렇다 보니, 2014년에 대학 졸업을 앞둔 재학생들이 희망한 첫 월급 액수는 높지 않았습니다. 3,680위안(약 66만 원)으로, 이는 2001년 희망 월급인 5,537위안(약 99만 원)에 비해서도 턱없이 줄어든 것입니다. 취업만 하면 첫해 월급은 받지 않아도 좋다는 '링궁즈'(零工資)라는 말도 나돌고 있습니다.

'루부쉬안'(陸步軒) 현상도 있습니다. 2003년, 중국 최고의 상아탑인 베이징 대학교를 졸업한 루부쉬안이 정육점을 하고 있다고 해서, 취업

난으로 3D 업종에 종사하는 명문대 졸업생을 일컫는 말이 됐습니다. 2015년 5월, 인민망(人民網) 등 중국 언론 보도에 따르면, 석사 학위 논문 심사를 앞둔 자오위웨이(焦昱緯)가 포장마차를 하고 있어서 논쟁이 일어났습니다. "자발적 창업인가, 중국 교육의 실패인가"라는 갑론을박으로까지 이어졌습니다.

루부쉬안의 이야기를 좀 더 해 볼까요. 그는 베이징 대학교에서 중문학을 전공한 후, 자신의 고향인 산시 성 시안에 정육점을 열었습니다. 가난한 농민의 아들인 그에게 유일한 출셋길은 열심히 공부를 하는 것이었죠. 그는 1985년, 대학 입학시험에서 현(縣) 문과 수석 합격을 하고 베이징 대학교에 입학하는 영광을 누렸습니다. 문제는, 그가 졸업한 시기가 톈안먼 사태가 일어난 직후라는 것입니다. 일자리를 잡기가 쉽지 않았죠. 가까스로 국영기업에 취업했지만 그를 만족시킬 수 없었습니다. 이 때문에 정육점을 열게 된 것입니다.

허난 성 뤄양(洛陽)에서 포장마차를 하고 있는 자오위웨이는 충칭공상대학교에서 신문학 석사 학위를 곧 취득할 인재였죠. 그는 전공을 살려 광고 업계에서 일하고 싶었지만, 쉽지 않았습니다. 결국 창업을 선택했고, 충칭에 있을 때 즐겨 먹던 특산 요리인 카오나오화(烤腦花: 돼지머리 고기를 고추와 함께 구워 만든 요리)를 파는 포장마차를 차렸습니다. 밤 8시부터 11시까지 남자 친구와 함께 일해 버는 돈은 1일 평균 800위안(약 14만 원)입니다. 현재 대졸 신입 사원 초봉이 월 3,000-5,000위안(약 53만-89만 원)이니까 적지 않은 벌이죠. 그러나 일반인들은 '먹물'(배움이 많은 사람)이 음식을 판다고 거부 반응을 보이기도 합니다. "석사 학위까지 있는 사람이 포장마차라니…" 하는 사람들이 많습니다.

중국의 취업난을 단적으로 알려 주는 지표가 있습니다. 한 통계에 따르면 2012년에 대학 졸업생은 680만 명, 같은 해 도시에 새로 생긴 사무직은 250만 개입니다. 모두가 사무직을 원하지 않는다 해도 실업자가 양산될 수밖에 없는 구조임을 알 수 있습니다. 창업도 만만치 않습니다. 한국에서도 창업 후 5년 생존율이 38%에 그칠 정도니까요. 즉, 다산다사(多産多死)인 것입니다.

현재 중국의 도시화율은 53.7%입니다. 중국 정부는 2020년까지 60%로 끌어올리려고 합니다. 젊은이들은 고향에서 일하는 것보다 기회의 땅인 도시에서 일하고 싶어 합니다. 그러나 갈 만한 자리는 한정돼 있으니 불균형의 악순환은 계속될 수밖에 없습니다. 요즘 그나마 잘나가는 IT 분야는 누구나 뛰어들 수 있는 업종이 아니니까 더 문제입니다. 관얼다이(官二代: 고위 간부의 자제)나 푸얼다이(富二代: 재벌 2세)처럼 출발부터 다르니 '시장경제=기회'라는 등식이 성립되기가 쉽지 않습니다.

류서우얼퉁(留守兒童)도 심각한 편입니다. 이들은 농촌에 남아 있는 농민공(農民工: 농촌 출신의 도시 근로자)의 자녀들을 지칭합니다. 현재 전국의 농민공은 2억 6,900만 명입니다. 이들은 압축 경제성장의 동력이었지만, 지금은 소외 계층으로서 잠재적 사회문제가 되기 쉽습니다. 이들은 3D 업종에 종사하면서 경제성장의 동력이 되었죠. 그러나 류서우얼퉁은 정서적인 면이나 학습 면에서 다른 학생들에 비해 떨어집니다.

류서우얼퉁의 심리를 주제로 한 보고서에 따르면, 이들은 과도한 초조, 충동, 학업의 불안, 대인 관계의 어려움 등 심각한 심리적 장애를 갖고 있습니다. 물질만으로는 부모 없는 어린이들의 공허함을 채워 주기가 어렵습니다.

2014년 초, 류서우얼퉁인 9세 남자아이가 자살하여 큰 충격을 줬습니다. 다음은 〈신경보〉(新京報)의 2014년 1월 29일자 보도입니다.

"안후이 성 왕장(望江) 현의 샤오촹(小闖)은 자신이 태어나자마자 돈을 벌기 위해 도시로 떠난 부모 대신 외할아버지, 외할머니의 손에 의해 키워졌다. 2년 전에는 부모가 이혼하기까지 했다. 9년간 샤오촹이 부모 얼굴을 본 것은 딱 4번이고, 전화 통화는 6개월 전에 한 것이 전부다. 그는 모친으로부터 올해 춘제(春節: 중국의 설) 때도 고향으로 돌아오지 못한다는 소식을 접한 후 화장실에서 목을 맸다."

류서우얼퉁에 대한 중화전국여성연합회의 2013년 5월 발표 자료도 살펴볼까요. 류서우얼퉁은 6,100만 5,500명으로, 전체 아동의 21.8%입니다. 농촌만 따로 계산하면 37.7%에 달합니다. 샤오촹이 살던 왕장 현은 인구 4,000명 가운데 약 100명이 류서우얼퉁입니다.

소황제(小皇帝)의 자살도 만만치 않습니다. 1979년부터 시행된 1가구 1자녀 정책에 따라 1980년 이후에 태어난 소황제는 과도한 보호를 받고 자라났습니다. 기성세대와는 전혀 다른 가치관을 갖고 현재 소비 시장의 변화와 성장을 이끌고 있는 바링허우, 인터넷 의존도가 좀 더 높고 SNS 등을 통해 자신의 주장과 경험을 적극적으로 드러내며 공유하는 지우링허우도 모두 소황제에 포함됩니다. 이들은 대부분 개성이 뚜렷한 반면, 좌절이나 실패를 견뎌 낼 능력이 부족한 편입니다. 진학이나 취업 문제에 봉착하면 스트레스가 급증하고, 자칫 우울증에 빠져

예기치 못한 일을 벌일 가능성이 큽니다.

 한국과 마찬가지로 중국에서도 청소년 사망 원인 1위는 자살입니다. 단 하나뿐인 생명을 번개탄으로 마감하려는 중국 청소년들이 적지 않습니다. 2007년, 청소년 3,000만 명 중 25만 명이 일시적 충동 등 심리 문제로 자살했습니다. 학교 성적 때문에 비관해 자살을 선택한 학생들도 많습니다. 21세기 교육연구원과 사회과학원 문헌출판사가 공동 발표한 2014년 교육청서인 "중국 교육 발전 보고"에 따르면 성적 하락이나 불만족, 교사의 부적절한 대처, 과제 미완성, 과도하게 높은 학부모의 기대치, 학부모의 꾸중 등이 자살의 주요 원인으로 조사됐습니다.

 18-34세 인구의 사망 사건 가운데 자살이 가장 큰 원인 중 하나입니다. 성인까지 포함하더라도 중국에서 사망 원인 중 자살은 5위 안에 듭니다. 18세의 한 여인은 사기를 당해 유서를 남긴 후 자살을 택했습니다. 한 대학생은 자살을 앞두고 인터넷에 이런 글을 남겼습니다.

 "평생 쌓아 둔 갑갑함을 이번 죽음으로 다 날려 버리고 싶다. 다만 나를 낳아 준 부모에게 죄송할 따름이다."

 2010년 7월, 〈차이나 데일리〉의 보도에 따르면, 중국 자살 인구의 58%가 농약을 먹고 자살하는 것으로 드러났습니다. 농약이 자살 수단으로 쓰이는 비율은 농촌이 도시보다 3배 높은 것으로 나타났습니다. 안후이 성 농촌에서 실시한 조사에서는 농약에 의한 자살 비율이 무려 74%에 달했습니다. 특히 여성 자살률이 남성 자살률보다 높았는데, 해마다 15만 명 이상입니다. 자살 미수도 150만 건에 달합니다.

 2013년, 세계보건기구(WHO)의 통계에 따르면, 중국의 자살률은 13억 인구로 계산했을 때 10만 명당 19.2명입니다. 세계 평균 자살률인 10만 명당 14.5명보다 높습니다. 2010년 중국 위생부가 밝힌 자살률인 10만 명당 6.8명의 3배에 가깝죠. 당시에 농촌 자살률은 10만 명당 10명으로, 대도시 자살률 6.4명보다 높았습니다.

지금까지 어두운 이야기를 했는데요. 급속하게 성장하다 보니 절대 빈곤에서는 벗어날지 몰라도, 상대적 빈곤과 박탈감으로 어려움을 겪고 있는 이들이 더 많아지고 있는 것이 현실입니다. 그래서 후진타오 국가 주석 시절에 '화해 사회'와 '과학적 발전관'이라는 중국 공산당의 치국 방향이 확립된 것입니다. 도시와 농촌의 격차, 동부 연해 지역과 내륙 지역 간 격차, 계층 간 격차 등 사회적 갈등을 극복하기 위해 중국 내부의 화합을 이끌어 내겠다는 것입니다.

현재 중국에서 누구나 잘살 수 있는 기회를 갖는 것은 아닙니다. 소수의 선택받은 계층과 지역이 성장의 열매를 누리고 있습니다. 전체적인 부의 규모는 커졌는데, 불평등은 심화되고 환경은 악화됩니다. 경제 발전, 사회 발전, 정치 발전이 고루 담보돼야 하는 상황입니다. 그런 점에서 과학적 발전관은 인구·자원·환경·과학기술·사회 등에서 지속 가능한 발전, 인간 중심의 발전, 균형적인 발전을 포함합니다. 화해 사회는 기회의 공평, 양극화를 뛰어넘는 자원과 기술의 효율성, 부패와 불공정 거래에 대응하기 위한 정의, 법률과 규범 준수의 법치라는 4대 요소를 기반으로 하여 함께 부유해지는 것을 꿈꿉니다. 중국 공산당이 건설하기를 원하는 이상 사회가 화해 사회라면, 이상 사회를 건설하기 위한 중국 공산당의 정책이자 관점이 과학적 발전관입니다.

이는 시진핑 시대의 '중국의 꿈', 중화민족의 위대한 부흥인 중산층이 두터운 소강 사회, 부강한 민주 문명을 함께 갖춘 사회주의 현대화 국가로 확장됩니다.

함께 회복하자!

그렇다면 이런 질풍노도 같은 시대에서 중국 교회는 무엇을 할 수 있을까요? "사람의 끝이 하나님의 시작이다"라는 말이 있습니다. 현실에 대한 바른 안목과 신앙이 필요합니다. 그리스도인들은 시대정신과 역사의식을 갖고 개인, 세상, 교회를 바로 알 뿐 아니라 세상 속에서 하나님 나라를 회복하는 데 최선을 다해야 합니다. 물질적 가치만을 신앙의 목표로 삼아서 따라가면 안 됩니다.

과거에는 신학적 지식이 부족해도 말씀을 진정으로 사모하고 기도에 힘쓰면 충분히 인정받을 수 있었습니다. 그러나 시대 상황과 사회적 요구가 바뀌었습니다. 국가의 종교에 대한 기대도 한층 높아졌습니다. 따라서 중국 교회는 국가와 민족과 사회에 진정 필요한 인재를 성경적 세계관으로 양성하는 데 힘써야 합니다. 교회 안에만 머물 때 사회와는 멀어지고, 선한 영향력을 흘려보내지 못합니다. 결국 국가와 민족을 위해 일할 수 있는 기회조차 얻지 못할 수 있습니다. 목소리가 아닌 삶을 통한 소통과 공감, 감동과 울림을 전해야 합니다.

그런 점에서 중국 교회가 성경에 나오는 두란노서원 같은, 시대와 함께 호흡할 수 있는 기관을 만들면 좋겠습니다. 두란노서원은 헬라

철학의 번성기에 두란노라는 웅변가가 에베소에서 자신의 철학을 설파하기 위해 세운 것입니다. 바울은 제자들을 따로 세워 이곳에서 날마다 강론하며, 제자들을 복음의 일꾼으로 키워 나갔습니다.

한국에서는 하용조 목사님이 온누리교회를 창립하기 5년 전인 1980년 12월에 두란노서원을 세웠습니다. 하용조 목사님은 존 스토트(John Stott) 목사님이 세운 런던 인스티튜트에서 공부하면서 복음 전파와 사회참여를 동시에 거둘 수 있는, 교회와 선교 단체의 융합 구조를 생각해 냈습니다. 저는 2010년 12월, 두란노서원 창립 30주년을 맞아 하용조 목사님과 인터뷰하면서 그동안 한국 교회의 목회자들이 시도하지 않았던, 목회에 '파라처치'(선교 단체)를 결합하는 것에 성공했음을 재확인했습니다. 온누리교회라는 '처치'에 두란노서원이라는 '파라처치'를 네트워크화하고, 모든 사역을 공유하고 협력하게 한 발상은 당시만 해도 매우 독창적이었죠. 하용조 목사님은 인터뷰에서 이렇게 강조했습니다.

"교회는 진리를 지키기 위해 과거 지향적이고 보수적일 수밖에 없기 때문에 세계의 변화 속도를 따라갈 수 없기 마련이다. 따라서 교회는 반드시 파라처치와 함께 다차원적 목회를 통해 갱신돼야 한다."

교회는 함께 살아가는 비전을 품어야 합니다. 사역의 경험과 중국 땅에 필요한 툴을 문서화하거나 프로그램화해서, 여러 교회와 선교 기관과 그리스도인들에게 보급해야 합니다. 더 나아가 하나님을 믿지 않는 일반인들도 쉽게 다가올 수 있도록 벽을 낮춰야 합니다. 아울러 두란노 바이블칼리지 같은 기구를 설립하여 목회자, 교인, 일반인들을 국가와 민족을 위한 자원으로 직간접적으로 양성해야 합니다.

좋은 예로 '아버지학교'를 꼽을 수 있습니다. 아버지학교는 1995년 10월, "아버지가 바로 서야 가정이 바로 서고, 가정이 바로 서야 사회가 바로 서며, 사회가 바로 서야 나라가 바로 선다"는 정신으로 개설됐습니다. 국내 사역에만 머물지 않고 2000년부터 해외 사역을 시작하여 중국, 인도네시아, 네팔, 콜롬비아 등 39개국에서 선교지의 교회와 가정의 지킴이가 되고 있습니다. 아버지학교는 한국어, 중국어 등 다양한 언어로 교재를 만들어 사역합니다. 한국에서 근무하고 있는 외국인 근로자(필리핀, 베트남, 방글라데시 등에서 온 근로자)를 위해 아버지학교를 영어로 진행하기도 합니다.

청소년과 청년·대학생들을 위한 '진로와 소명 미니스트리', 유아와 청소년들을 위한 '성품학교', 요람에서 무덤까지 모든 영역을 위한 '코칭스쿨', 초고령화 사회에서 의미 있는 삶을 살기 위한 '시니어스쿨' 등도 생각해 볼 수 있습니다. 성경적 세계관으로 운영하되 세상과도 얼마든지 호환할 수 있는 프로그램을 진행하여 중국 사회를 보다 건강하게 만드는 데 일조할 수 있습니다.

이를 위해 한국 교회의 경험과 노하우를 중국 교회, 그리스도인들과 가감 없이 공유해야 합니다. 실패 경험도 나눠야 합니다. 그러면서도 한국형을 그대로 수입하지 않고 중국 특색에 맞게 상황화하도록 도와야 합니다. 그래야 중국 대륙뿐 아니라 전 세계 화교권의 형편에 맞는 기관이 세워지고, 역동적으로 활동할 수 있기 때문입니다.

중국 교회여, 일어섭시다. 그리고 함께 갑시다. 교회는 화해 사회를 넘어, 함께 살아가는 실제 이미지와 현실을 만들어 갈 수 있습니다.

'백 투 예루살렘'을 넘어 '백 투 지저스'로

중국 교회가 세계 선교의 동력이 될 것이라는 예측을 뒷받침하는 것이 '백 투 예루살렘 운동'입니다. 물론 이 운동이 모든 중국 교회로부터 지지받는 것은 아니고, 신학적으로도 문제가 있습니다. 그러나 중국 그리스도인들에게는 예루살렘까지 복음을 전해야 한다는 빚진 마음이 있는 듯합니다. 백 투 예루살렘 운동은 복음이 처음으로 전파됐던 지역에 다시 복음이 전해질 때 예수 그리스도의 지상명령이 성취될 것이라고 믿고 있습니다. 이를 위해 중국과 예루살렘 사이에 있는 모든 나라와 미전도 종족에게 복음을 전하려고 합니다.

이 운동의 모체는 자립 교회 운동에서 찾을 수 있습니다. 자립 교회 운동은 20세기 초, 주로 산둥 성 지역에서 시작됐습니다. 이 지역은 의화단운동의 발원지로서 그리스도인들이 대량으로 학살당하고, 교회 재산이 크게 훼손당한 곳입니다. 자립 교회 운동에는 중화기독교자립회, 중국예수교자립회, 참예수교회, 예수가정, 지방교회 등이 앞장섰습니다. 그중 예수가정은 백 투 예루살렘 운동을 주도적으로 수행했습니다. 이는 성령 충만, 방언, 휴거 등 오순절 계통의 신앙이 뒷받침하고 있기 때문입니다.

예수가정 배경의 교회들은 1926년, 산둥 지역에서 60여 명으로 시작됐습니다. 사도행전 2장에 나오는 초대교회의 삶의 방식에 따라 모든 것을 공동으로 소유했습니다. 마을마다 다니며 복음을 전하자 주민들은 돌과 썩은 과일, 야채를 던지며 야유했습니다. 하지만 예수가정은 걸인, 시각장애인 등 사회에서 소외된 사람들을 끌어안고 예루살렘까지 복음을 전할 것을 다짐했습니다. 1949년에 중국이 공산화되기 전까지 산둥 성 타이안(泰安) 마촹(馬庄)에서만 예수가정 소속 500명이 공동체 생활을 했으며, 전국 127곳에서 사역했습니다. 하지만 1952년 4월, 마촹의 공동체가 해산되면서 영향력이 급격히 사그라졌습니다. 지도자들은 공산당에 의해 징역형을 선고받았습니다.

1940년대 후반-1950년대 초반 백 투 예루살렘 운동의 지도자 중 한 명이었던 시몬 자오가 1983년에 석방되면서, 운동의 꺼진 불씨가 다시 되살아났습니다. 시몬 자오의 석방 소식을 듣고 동역자들이 몰려들기 시작했습니다. 그리하여 100만여 명의 중국 기독교 지도자의 10분의 1인 10만 명의 선교사를 51개국에 파송하는 것을 목표로 삼게 됐습니다. 이 비전 때문에 수많은 그리스도인이 감옥에 수감됐고, 가혹한 고문을 당하면서도 견뎌 냈습니다.

이진 선교사에 따르면 이 운동으로 1,500여 명의 선교사가 이미 타문화권으로 파송됐습니다. 대부분의 선교사들은 선교지 주변 국가에서 6개월 정도 머물렀다가 다시 중국으로 돌아오는 방법을 채택합니다. 이들은 핍박에 대처하기 위해 각종 훈련을 받습니다. 수갑을 푸는 방법, 발목이 부러지지 않게 2층 건물에서 뛰어내리는 방법 등을 배웁니다. 그들은 감옥도 사역터로 여깁니다. 선교사들은 네트워크로 연결된 6-7개의 가정교회로부터 후원을 받습니다. 각 네트워크에는 많은 그리스도인들이 연결돼 있습니다. 이들 교회는 서구 교회에서 도움을 받을 생각이 없습니다. 단지 하나님의 도우심과 채우심을 바랄 뿐이죠.

그러나 이 운동은 적잖은 문제를 안고 있습니다. 아직까지 전체 가정교회의 비전으로 확장되지 못했기 때문입니다. 왕백석 선교사는 "이 운동이 가정교회의 전폭적인 지지를 받지 못하고 있다. 복음주의 계열의 가정교회들이 이상을 너무 앞세운 것에 불과하다고 평가하고 있다"고 전했습니다.

또 다른 문제는 한족 그리스도인들은 중국 내의 타 문화권 선교를 감당하는 데 있어 일정한 장애가 있다는 점입니다. 한족과 다른 소수 민족 간 긴장 관계로 인해 한족을 박해자로 인식하는 풍조가 있습니다. 티베트인, 위구르인들은 한족을 매우 경계합니다. 티베트 가정교회가 한족에 의해 세워지고 있는 것은 청신호지만, 보편적인 인식을 뛰어넘는 것은 쉽지 않습니다.

이 운동의 책임자 중 한 명이자 《지상명령 성취를 위한 부르심》의 저자인 폴 해터웨이(Paul Hattaway) 선교사는 한 언론과의 인터뷰에서 이렇게 강조했습니다.

"박해받은 가정교회의 목회자들은 감옥에 수감되고 고문을 당하면서도, 이를 하나님 마음에 합한 증인으로 쓰이기 위한 연단 과정으로 인식하고 있다. 백 투 예루살렘 운동은 복음을 위해 죽을 각오가 된 사역자들이 함께한다."

　백 투 예루살렘 운동에 동참한 선교사들은 이슬람 국가 등에 파송될 때 순교할 각오가 이미 돼 있다는 것입니다. 해외 화교 교회 지도자들이 백 투 예루살렘 운동에 남다른 관심을 갖고 있기 때문에 이 운동의 외연은 어느 정도 넓혀질 수 있을 것입니다.

　가정교회는 오랫동안 이슬람권 및 자국 내 타민족 선교에 대해서도 남다른 관심을 보였습니다. 그 예로 1940년대에 중국내지선교회(CIM)가 세운 서북성경학원의 교수와 학생들이 조직한 편전(遍傳)복음단과 서북영공(靈工)단을 꼽을 수 있습니다.

　편전복음단은 중국 서북 지역에서 시작해서 실크로드를 따라 아프가니스탄, 이란, 이라크, 시리아 등을 경유하여 예루살렘까지 복음을 전하는 비전을 갖고 있었습니다. 그러나 1950년, 중국 공산당이 신장을 점령하면서 이 비전은 좌절됐습니다. 그러나 실크로드 선교는 편전복음단원의 후예들에 의해 계승되고 있습니다.

　1946년, 장구첸(張谷泉) 목사에 의해 산둥 성에서 조직된 서북영공단도 중동을 거쳐 예루살렘까지 복음을 전하는 비전을 갖고 있었습니다. 그러나 장구첸 목사가 1952년, 신장 성 하미에서 체포되면서 이 사역도 중지됐습니다. 백발노인이 된 서북영공단 출신은 아직도 가정교회를 이끌며 '복음의 서진'을 고대하고 있습니다.

　선교는 결코 이벤트가 아닙니다. 그리스도인이라면 땅 끝까지 복음을 전해야 한다는 것에 토를 달 수 없습니다. 하지만 무분별하고 현실성 없는 운동은 지양돼야 합니다. 백 투 예루살렘 운동을 제대로 이해하기 위해 우선 유대인과 예루살렘의 회복에 대한 성경적 의미, 그리고 이 운동의 주체 세력에 대한 정체성을 제대로 파악해야 합니다. 백투 예루살렘 운동가들 중에는 모든 선교의 종착점이 마치 예루살렘인 양 주장하는 이들도 있습니다. 그러나 진정한 백 투 예루살렘 운동의 마무리는 전 세계에 흩어진 유대인이 고향으로 돌아오고, 복음이 모든 민족에게 전해질 때입니다.

원래 취지가 아무리 좋다고 해도 중국 교회가 보다 건강해지고 자연스럽게 연합할 수 있는 운동이 되지 못한다면, 곰곰이 따져 보고 신중하게 접근해야 합니다. 우리는 하나님의 선교 전략을 읽을 수 있어야 합니다. 그럴 때 한국 교회는 중국의 건전한 복음주의 진영과 협력할 뿐 아니라, 전 세계 선교계와 함께 선교 중국 시대를 열어 갈 수 있을 것입니다.

문제는 어떻게 협력할 것인지를 진지하게 고민해야 한다는 것입니다. 선교 단체별로 처한 환경과 추구하는 목적과 목표가 다를 수 있습니다. 이는 협의를 통해 얼마든지 조정 가능할 것입니다. 이 길이 아무리 어려운 것이라고 해도 우리는 함께 가야 합니다. 보다 나은 선교 환경을 만들어서 선교지를 섬길 수 있습니다.

결론적으로 한국 교회와 중국 교회(단체)의 연합과 한국 교회와 중국 선교 단체 간 협력은 다음과 같은 효과를 거둘 수 있을 것입니다. 첫째, 중국 선교 단체들의 국제화, 세계화에 기여할 것입니다. 과거 서구 일변도의 일방통행식 선교에서 벗어나 양방향 통행(소통, 감동, 연대)의 선교 시대를 열어 가는 좋은 모델을 제시할 수 있습니다.

둘째, 한국 내 교단 선교부(회), 개교회와의 협력 정신을 강화시킬 것입니다. 현재는 선교 단체 중심의 선교에서 교회 선교 중심의 선교로의 전략적 변화가 급속하게 확산되고 있습니다. 문제는 '교회가 선교의 중심이 될 때 수많은 단점을 어떻게 해결하느냐'입니다. 선교의 전문성과 선교 정책과 전략을 갖추고 있는 선교 단체들의 분발이 요구되는 대목입니다.

셋째, 중국 현실에 맞는 다양한 선교 전략을 도출하여 창의적인 선교 모델을 형성하고, 중국 교회(단체)를 비롯해 세계 교회와 단체들 간에 협력을 증진시킬 수 있습니다. 현재 한국 선교계는 종교권역별 전방 개척 선교의 연구와 함께 협력 선교 전략과 내부자 운동을 통해 교회 개척 운동과 가정교회나 셀 교회 전략, NGO 전략, 기독실업인을 통한 전략 등 선교 현지에 유익을 창출시킬 수 있는 방안을 적극 모색하고 있습니다. 중국 선교 단체들도 이와 같은 선교계의 움직임에 민감하게 반응해야 합니다.

복음 전파를 위한 도구와 영역은 실로 넓습니다. 교육, 의료·보건, 법률, 사업, 과학, 스포츠, 미디어, 기술, 농업 등 전문성을 갖고 중국 선교의 지평을 넓혀 가야 합니다. 이는 비서구 교회(다수 세계)의 선교 운동에 또 다른 윤활유가 될 수 있을 것입니다.

넷째, 선교사의 리크루트, 훈련, 파송, 케어 및 은퇴 후 관리는 물론 선교사 자녀 문제, 선교사의 건강관리와 위기관리 등 총체적인 선교사 케어 문제를 해결할 수 있습니다. 또 중국선교신용평가와 개교회(단체)의 중국 선교 체질 분석, 대안 제시 등의 추진과 선교사의 전략적 배치와 선교 지도력과 사역의 위임 등을 통해 무분별한 중국 선교의 행태를 종식시킬 수 있습니다. 현장 중심의 협력 선교 사역도 가능할 것입니다.

다섯째, 중국 연구에 대한 새로운 지평을 열어 갈 것입니다. 중국 선교 이론과 선교 신학 이론의 정립에 대한 연구는 물론 성경적 세계관에 따른 중국학 보급 운동을 통해 '세계적인 연구-교육 훈련-컨설팅-네트워크'라는 4대 축을 형성할 수 있을 것입니다.

한국과 한국인은 '보자기'로, 중국과 중국인은 '문갑 장'으로 서로의 차이를 설명할 수 있습니다. 보자기를 열면 그 안에 있는 것이 무엇인지 한눈에 알 수 있습니다. 문갑 장은 열어 본 것만 알 수 있을 뿐입니다. 문갑 안에 무엇이 들어 있는지는 열어 보기 전에는 알 수 없죠. 두 문화의 간극을 극복할 수 있는 길은 어디에 있을까요?

《논어》의 "안연편"(顔淵篇)에서 계강자(季康子)가 공자에게 "정치가 무엇이냐"고 묻자 공자는 이렇게 대답합니다.

"정치를 하는 자는 정직해야 한다. 당신이 통솔하기를 바르게 하면, 어느 누가 감히 바르지 않겠는가"(政者, 正也, 子帥以正, 孰敢不正).

'올바름'(正)에 도달하고자 한다면 '스스로 반성하고'(自省), '스스로 단속하고'(自律), '스스로 책망하며'(自責), '자기 자신을 극복해야'(克己) 합니다. 정치가가 이래야 한다면, 하물며 그리스도인은 어떻겠습니까? 그리스도인이라면 반드시 필요한 덕목이 아닐까요? 교회와 선교 단체 간 협력, 한국 교회와 중국 교회 간 연합, 서로의 소통과 공감과 연대도 이 길에서 이뤄지지 않을까요?

　　그리스도인은 말과 행동에서 항상 올바름을 추구해야 합니다. 이를 위해서는 예수 그리스도에게로 돌아가야 합니다. "백 투 지저스." 그리고 일상 속에서 예수님처럼 자기 부인의 삶을 살아 내야 합니다. 선교 중국은 이처럼 복음을 온몸으로 살아 낼 때 달성되는 거룩한 과제입니다. 한국 교회와 중국 교회가 '백 투 지저스'의 정신을 회복하고, 선교 중국을 일궈 내는 하나님 일꾼의 진정한 터전이 될 것을 꿈꿔 봅니다.